KB267925

역사의 탐색

———— 정구선 엮음

국학자료원

이 책은 대학의 교양 역사 과목의 교재로 사용하기 위해서 엮은 것이다. 1부는 한국사의 쟁점 부분으로, 우리 역사 가운데 학계에서 특히 논란이 되고 있는 주제를 중심으로 상이한 견해를 비교, 검토하는 것을 위주로 정리하였다. 2부는 젊은이들이 특별히 관심을 많이 가지고 있는 우리의 근대와 현대의 주요 역사적 사건을 묶어 보았다. 그리고 3부는 한국사학계에서 이설異說로 여겨지고 있는 글들을 모았다. 현재는 비록 이설 내지 소수설로 되어 있지만, 언젠가는 정설定說로 인정받을 날이 올 것이라 믿는다. 이를 통하여 역사에는 다양한 견해가 존재하고 있음을 깨달았으면 한다. 마지막으로 4부에서는 우리를 둘러싸고 있는 세계의 역사를 정리하였다. 요즈음 같은 글로벌시대에는 우리 역사만이 아니라 세계사도 잘 이해해야만 치열한 국제간의 정치·경제적 경쟁에서 살아남을 수 있다. 모름지기 지피지기知彼知己이면 백전백승百戰百勝이다.

한국 근세사를 전공하고 있는 본인이 한국사 전반 및 세계사를 다루는 개설서를 쓴다는 것은 불가능에 가까운 일이다. 따라서 이 책은 저자의 독창적 성과물이 아니라 그동안 학계의 여러 선배 학자들이 이루어 놓은 연구업적을 알기 쉽게 요약하여 엮은 것에 불과하다. 이런 까닭에 참고문헌을 일일이 밝히지 않았다. 이 점 선학·제현들의 넓은 양해를 바란다.

처음 시작할 때의 의욕에 비해서 너무나 초라한 책이 되어 버렸지만, 이 책을 읽고 공부하는 학생들에게 작은 도움이라도 줄 수 있다면 더 이상 다행스러운 일은 없으리라 생각된다. 그러면서도 학생들이 이 책을 통하여 우리 역사에 애정과 관심을 갖게 되었으면 하는 기대도 하고 있다.

어려운 출판계의 사정에도 불구하고 부족한 책을 기꺼이 출판해 주신 국학자료원의 사장님과, 어수선한 원고를 아담한 단행본으로 꾸며주신 편집부 직원들에게 깊은 감사를 드린다.

2012년 1월 31일
엮은이 씀

제1부
한국사의 쟁점

제1장 역사의 개념

Ⅰ. 역사의 뜻과 서술

1. 역사의 뜻

1) 동양

(1) 역사歷史

- 歷 : 과거過去
- 史 : 記事者 → 史記·史官

  手 + 中 → 正記
- 歷史 : 과거의 사실을 바르게 기록

(2) 통감通鑑

- 通 : 과거
- 鑑 : 거울 → 정직
- 通鑑 : 과거의 사실을 정직하게 기록

2) 서양

(1) history : 탐구 · 연구에 의하여 얻어진 지식
(2) geschichte : 과거에 생긴 일

3) 종합

(1) 과거에 일어난 사실(사건)
(2) 사실에 대한 기록

ㄹ. 역사의 서술

1) 객관적 서술

: 사실을 있는 그대로 정확하게 기록하는 것(直筆, Ranke, Acton)

2) 주관적 서술

: 역사가들이 과거의 사실들 가운데 역사적 사실을 선택하여 해석
하는 것(Carr)

ㅋ. 사관(史觀)

: 역사에 대한 견해(관점 · 해석)

1) 기독교 사관 : Augustinus
2) 변증법적 사관 : Hegel
3) 유물사관 : Marx
4) 순환사관 : Toynbee

Ⅱ. 한국사의 시대구분(時代區分)

1. 시대구분의 목적

: 역사발전의 단계를 구획지음으로써 역사의 발전을 체계적으로 이해하기 위함

2. 시대구분의 유형

1) 왕조중심의 구분

석기시대 → 고조선 → 삼한 → 삼국 → 통일신라 → 고려왕조 → 조선왕조 → 일제 → 대한민국

2) 사회발전의 단계에 의한 구분

원시씨족사회 → 원시부족국가 → 노예국가 → 집권적 봉건국가

3) 주제에 의한 구분

민족 태동기 → 민족성장기 → 민족침체기 →민족각성기

4) 지배세력의 변화에 의한 구분

호족사회 → 귀족사회 → 무인사회 → 사대부사회 → 양반사회

5) 3시대 구분

고대古代 → 중세中世 → 근대近代

3. 보편적 시대구분

원시시대 → 고대(고조선~통일신라) → 중세(고려) → 근세(조선) → 근대
(대원군 이후) → 현대(해방 이후)

제2장 한국 근대역사학의 발달

Ⅰ. 민족주의사학

1. 내용

(1) 한국사의 발전을 민족의 정신적 측면에서 설명

(2) 우리민족의 주체성·독창성·우수성을 강조

(3) 역사연구 자체가 민족해방운동의 일환

(4) 일제의 정치적·문화적 침투과정에서 대두

(5) 19세기말 언론·교육·종교 등 신문화운동에서 시작

2. 박은식(1859~1926)

1) 공헌

근대역사학의 방법론(실증적 방법, 인과론적 해석)을 직접 우리 역사학에 도입함으로써 우리역사학을 근대역사학으로 성장시킴

2) 저서

- 『한국통사』: 1915. 대원군 집권이후 우리나라 근대사를 일제의 침략에 초점을 맞추어 서술 – 일제의 침략과정 폭로
- 『한국독립운동지혈사』: 1920. 우리민족이 일제의 침략에 대항하여 국권회복을 위해 투쟁한 피의 역사를 서술

3) 역사의식

- 그의 역사학은 민족의식·민족정신으로 일관
- 민족혼을 역사의 근본으로 파악

> "나라는 반드시 멸하나 역사는 멸하지 않는 것이니 나라는 형(形)이요 역사는 신(神)이다" (『한국통사』)

- 민족혼을 진흥시킴으로써 민족정신을 일깨우고 민족독립의 쟁취를 추구
- 유교사상 속에서 민족혼을 찾고자 함 – 유교의 국교화 주장
- 한계 : 근대역사학의 역사의식과는 거리가 있음
    관념적 신비주의, 영웅사관에서 벗어나지 못함

3. 신채호(1880~1936)

1) 공헌

- 박은식의 역사학을 계승하여 그의 역사의식의 한계를 극복하고 우리근대역사학을 확립시킴
- 민족의 역사적 발견 – 외세의 침략 밑에서 갈망되는 사관을 제시

2) 저서

- 『조선상고사』: 1926. 삼국시대까지의 개설서. 한국고대사에 관한 실증적 연구 → 민족사의 독자적 발전과정 해명
- 『조선사연구초』: 1929. 우리역사연구를 위한 방법론 제시
- 『독사신론』: 1908. 일제의 식민주의사관 비판

3) 역사의식

- 역사연구는 민족을 찾는 하나의 방도로 행하여짐 − 그의 역사서술의 궁극적인 목적은 한국의 정치적 독립에 있었음
- 낭가사상 주창
- 「역사는 아我와 비아非我의 투쟁」이라 선언
  : 한국사를 한국민족과 이민족과의 투쟁사로 파악 − 이민족을 물리친 영웅 강조 → 민족의식 강조 → 민족정신 고취
- 조선역사상일천년래제일대사건(一千年來第一大事件, 묘청의난, 서경전역)
- 고려에서 조선에 이르는 천년 역사에서 가장 중대한 사건
- 이것은 낭가郎家·불가佛家와 유가儒家의 싸움이며, 국풍파(풍수지리설파)와 한학파의 싸움이며, 독립당 대 사대당의 싸움이요, 진취사상 대 보수사상의 싸움
- 이 싸움에서 묘청 등이 패하고 김부식 등이 이겼으므로 한국사가 사대적·보수적·속박적 사상, 즉 유가사상에 정복되고 말았음
- 한계 :
- 민족의 고유성을 자나치게 강조 − 감정적·국수적 성격
- 역사발전에 대한 개념 결여 − 아와 비아의 투쟁을 지양하여 보

다 높은 차원으로의 발전에 대한 언급이 없음
- 관념론적 문화사관의 측면 – 낭가사상 주창
- 민족주의 사학은 1930년대 이후 정인보·문일평·안재홍 등으
  로 이어짐

Ⅱ. 실증사학(문헌고증사학)

1. 내용

- 사료와 문헌에 대한 철저한 고증을 중시
- 고대사 중심 연구

2. 공헌

: 실증적인 방법으로 객관적인 사실을 정확하게 인식함으로써 한국사
  의 올바른 이해에 접근하려고 함

3. 한계

: 일제 관학자들과 똑같은 역사관과 연구방법으로 연구 – 식민주의사
  학의 아류亞流

4. 진단학회를 중심으로 활동

: 1934년 이병도 등이 조직

Ⅲ. 식민주의사학

1. 목적

- 한국의 식민지화를 역사적으로 정당화하려는 것
- 한국의 지배를 정당화하기 위해 한국사를 주관적으로 왜곡·날조

2. 내용

1) 정체성론(停滯性論)

(1) 내용

- 한국은 왕조의 교체 등 사회적 변혁에도 불구하고 사회경제구조에 아무런 발전을 가져오지 못함
- 특히 근대사회로의 이행에 필요한 봉건사회를 거치지 못하여 19세기말 20세기 초에도 전근대적 단계에 머뭄
- 구한말까지 한국은 천년여일千年如一한 정체에 빠져있어 근대화를 위한 아무런 기동력起動力을 갖지 못함

(2) 비판

- 조선왕조의 건국은 역사적 발전을 의미 → 농민의 지위향상, 노비의 신분상승 등
- 봉건사회 존재(고려·조선)
- 조선후기 상공업 발달, 경영형 부농 출현, 산업자본 확립, 개화사상, 동학사상 대두 → 근대화 시작(18세기말~19세기 중반)

2) 타율성론(他律性論)

  : 한국사의 전개가 한민족의 자주적인 역량에 의하여 자율적으로
    이루어지지 못하고 외세의 압력과 간섭에 의하여 타율적으로 이
    루어짐

  (1) 사대주의론
    : 한국은 유사이래 중국의 속국으로서 대국인 중국에 조공을 바
      쳤는데, 조공은 사대주의에 따르는 무거운 경제적 부담이며,
      그 대가로 한국은 의존적인 생존을 누림(반론 :조공은 우리에게 유
      리한 국제무역 <김상기>)

  (2) 만선사관(滿鮮史觀, 滿鮮不可分論)
    · 만주사를 중국사에서 분리시켜 한국사와 더불어 한 체계 속에
      묶는 것
    · 한국사의 독자성 · 자주성 부정

  (3) 반도적 성격론
    · 한반도는 아시아 대륙에 붙어 있어 정치적 · 문화적으로 대륙에
      서 일어난 변동의 여파를 입고, 또한 주변위치 때문에 항상 그
      본류로부터 벗어나 있음
    · 한국사의 성격인 부수성附隨性 · 주변성 · 사대성은 반도라는
      지리적 조건 때문에 형성

제3장 임나일본부설(任那日本府說)의 허구성

Ⅰ. 개요

- 4세기 중반부터 6세기 중반까지의 약 200년 동안 일본(大和朝廷)이 한반도 남부를 식민지로 지배
- 일본(倭)은 임나(가야)를 일본부를 통하여 직접 지배하였고, 신라와 백제도 복속시켜 조공을 받으며 간접 지배

Ⅱ. 증거와 비판

1)『일본서기』(日本書紀)

(1) 내용

「신공황후가 보낸 왜군이 369년 한반도로 건너와 임나를 점령하여 일본부를 설치하였는데, 임나는 562년 신라에 의하여 멸망당하였다」

(2) 비판

- 『일본서기』는 천황의 권위가 확립된 후(645년 대화개신; 大化改新 후) 천황가문을 미화하기 위하여 편찬된 책으로 일본학계에서도 그 신빙성에 대해 비판을 제기
- 5세기 이전의 기록은 대체로 신화적 전설로 간주됨
- 일본부란 용어는 성립될 수 없음 - 일본이란 국호는 7세기에 비로소 나옴

2) 광개토왕릉비문(414년)

(1) 신묘년(辛卯年)기사의 내용

「倭以辛卯年來渡海破百殘○○○羅以爲臣民」

(2) 일본측 해석

왜가 신묘년(391)에 바다를 건너 백제·신라·임나를 깨뜨리고 그들을 신민으로 삼음

(3) 한국측 해석(정인보설)

왜가 신묘년에 백제의 원병이 되어 오자 광개토왕이 바다를 건너 백제를 격파하고 백제와 신라를 신민으로 삼음

(4) 비문변조설(이진희. 1972)

19세기말 일본 육군참모본부에서 파견한 장교가 비석에 석회칠을 하고 비문을 변조. 특히 신묘년 기사에는 상당한 조작이 가해짐(來·渡·海는 원래 없었음)

(5) 왕건군(王健群)설
  ・『호태왕비연구』(1984)
  ・임나일본부설과 비문변조설을 모두 부인
  ・현지조사결과 비문변조설은 사실과 다르며 광개토왕비는 임
    나일본부를 증명할 수 없음

3) 칠지도(七支刀)

(1) 현재 일본의 석상石上 신궁에 보관되어 있는 칼

(2) 『일본서기』에 등장하는 칠지도의 실물로 추정

(3) 『일본서기』의 기록
  「372년 백제의 사신이 신공황후에게 칠지도 한 자루를 바쳤다」
  ・일본의 주장 : 「바쳤다」라는 것은 당시 백제가 일본의 속국이
    었음을 입증

(4) 칠지도의 명문(銘文)
  「供 供 侯 王」
  ・일본의 해석 : 供을 바친다로 해석 － 백제봉헌설
  ・중국의 해석 : 侯王은 제후인 왕으로 해석하여 동진에서 백제
    를 통하여 일본의 왕에게 하사 － 동진하사설
  ・한국의 해석 : 侯・王은 백제의 관직명으로서 당시의 일본왕
    은 백제의 신하 － 백제하사설(현재는 이것이 가장 유력)

4) 『송서』(宋書)

(1) AD. 5세기에 일본의 무왕武王이 송의 황제에게 왜倭 · 신라新羅 · 백제百濟 · 임나任那 · 가라加羅 · 진한秦韓 · 마한馬韓의 왕을 칭하면서 이를 승인해 줄 것을 요구

(2) 이에 대하여 송의 황제는 백제를 제외한 나머지 6국의 왕임을 인정하는 관직을 하사

5) 그 외의 허구성 증거

(1) 삼국사기 등의 한국측 사료에는 단 한 줄의 관련 기록도 보이지 않음

(2) 일본에 의한 임나 등의 지배를 입증할만한 유물이나 유적이 한반도 내에 전혀 없음

(3) 당시의 일본은 해외의 식민지를 경영할만한 능력이 없었음

6) 결론

: 임나일본부설은 전혀 근거 없는 허구로서 날조 · 왜곡된 것

제4장 동북공정(東北工程) 비판

Ⅰ. 추진 상황

- 중국은 1990년 대 이후 고구려사, 발해사 등을 중국 소수민족에 의한 지방정권의 역사, 즉 중국사의 일부라고 주장하며 역사를 왜곡
- 중국 국무원 산하 사회과학원 직속 변강사지연구중심邊疆史地研究中心에서 2002년 2월부터 동북변강의 역사와 현상에 대한 연속 연구 공정, 즉 동북공정이라는 국가적 프로젝트를 5개년 계획으로 추진
- 동북공정은 중국 정부의 승인을 받아 중국 사회과학원과 요녕성, 길림성, 흑룡강성 등 동북지방의 3개성이 연합하여 추진하는 국책사업 — 따라서 동북공성은 중국 성부 기관이 앞상서서 고구려사, 발해사 등을 중국사로 편입시키려는 시도
- 동북공정은 역사왜곡에 그치지 않고 국경문제 등 영토문제와 관련이 있으며, 국가 전략적 문제와도 관련이 있는 정치적 사업

Ⅱ. 추진배경

1. 중국내의 소수민족 통합

· 소수민족은 중국의 잠재적 갈등요인
· 중국은 1980년대 개혁개방정책을 추진하면서 통일적 다민족국가 론을 내세워 소수민족정책에 대해 각별한 관심을 갖기 시작함
· 1983년 사회과학원 직속으로 국경지방의 역사와 지리에 대한 연구 를 수행하는 중국 변강사지연구중심을 설립
· 1992년 한국과 중국이 수교한 이후 동북지방에 대한 관심이 더욱 각별해짐

2. 조선족의 정체성에 대한 불안감

· 중국 당국은 중국의 조선족들이 코리안 드림을 꿈꾸며 한국으로 몰 려가는 것을 보고 조선족의 정체성에 대해 불안감을 가짐
· 1990년대 중반 이후 탈북자들이 대거 중국으로 넘어오자, 중국은 동북지방의 정체성에 대해 한층 심각하게 고민하면서 대책을 강구
· 이즈음 중국은 동북지방의 연구기관들을 통해 동북지방의 역사와 지리 및 민족문제와 관련된 프로젝트를 연구하기 시작
· 이 때부터 본격적으로 고구려를 중국의 소수민족 지방정권으로 보 고, 고구려사와 발해사 등을 중국사의 일부로 편입시키려는 연구결 과를 활발하게 발표
· 동요하고 있는 조선족들의 정체성을 회복시키려고 동북공정을 통 하여 고구려사, 발해사 등을 중국의 역사로 편입시키려 함
· 조선족들에게 조국관, 민족관, 역사관의 삼관三觀교육을 시행

3. 북한의 세계문화유산 등록 시도

· 2001년 북한이 유엔의 UNESCO에 고구려 고분군을 세계문화유산
으로 등록하려고 시도하자, 이에 자극받은 중국이 국가적 프로젝트
인 동북공정을 기획하고 추진

4. 북한정권 붕괴시 북한지역에 대한 연고권을 주장하기 위한 포석

· 북한정권이 붕괴된다면 혼란을 방지한다는 이유로 중국이 개입할
가능성이 큼
· 중국이 개입하게 될 경우 역사적 명분을 내세우기 위하여 고구려
사, 발해사 등을 중국사의 일부라고 주장
· 한반도를 둘러싼 동북아시아의 국제질서를 유리하게 이끌어가기
위한 의도

5. 남북통일 후 한국과의 영토분쟁 차단

· 남한 중심으로 한반도가 통일될 경우, 북한의 지도부가 무기를 소
지하고 중국의 동북지방으로 넘어올지 모른다고 우려 — 그렇게 된
다면 동북지방에는 북한의 망명정부와 같은 정치세력이 들어서게
될 가능성이 크다고 생각. 따라서 동북지방에는 1백만 명이 넘는 조
선족, 수십만 명의 탈북자, 무기를 지닌 북한의 지도층이 자리 잡게
됨. 이들이 민족적 갈등을 유발하고 독립을 주장할 것을 우려
· 따라서 중국에서는 고구려와 발해 등의 영토와 간도의 영유권을 확
실하게 하여 이러한 요구를 원천적으로 봉쇄할 수 있는 근거를 마련
하고자 함
· 남한 위주로 한반도가 통일될 경우, 국경문제를 비롯한 영토분쟁을

자기들에게 유리하게 끌고 가려는 의도가 있음

Ⅲ. 중국이 주장하는 논리와 우리의 반박

1. 고조선

- 단군조선은 부정
- 한반도의 역사는 중국의 속국 내지 지방정권인 기자조선으로부터 시작
- 기자조선 : 중국 은나라의 후예들이 한반도에 최초로 세운 중국의 지방정권. 기원전 11세기에 기자가 은나라 유민 5천여 명을 이끌고 한반도로 이주해 고조선을 세움. 기자조선은 주나라와 진秦나라에 복속되어 있었고, 뒤에 위만의 정변으로 멸망. 위만조선, 한사군, 고구려, 발해로 이어지는 역사의 시작점 역할을 함

- 반박 : 기자조선 관련 사료는 신빙성이 없음 – 우리 학계에서는 기자조선을 역사로 인정하지 않음

2. 고구려

1) 고구려의 시조는 중국인(한족, 漢族)

- 고구려 시조 고주몽은 주나라의 역사서인 『일주서逸周書』 등에 등장하는 고이족高夷族 내지 고양씨高陽氏의 후손

- 반박

(1) 『일주서』는 신빙성이 없는 책

(2) 고이족은 산동성에 살았던 부족인데, 고구려 영토로 이동했다는 증거가 하나도 없음

(3) 고양씨(삼황오제의 한 사람인 전욱顓頊)는 중국 고대사(서기전 2,500년경)의 제왕으로 등장하는 전설상의 인물로서 중국의 역사학자들도 그 실체를 인정하지 않음

(4) 고구려 왕실이 고씨 성을 가졌다고 하더라도 고양씨의 시대와는 2,000여 년의 간격이 있음(『삼국사기』에 의하면 고구려의 건국연대는 서기전 37년)

(5) 고구려를 이룬 주민집단은 본래 한반도와 만주 일대에 거주하던 예맥족濊貊族의 일파

2) 조공(朝貢)을 바치고 책봉(册封)을 받음

・고구려는 중국에 조공을 하고 책봉을 받았으므로 두 나라의 관계는 종주국과 복속국의 관계 내지 중앙정권과 지방정권의 관계

・반박

(1) 한나라 때 생긴 조공책봉관계는 동아시아의 전근대적인 외교적 관계에 불과 ─ 이것은 중국적 세계질서를 규정하는 양식이며, 주변 국가들이 중국의 여러 왕조와 맺은 외교관계의 한 형식일 뿐

(2) 중국 주변의 여러 나라는 조공, 책봉을 통하여 중국을 중심으로 국제적 관계를 맺음 ─ 조공과 책봉은 동아시아의 한 일원이라는 자기 존재를 확인하는 절차. 조공, 책봉은 외교관계의 한 형식에 불과

(3) 조공은 공물, 즉 조공품보다 회사품이 많았던 우리에게 유리한 국제적 무역

3) 수·당과의 전쟁은 내전

· 수나라와 당나라가 고구려와 전쟁을 치른 것은 국가와 국가 사이의
  전쟁(국제전)이 아니라 중앙정권과 지방정권 사이의 통일전쟁(내전)

· 반박
  (1) 이 전쟁은 고구려의 대륙정책과 수, 당 제국의 세계정책이 정면
      충돌하면서 빚어진 동아시아의 국제전
  (2) 고구려는 요동일대의 영유권을 주장하며 천리장성을 쌓고 대항
      ─ 고구려는 지방정권 차원이 아닌 독립국가로서 견고한 방어망
      을 구축. 천리장성은 고구려와 수, 당을 갈라놓은 국경선

4) 고구려 멸망 후 고구려 유민들이 거의 당나라로 끌려가 그 후의 국가
   들과 혈연적 계승이 단절됨

· 고구려의 유민이 당나로 끌려가 혈연적으로 중국에 흡수되었으므
  로 고구려사는 중국사의 일부

· 반박
  (1) 대부분의 고구려 유민들은 고구려의 옛 땅에 남아 대당항쟁을
      벌임
  (2) 일부 유민들은 당나라만이 아니라 신라와 돌궐에도 감
  (3) 고구려 유민들은 발해를 건국하는 주도세력이 됨

5) 고씨 고구려와 왕씨 고려는 역사적 계승성이 없음

· 반박
  (1) 계승성의 근거를 성이 같은 왕조로 친다면 중국의 역대 정권은

한번도 동일한 성을 가진 적이 없음 — 중국은 한족의 왕조와 북방민족의 왕조가 번갈아 가며 중원지방을 차지함. 한족이 세운 왕조도 혈연적으로 계승된 왕조는 없음(송(한족) → 원(몽골족) → 명(한족) → 청(만주족) → 중화인민공화국(한족))

(2) 고려는 고구려를 계승하였음을 표방 — 동명왕릉을 시조능으로 받듦. 고구려의 국모신 신앙을 그대로 계승. 국호를 고구려를 의미하는 고려로 정함

3. 발해

1) 발해의 건국 주도세력은 말갈족

· 고구려 유민은 부차적이고 보조적인 지위를 차지. 당시 말갈인의 수는 5, 60만 명으로 이들이 강대한 정치세력을 형성
· 반박 : 건국 주도세력은 고구려 유민(고구려 유민(지배층)+말갈족(피지배층))

2) 발해국의 초기 국호는 말갈(靺鞨)

· 반박 : 초기 국호는 진(振, 震) → 발해(渤海, 713년)

3) 발해는 당나라에 조공을 바치고 책봉을 받은 일개 지방정권 내지 독립국가가 아닌 속국

· 반박 : 발해는 자주성이 매우 강했던 엄연한 독립국 — 왕을 황상皇上이라 칭하고, 독자적 연호를 사용

4) 발해의 문화는 중국의 문화에 더 가까움.

· 반박 : 발해의 문화는 고구려의 전통을 계승

5) 발해 멸망 후 그 유민들이 요, 금나라로 이동하여 점차 중화민족에
   융합됨.

· 반박 : 발해 유민 수십만 명이 고려로 이주

■ 한 · 중 조공관계

1. 개요

· 한 · 중 간의 조공관계는 삼국시대초기인 1세기 후반부터 시작되어
  조선말기인 갑오개혁(1894)때까지 약 2000년간 지속됨
· 조공관계는 정치, 경제, 문화적으로 한국의 역대 왕조에 지대한 영
  향을 미침
· 한국사는 물론, 한국과 중국 간의 외교관계를 이해하는데 조공관계
  의 파악이 필수적

2. 한국측에서 조공관계를 지속한 목적

· 중국측으로부터 정권유지의 안전판 역할을 기대. 즉, 지배자로서의
  위치를 유지하는 일종의 보장을 받고자 함

3. 조공의 종류

1) 전형적 조공

(1) 경제적 조공 : 한국에서 정기적으로 중국에 공물을 보내고, 중국 측에서는 회사품을 보냄

(2) 의례적 조공 : 국왕의 즉위나 세자의 책봉시 사후에 중국의 승인을 받음

(3) 군사적 조공 : 상호군사적 필요에 따라 군대의 파견을 요청

(4) 정치적 조공 : 중국의 연호나 역을 받아들여 사용

2) 준조공

(1) 정치적 조공 : 국경설정 등의 문제

(2) 경제적 조공 : 상호 교역

(3) 문화적 조공 : 중국의 선진문물, 사상, 종교 도입 – 유교, 도교, 불교, 천주교와 각 종 서적 등이 사신을 통해 전해짐

4. 조공로

1) 삼국시대

(1) 고구려 : 육로 – 북조, 해로 – 남조

(2) 백제, 신라 : 해로 – 남, 북조

2) 고려 초기 : 해로 – 송나라, 육로 – 요나라, 금나라
고려 후기 : 육로 – 원나라

3) 조선시대

(1) 초기 : 해로 − 명나라의 수도 금릉(남경)에 도착
(2) 전기 : 육로 − 명나라의 새수도 북경에 도착
　　　(의주 → 압록강 → 요양(만주) → 산해관 → 북경)
　　　(서울 → 의주 : 1천1백80리, 의주 → 북경 : 2천여 리)
(3) 후기 : 대체로 전기의 조공로가 이용됨

5. 대청사행(對淸使行)

1) 사행의 임무

조선 초기의 대명對明사행에는 동지冬至·정조正朝·성절聖節·천추千秋의 4행이 정기적인 것이며, 사은謝恩·주청奏請·진하進賀·진위陳慰·진향進香 등의 사행이 수시로 있었고, 그밖에 압마押馬·주문奏聞 등의 사행이 있었다. 이들 사행의 명칭은 명말에도 대체로 동일하였으나, 동지사가 정조·성절·천추의 사행을 겸하고 그 호칭을 겸칭謙稱하여 성절겸동지행이라고 칭하였다.

청 초기 청의 입관入關 전, 즉 1637년에서 1644년에 이르기까지는 동지·정조·성절·세폐(歲幣; 연공年貢이라고도 함)의 4행이 정기적이었으며, 이전의 천추사는 청대에는 없었다. 정기적 사행으로 4행이 있었다고 하지만, 겸행兼行하는 경우가 많았다. 이들 4행은 순치順治 2년(1645)에 동지사의 1행에 합병되어 청말까지 동지행은 매년 빠짐없이 보내졌다. 이 동지행은 세폐행 또는 연공행이라고도 불리어졌다. 그밖에도 주청사·변무사(辨誣使; 실제로는 진주사陳奏使라는 명칭이 사용되었다)·진위사·진향사·고부사告訃使 등이 있었다.

각종 사행의 임무는 두 말할 것 없이 매우 복잡하다. 각 사행은 표자表咨 등 사대문서와 조공품을 가지고 갔다. 조공관계는 사행의 왕래에 의하

여 수행되고 처리되었지만, 그것이 사신이 주체성을 갖고 있었다는 의미
는 아니다. '인신무외교人臣無外交'라고 하는 전제에서 사신은 중국의 황
제와 조선의 국왕의 의사가 표현되어 있는 문서를 전달하는 임무를 가졌
던 것이다. 다시 말하면, 조공관계의 내용은 왕래한 문서 속에 나타나는
것이다.

2) 사행의 구성

　사행의 구성 및 그 인원은 사행의 종류에 따라서 다르지만, 대부분의
사행은 사使 2명(정사·부사 각 1명), 서장관書狀官 1명, 대통관大通官 3명,
압물관押物官 24명으로 정관正官 30명으로 이루어지는 것이 원칙이었다.
그러나 사행의 종류와 시기에 따라서 차이와 변동이 있었다.

　정사正使와 부사副使는 정3품 이상의 종친이나 관리 중에 임명되어 1
품계 상위上位로 결함(結銜; 임시로 품계를 올려줌)되고, 서장관은 4품에서 6
품 사이에서 임명되어 1품 상위로 결함되었다. 또 정사·부사·서장관
을 3사三使라고 칭하였다. 서장관은 사행 중 매일의 기록을 맡고, 귀환 후
에 국왕에게 보고 들은 사건을 보고할 의무를 지니며, 일행의 감찰을 겸
하여 도강渡江 시에는 일행의 인마(人馬; 마부와 말)와 복태(卜駄; 짐)를 점검
하였다. 3사 이외의 정관의 대부분은 사역원의 관리 중에서 임명하였다.

　사행원은 출발에 앞서서 상당히 일찍이 임명되었다. 동지사의 경우에
출발은 대체로 10월말이었는데, 임명은 규정상 6월 중에 하기로 되어 있
었고, 실제로는 6월에서 7월에 걸쳐서 임명한 경우가 많았다.

　사행원使行員 중의 상당수는 이미 중국에 왕래한 자들이었다. 예컨대
17세기에 인평대군麟坪大君은 10여 차나 사행으로 갔었다. 1787년에 삼
절연공겸사은행의 정사 우의정 유언호兪彦鎬의 일행은 정관의 반 이상이
이미 사행으로 중국에 간 적이 있었으며, 8명이 5차 이상이었다. 그 중 1
명은 27차, 그 다음이 25차의 사행이었으니, 이들은 실로 중국의 사정에

통달한 자였을 것이며, 그들은 역관으로서 숭록대부·숭정대부의 높은
지위에 이르렀다.

각 정관은 고직庫直·노자奴子·서자書者·마부馬夫 등 각종의 종자從
子를 인솔하였는데, 이들은 정관이 자천自薦하여 인솔하였다. 1행의 총
인원은 200명에서 300명 내외였다.

3) 노정(路程)

사행의 출발에 앞서서 세폐와 방물을 비롯하여 각종 표자문表咨文을
마련하고, 문서의 봉진封進과 사대査對에 신중을 기하였다. 한 사행이 휴
대한 문서의 수는 보통 10통을 넘었으며, 한 사행이 여러 임무, 즉 칭호
를 겸하였을 때에는 그에 따라서 문서의 수가 증가하였음은 물론이다.

사행은 그 노자路資를 현물로 지급받았으며, 사행 도중의 국내에서의
지공(支供; 필요한 물품을 줌)은 연로沿路의 각 지방의 부담이었다. 한 사행
은 다량의 행리(行李; 여행할 때 쓰는 물건)를 휴대하였다. 즉, 공물을 비롯하
여 노자, 공사무역을 위한 물품, 식량, 사료飼料 등의 물품은 때로 350포
包를 초과하였다. 사행은 사폐(辭陛; 사신이 임금에게 하직인사를 드림)한 당일
에 출발하는 것이 상례였다.

명대의 조공로朝貢路는 여러 가지의 해로와 육로가 있었으나, 청대에
는 육로를 통하였으며, 이 육로는 명대와 큰 차이가 없었다. 육로는 해로
보다 편리하고 훨씬 단거리이고, 단시일이 걸렸다. 해로를 택한 것은 육
로가 지방의 소요로 폐쇄되었을 때이며, 특히 명말에는 만주족의 흥기에
의한 것이었다.

청대의 육로 중 중요한 지점은, 평양 → 의주 → 압록강 → 봉황성 →
연산관 → 요동 → 심양 → 광녕 → 사하 → 산해관 → 통주 → 북경이었
다. 육로는 총 3,100리로서 약 40일의 여정이었다. 실제의 여정은 갈 때
는 대체로 50일에서 60일, 돌아올 때는 50일 내외가 소요되었는데, 갈 때

는 의주에서 수일간 체류하는 일이 많았기 때문이다. 총 체류기간은 북경에서의 체류를 합하여 대개 5개월 내외였다.

사행은 의주에 이르러 도강渡江하기에 앞서서 사행의 정관 이하 인원·마필·세폐·노자 등을 국왕에게 보고하였는데, 이것을 도강장渡江狀이라고 하였다. 그리고 책문柵門에 도착하였을 때에 그와 같은 사항을 만주 측의 지방관에게 보고하였는데, 이것을 책문보단柵門報單이라 한다. 심양에 도착하여 방물의 일부를 요동도사都司에게 전달하였으며, 도사는 황제에게 상주하는 동시에 이것을 북경에 보내었다. 한편 사행은 오고가는 도중 청의 지방관에게 예물禮物을 주었다.

4) 북경에서의 활동

사행이 북경에 도착하는 날, 청나라 예부禮部의 속아문인 회동관會同館에 그 도착을 통보하면, 회동관의 역관譯官이 이들을 영접한다. 사행이 북경에 체류하는 동안과 중국 내에서의 연로沿路의 공궤(供饋; 음식 제공)는 청의 광록시光祿寺가 담당하였다.

입경한 다음날 사행은 예부에 표자表咨를 전달하였다. 조하(朝賀; 조정에 나아가 황제에게 하례하던 일) 시에는 미리 복잡한 의식을 거쳐야 했다. 세폐와 방물은 초기에는 예부에, 뒤에는 내무부內務部에 바쳤다. 황제는 국왕에 대한 회사품回賜品을 비롯하여 사행의 정관 전원과 종인從人 30명에세노 하사품을 주었다.

사행의 임무가 끝나서 북경을 출발하려 할 때에는 예부에 가서 소정의 의식을 행하였다. 또 병부兵部에서 관리를 파견하여 산해관까지 사행을 호송하였다. 북경에 체류하는 기간은 명대에는 40일로 제한되었으나, 청대에는 제한이 없었으며, 약 60일까지 체제할 수 있었다. 사행원은 공적인 활동 외에 사적으로 중국의 학자들과 접촉하여 서점과 고적古蹟을 방문할 수 있었다.

5) 사행의 빈도

조선 후기에는 매년 적어도 1차의 사행을 청나라에 보냈으며, 동지사(때로는 세폐사 또는 연공사라고 불렸음)는 반드시 매년 1차 보내졌다. 사행의 빈도가 가장 많았던 때는 청나라 초기이며, 특히 숭덕제崇德帝 때는 7차 이상이었다. 가장 적었던 건륭제乾隆帝 후반기에도 연평균 거의 2차였다. 강희제康熙帝 후의 기간별 매년 평균은 2차 내지 3차였다. 전체적으로는 매년 평균 거의 3차의 사행을 보냈다.

사행의 임무별로 보면, 동지사 외에 자주 보내진 것은 사은사로서 연평균 약 1.3차로 동지사보다 많았다. 다음으로 많은 것은 진하사였다. 그 밖의 진주사 · 주청사 · 진위사 등은 각 시기에 거의 다 보내어졌으나, 매우 산발적이었다.

제5장 단군과 고조선의 실체

Ⅰ. 건국시기와 영토

1. 건국시기

 1)『삼국유사』: 요임금과 동시同時(요임금 즉위 50년)

 2)『동국통감』: 요임금 즉위 25년(B.C 2333년~단기 원년)

 3) 한국사학계 : 청동기시대(B.C 1000년경)

2. 건국지역

 1) 평양설

  (1)『삼국유사』: 평양성 → 서경(평양)

  (2)『동국통감』: 압록강 이남

  (3) 한국사학계 : 아사달 → 평양

2) 요동설

　(1)『응제시주』,『강계고』: 요동

　(2) 민족주의 사학자(신채호 · 정인보 등) : 한반도 밖

　(3) 국정『국사』교과서 : 요령지방(요동)

3. 영토

1) 남한학계

　(1) 80년대 이전 : 평안남도 지역

　(2) 80년대 이후 : 요동 · 한반도 북부

2) 재야사학자

　(1) B.C 4세기 이전 : 난하 유역(서) 동해(동) 압록강(남)

　(2) B.C 4세기 이후 : 대능하 유역(서) 예성강(남)

Ⅱ. 국가와 사회의 모습

1. 국가의 형태

1) 초기 : 성읍국가(도시국가)

2) 후기 : 연맹왕국

ㄹ. 사회의 모습

 1) 단군신화

  (1) 출전 :『삼국유사』(일연. 고려 충렬왕 때. 1281년경)

        『제왕운기』(이승휴. 고려말기)

  (2) 의미
 ① 단군왕검檀君王儉 → 제정일치祭政一致사회
 ② 환인桓因 → 천신天神, 하느님 숭배사회
 ③ 풍백風伯 · 우사雨師 · 운사雲師 → 농경사회
 ④ 곰 · 호랑이 → 토템사회

 2) 8조법금

  (1) 출전 :『한서』지리지(반고. 후한)
  (2) 의미
 ① 살인자는 사형 → 인명중시사회
 ② 상해 입힌 자는 곡물로 배상 → 농경사회
 ③ 도둑질한 자는 노비 → 계급사회

Ⅲ. 기자조선과 위만조선

1. 기자조선 · 위만조선

 1) 기자조선

  (1) 기자동래설 : 주周 무왕이 기자를 조선왕에 봉함(『사기』)
  (2) 한국학계 : 기자조선의 주체는 고조선인

2) 위만조선

  (1) 중국인(연나라 사람)인 위만이 준왕을 축출하고 왕이 됨(『후한서』)

  (2) 한국학계 : 토착세력인 고조선인과 중국인 유이민과의 연합정권

제6장 발해의 건국과 발전

Ⅰ. 건국과 국가성격

1. 건국

고구려 장군 대조영(大祚榮)이 당의 영주에 끌려가 살다 거란추장 이진충의 반란을 틈타 고구려 유민을 거느리고 동모산(길림성 돈화현)에 와서 나라를 세움(698년)

2. 국가의 성격

1) 고구려 유민과 말갈족의 연합정권
2) 고구려의 계승자
3) 통일신라와 남북국 형성

3. 발전

1) 무왕 (2대)

(1) 독자적 연호 사용(仁安)　　　(2) 일본에 처음으로 사신파견

(3) 당의 산동성 공격　　　　　　(4) 영토확장(만주 대부분, 연해주)

2) 문왕 (3대)

(1) 당과 처음으로 화친 맺음　　　(2) 당의 문물수입

(3) 내정에서 큰 업적 이룸

3) 선왕 (10대)

(1) 최전성기 − 해동성국海東盛國으로 불림

(2) 대규모의 영토확장 − 고구려 옛 땅 회복

ㄴ. 정치제도

1) 3성(정당성 · 선조성 · 중대성) 6부제 − 당의 제도 모방

2) 5경 15부 62주 − 경은 고구려 5부제의 영향

ㄷ. 문화

1) 당의 문화를 받아들여 전통적인 고구려 문화의 토대 위에 재구성 −
　고구려적 요소가 강함

2) 유학 발달 : 빈공과 급제자 다수

3) 불교 융성 : 석불 · 석등 등 유물

4) 조각 발달 : 불상조각 등

5) 한문 발달

6. 멸망

애왕(哀王, 15대) 때인 926년 거란의 침략으로 멸망

7. 역사적 위치

1) 발해의 멸망으로 만주가 한국민족의 역사무대에서 떠남
2) 발해는 한국민족이 정치·문화적으로 만주를 지배한 최후의 국가
3) 발해는 한국사의 주류主流에서 큰 구실을 하지 못함

Ⅱ. 건국의 역사적 의의

1. 요서 지방의 영주(조양)는 고구려 유민을 비롯하여 말갈족·거란족 등 다수의 민족들이 집결되어 있었음. 696년 거란의 추장 이진충이 반란을 일으킨 틈을 타서 대조영大祚榮을 중심으로 한 고구려 유민과 말갈족들이 만주 동부지역으로 이동.
 · 대조영은 추격해 오는 당의 군대를 물리치고 난 뒤 만주 동부지역에 남아 있던 고구려 유민과 말갈족까지 규합하여 마침내 698년 동모산 기슭에 진국(振國, 震國)을 세움.

2. 대조영이 고구려 출신인지 말갈족 출신인지에 대하여 중국측의 기록이 애매하게 표현되어 논란이 많지만, 한국측의『신라고기』와『제왕운기』에서는 고구려의 장수로 기록하고 있음.

3. 발해 국민의 기저가 된 것은 본래부터 만주지방에 살던 말갈족. 이들 말갈족은 고구려의 지배를 받다가 발해가 세워짐에 따라 다시

이에 예속. 그러나 발해의 지배층은 고구려인이 주축. 즉, 발해는 고구려유민들이 지배계층의 주류를 이루고 있었고, 말갈족이 피지배층의 주류를 이룸. 일본의 역사서인 『유취국사』에는 「발해의 백성에는 말갈인이 많고 토인(土人, 고구려유민)이 적다」고 하면서 「모두 토인이 촌장이 된다」고 하여 이러한 사실을 증명. 또 남송의 홍호가 지은 『송막기문』에는 발해의 유력 귀족의 성으로 「高·張·楊·李」씨 등이 기록되어 있고, 현존하는 발해인의 이름 중에도 왕족인 대大씨 다음으로 고高씨가 많이 나타남. 이 고씨들은 거의가 고구려계 사람들로서 발해가 고구려유민들을 주축으로 세워진 나라임을 보여줌.

4. 발해는 고구려의 계승의식을 강하게 가지고 있었음.
   무왕 때 일본에 보낸 국서에 「고구려의 옛땅을 수복하고 부여의 전통을 이어받았다(復高麗之舊居 有扶餘之遺俗)」이라고 한 것이나, 스스로를 高麗國(高句麗國)이라고 칭한 것이 이를 잘 나타냄. 또 1949년에 발견된 문왕의 딸 정혜공주의 무덤양식과 장법葬法이 고구려식이었다는 사실과, 고구려 보장왕의 손자인 고진高震이 그의 묘지명에 스스로를 발해인渤海人이라고 썼던 것도 이와 무관치 않음. 신라에서도 『입당구법순례행기』등에 보이는 바와 같이 발해를 고구려의 후예들이 세운 나라로 인식하고 있었음.

5. 통일신라와 발해는 남북국(南北國)을 형성
 · 남북국시대론이란 발해사를 한국사의 일부로 인정하고, 나아가 이를 한국사체계에 적극적으로 편입시키기 위하여 현재의 통일신라시대라는 용어 대신에 신라와 발해를 포괄하는 남북국시대란 용어를 사용하자는 논의.

· 이러한 논의는 『삼국사기』와 최치원의 글에 발해를 북국北國으로
지칭하는 대목이 있어, 당시에 신라가 발해를 북국으로 불렀음을
알 수 있고, 이로 미루어 발해는 신라를 남국南國으로 불렀을 것. 아
마도 이것은 단순한 방위개념이 아니라 각기 동일민족의 한 부분이
라는 의식을 바탕에 깔고 있었을 것이라는 데에 근거를 두고 있음.
· 남북국시대론을 처음 주창한 것은 조선후기 실학자들. 유득공柳得
恭은 『발해고』(1784) 서문에서 신라와 발해를 남북국으로 인식하고
고려가 남북국사를 쓰지 않았던 것을 비판. 김정호金正浩도 『대동지
지』(1864)에서 발해가 고구려의 옛 땅을 이어받아 신라와 더불어
200여 년간 남북국을 이루었다고 함. 이러한 논의는 일제시대에 이
르러 장도빈·안확·권덕규 등의 역사에서 구체적으로 적용되어
남북국 또는 남북조南北朝라는 용어가 사용됨.

제7장 신라 말기 호족의 출현

Ⅰ. 호족출현의 배경

1. 호족출현의 배경(신라말기의 혼란)

1) 골품체제의 해체(붕괴)

(1) 치열한 왕위쟁탈전
- 신라 하대(선덕왕대~경순왕대) 150여 년간 20왕이 교체되고 잔혹한 살륙전 전개
- 김성金姓집단의 진골귀족 출신이면 누구나 실력으로 왕위에 오를 수 있는 분위기 형성
- 진골 내부의 분열을 초래

(2) 능력(실력) 중시 풍조의 확산
- 골품만으로 정치적사회적 출세가 자동적으로 주어지지 않고, 실력에 의하여 좌우되는 사회로 변모 → 신라사회의 발전을 의미

(3) 사회의 발전
  · 신라사회의 개방과 확대는 고대적이며 혈연적인 골품제도의
    존속을 더 이상 하용하지 않음.

(4) 6두품 계열의 진골귀족 비판
  · 유교지식과 능력을 갖춘 6두품 출신들이 현실에 불만을 품고
    진골 체제에 대하여 비판을 가함(최치원 등)
  · 그러나 이들은 진골체제에 기생하는 지배층의 일부였으므로
    이들의 도전이나 비판은 소수적, 제한적.

2) 경제체제의 붕괴

(1) 녹읍제(祿邑制)의 부활
  · 녹읍제는 귀족중심의 수취제도로서 일정한 지역을 신분과 지위
    에 따라 분급하여 이 지역에 대한 경제적 수취를 가능하게 한 제
    도. 이것은 귀족에게 유리한 제도로 귀족제라는 신라사회와 깊이
    연결된 것
  · 중대에 접어들어 녹읍제를 폐지하고 실시된 녹봉제祿俸制는 국
    가에서 조를 거두어 직책에 따라 일정한 녹봉을 왕이 지급하는
    제도. 초기에는 여봉年俸의 형식으로 지급되다가 점차 월봉月俸
    의 형태로 바뀜. 이것은 왕에게 유리하고 귀족에게 불리. 왕권
    강화의 목적에서 실시된 녹봉제는 귀족들의 반발을 받아 중대
    말에 다시 녹읍제로 환원
  · 녹읍제의 부활은 귀족중심의 고대적 토지지배와 수탈의 강화를
    의미.

(2) 귀족들의 토지소유의 확대와 겸병兼併 → 대토지사유화 진행 →

농민에 대한 수탈 가중

3) 농민(평민)들의 저항

(1) 귀족들(지배층)의 수탈로 농민들은 토지로부터 유리되거나 노비의 신분으로 전락.

(2) 이들은 귀족의 가혹한 경제적 착취에 저항하여 진성여왕 때부터 민란을 일으킴

(3) 민란의 전국적 확대는 신라 말기의 사회적경제적 파탄을 의미

Ⅱ. 호족의 출현과 역할

ㄹ. 호족의 대두

1) 호족의 성격

(1) 신라 하대의 혼란을 틈타 각 지방단위로 세력을 장악하여 나말여초의 사회변동을 주도하면서 역사무대의 주체세력으로 등장한 지방세력

(2) 이들은 신라골품제사회의 구조적 모순에 저항하면서 생성되어, 신라 중앙권력의 통제가 약화되면서 골품제사회를 부인하고 독자적 지배권력을 행사하는 정치적 성격을 띰

(3) 이들은 당에서 돌아온 유학생들이나 6두품 등의 비판적 지식인들 및 교종 중심의 불교계를 비판하면서 성립된 선종禪宗의 승려들과 연계를 맺음

2) 호족의 출신배경

(1) 지방의 토착세력
- 지방의 촌주村主로서 촌락민을 통제하였던 유력자들 가운데 중앙
  정부의 권력이 미치지 못하자 점차 자립하여 세력을 확장시켜 나
  간 지방세력
- 이들은 가장 전형적인 호족이면서 대다수의 호족을 구성한 집단

(2) 중앙귀족세력
진골이나 6두품의 중앙귀족들이 지방으로 내려가 호족이 됨
외관外官으로 부임한 귀족이 중앙정계의 혼란을 틈타 그대로 지방
에 눌러앉아 호족이 됨

(3) 군진(軍鎭)세력
- 군진은 원래 변경의 영토를 지키기 위해 설치된 것으로, 해상무
  역의 발달에 따라 해적의 피해가 잦아지자 해안의 요충지에도
  설치됨
- 북방 변경의 패강진(지금의 평산), 남해의 청해진(완도)이 대표적 군
  진
- 군진은 형식상으로는 중앙정부에 예속된 군대였지만 중앙권력
  이 약화된 신라말기에는 사병적私兵的인 지방세력으로 바뀜
- 청해진의 장보고는 해적을 소탕하여 무력기반을 튼튼하게 하
  여, 중앙정계의 왕위쟁탈전에 개입하기도 하면서 중앙귀족세력
  과 대립

(4) 해상세력
- 통일 후의 신라는 조공을 통한 공무역만이 아니라 사무역이 허

용됨으로써 활발한 해상 무역활동이 전개됨.
- 중국일본서남아시아는 물론 아라비아 등 이슬람문화권과의 교역도 이루어짐
- 활발한 해상무역활동을 국가적으로 보호하기 위하여 해상군진이 설치됨
- 사무역의 발전에 따라 해안지역을 중심으로 한 지역에서 해상활동을 기반으로 부를 축적하고 이를 통해 세력을 확장시킴.
- 대표적인 해상세력은 왕건王建집단

(5) 초적(草賊)세력
- 내륙의 산악지대를 중심으로 약탈적 방식에 의하여 세력을 키움
- 자기 출신지역의 토착적 기반을 토대로 성장한 것이 아니라, 농민봉기나 유이민을 규합하여 세력을 결집하고 중앙세력에 반기를 든 집단에서 성장
- 이들의 초기 봉기는 민란이나 반도叛徒의 성격에서 시작되었으나, 중앙의 통제력이 상실된 상황에서는 민중의 지지를 받는 독자적인 지방세력으로 성장
- 죽산의 기훤, 북원의 양길, 철원의 궁예가 대표적.

3. 호족의 역할

1) 호족은 중앙정부의 통제에서 벗어나 자립하고 그 지방의 백성을 지배
2) 스스로 성주城主나 장군將軍이라 칭하며 군사력을 가지고 그 지방의 행정을 장악하고 조세와 역역力役을 징수
3) 지방의 광대한 농장과 사병私兵을 배경으로 독자적 세력권을 형성하고 신라 중앙제도를 모방하여 새로운 행정제도를 마련

4) 종래의 군현을 대신하여 그 지방을 지배하는 존재가 됨

5) 진골체제를 해체하고 신라왕조를 붕괴시키는 결정적인 역할을 담
당함과 아울러 고려건국의 주동세력으로 등장

Ⅲ. 호족의 사상

4. 호족의 사상적 기반

1) 풍수지리설

(1) 신라말의 호족들은 풍수지리설에 입각하여 자기들의 근거지를
명당으로 여기고, 호족으로서의 존재를 정당화 하려함

2) 선종(禪宗)

(1) 성격

① 불립문자不立文字를 주장하고 복잡한 교리를 떠나 심성心性을 도야
하는 데 치중

② 선종에서 불립문자와 함께 주장하는 견성오도見性悟道의 방법은 선
禪, 즉 정시靜思를 통하여 긱자의 마음속에 내재하고 있는 불성佛性
을 깨달올 수 있음

③ 선종은 개인주의적인 성향을 지님

④ 경전을 중시하는 교종敎宗과는 대립적 입장

(2) 도입

① 7세기 전반기 선덕여왕 때 처음 들어옴

② 9세기초 도의道義가 보림사에 가지산파를 열면서부터 널리 퍼지기

시작 → 선종 9산문 성립

(3) 유행
① 지방 호족들로부터 환영을 받음에 따라 신라 하대에 크게 유행
   – 선종의 유행은 신라 말기 불교계의 새로운 경향
② 선종 9산은 대부분 호족과 밀접한 관계를 맺음
   – 수미산파는 송악의 호족인 왕건과 관계가 깊었음
     9산의 개조開祖들도 호족 출신이 많았음
     9산은 모두 그들을 후원하는 유력한 호족의 근거지 주변지방에
     자리 잡음

(4) 의의
① 선종은 호족의 종교로서 성장
② 선종의 개인주의적인 경향은 중앙집권적인 지배체제에 반항하여
   일어나는 호족들에게 독립할 수 있는 사상적 근거를 제공

제8장 고려의 건국과 왕권강화정책

Ⅰ. 건국과 그 배경

1. 고려건국의 배경

1) 신라말 골품체제의 모순

(1) 치열한 왕위 쟁탈전 : 신라하대 150여 년 간 20왕 교체

(2) 경주 중심의 지배체제 해체 : 지방사회의 성장과 발전

(3) 경제 체제의 붕괴 : 귀족들의 토지 소유 확대와 겸병 → 농민수탈 증대

(4) 민란 발생 : 경제적 착취에 대한 농민의 저항

2) 호족의 대두

(1) 호족의 성격 : 신라 골품제 사회를 부인하고 독자적 지배 권력을 행사한 지방세력

ㄹ. 고려의 건국

1) 왕건이 홍유·배현경·신숭겸·복지겸 등 장수(호족)들의 추대를
   받아 태봉의 궁예를 제거하고 고려를 세움(918년)
2) 935년 신라의 투항. 936년 후백제의 멸망 - 후삼국 통일(936. 태조 19)

Ⅱ. 고려 초기의 중앙집권화정책

1. 태조의 호족연합정책(통제정책)

1) 혼인정책(결혼정책) : 전국의 20여 호족들과 혼인관계 맺음
2) 왕씨성하사정책 : 왕王씨 성을 주어 한 집안 같은 관계 맺음
3) 중앙관료화정책 : 호족을 중앙관료로 등용
4) 사심관제도 : 중앙의 공신이나 고관들을 자기고향의 사심관으로 삼
   아 향리를 임명하고 그 지방의 치안을 책임지게 함
5) 기인제도 : 지방호족의 자제들을 인질로 서울에 머물도록 함
6) 『정계』, 『계백요서』 등을 지어 신하의 도리와 규범을 규정 - 중앙
   집권화의 정신적 기반으로 삼으려고 함

ㄹ. 광종의 개혁정책

1) 노비안검법 : 호족이 소유한 노비 가운데 본래 양인이었던 노비를
   해방시킴.
   - 호족의 경제적·군사적 기반 약화. 양인의 확보로 국가 재정 증가
2) 과거제도 : 호족(개국공신) 대신 새로운 신진 관리 등용 - 왕권 강화
   를 위한 새 관료체계 선정

3) 백관百官의 공복公服 제정 : 모든 관리들로 하여금 등급에 따라 다른
   색깔의 옷을 입도록 함 – 관계주의官階主義 확립(관리들의 질서 확립)
4) 칭제건원稱帝建元 : 스스로 황제라 칭하고 광덕光德 등의 연호 사용.
   개경을 황도皇都라 함
   – 고려의 독립과 권위를 내외에 과시함으로써 왕권의 권위를 높임
5) 반대파 숙청 : 개혁 정책에 불만을 가진 개국공신·호족 등을 무자
   비하게 제거 – 호족 세력의 억압과 왕권강화를 위해 불가피
∴ 이러한 개혁정책으로 호족세력을 도태시켜 왕권이 안정되고 중앙
   집권체제의 기초 마련

3. 성종의 정책

1) 유교의 정치 이념화 : 유학자 최승로의 건의를 받아 유교를 정치이
   념으로 삼음 – 고려 왕조의 기반확립에 크게 기여. 고려 귀족제도
   발전의 기반
2) 정치제도 정비
   · 중앙 : 3성 6부설치 – 중서 문하성 ··· 국가정책 결정
     상서성(6부) ··· 국가정책 시행
   · 지방 : 12목 설치 – 12목에 최초로 지방관 파견 ··· 지방호족이 중
     앙정부의 통제 하에 들어감

III. 고려의 중세적 성격

1. 호족의 성장

진골중심의 폐쇄적 사회인 신라왕조를 고대적 성격으로 규정지을 때

새로운 지방세력인 호족의 성장은 중세적 요소라 할 수 있음

ㄹ. 중세적 사상의 성립

호족들이 종래의 교종에 대신하여 혁신적인 선종을 받아들이고, 유교
적인 정치이념을 새로이 채용한 것은 중세적 사상의 성립을 뜻함

ㅋ. 농민의 지위향상

1) 신라후기 농업생산력의 증대에 따른 농민의 성장, 특히 민전을 소
   유한 자영농민의 성장은 신라의 공동체적 국가파악을 극복하고 고
   려 초기에 이르러 합리적인 수취제도의 실시를 가능케 함
2) 후삼국시기의 농민반란에 따른 농민의식의 상승도 농민의 지위향
   상에 큰 역할을 함

ㄴ. 중세로의 전환

고려사회의 성립은 단순한 왕조의 교체를 넘어 고대에서 중세로의 커
다란 변화를 초래함.

제9장 공녀(貢女)

Ⅰ. 공녀의 목적과 공납상황

1. 공녀 요구의 목적

1) 원나라

(1) 고려에 대한 고도의 복속정책

(2) 황실궁녀의 조달

(3) 몽골인들의 성적 야욕의 충족

2) 명나라 · 청나라

(1) 궁녀의 조달

(2) 음식장만이나 유희에 능한 여인의 충원

(3) 황족 · 고관 자제와의 혼인

ㄹ. 공녀의 공납 상황

1) 고려의 원에 대한 공녀

- 충렬왕 때부터 공민왕 때까지 80년간 지속
- 『고려사』에 의하면 공식적으로 44회에 걸쳐 170명 정도의 처녀들이 바쳐짐
- 기록에 빠진 것과 사적인 요구 등을 포함할 경우 대략 2천~2만 명 정도가 끌려감

2) 조선의 명에 대한 공녀

- 태종 때부터 세종 때까지 20여 년 동안 지속
- 공식적인 기록상으로는 7회에 걸쳐 114명의 여인들이 바쳐짐

3) 조선의 청에 대한 공녀

- 인조·효종 년간에 진헌
- 2차에 걸쳐 30명의 여인들이 끌려감

Ⅱ. 공녀의 선발과 기피

1. 공녀의 선발과정

(1) 고려
- 결혼도감·과부처녀추고별감에서 처녀선발 담당

(2) 조선

　　・ 진헌색 설치

　　・ 금혼령 하달

　　・ 각 도에서 처녀 선발

　　・ 서울 경복궁에서 최종 선발

2. 공녀의 기피 방법

(1) 딸을 몰래 시집보냄

(2) 처녀의 은닉隱匿

(3) 거짓 꾸미기

3. 공녀 출발시의 참상

・ 출발 전날의 송별연에서 통곡

・ 출발하는 날 본인・친척・군중들이 모두 애통해 함

・ 호송 도중 목매어 죽거나, 구덩이에 빠져 죽는 처녀들이 많았음

III. 공녀의 운명과 영향

1. 공녀의 운명

(1) 황실의 궁녀

(2) 황족이나 고관의 처・첩

(3) 창녀・기녀

ㄹ. 기황후

· 처음에 궁녀가 되었다가 순제의 총애를 받아 제2황후에 오름
· 1365년(공민왕 14) 제1황후에 오름
· 황태자를 낳음
· 30여 년간 권력을 휘두름

ㄹ. 공녀의 영향

· 고려·조선에 많은 폐해를 끼침
· 백성들을 고통과 공포로 몰아넣음
· 조혼早婚의 악습을 낳음
· 원나라에 고려의 생활양식을 전파 – 고려양高麗樣

제10장 사대부와 조선의 건국

Ⅰ. 건국의 배경

1. 신흥 사대부의 등장

1) 고려후기(무신난 시기 또는 충선왕 때)의 사회·경제적 변동을 계기로 성장한 중소 지주 출신의 성리학을 수용한 특정세력. 주로 향리출신으로 과거를 통해 정계에 진출

2) 공민왕의 유학교육 장려정책에 따라 본격적으로 중앙 정계에 진출하여 정치 세력화 됨

3) 권문세족의 私田개혁을 둘러싼 입장차이로 분열
   (1) 급진파 : 사전의 완전한 혁파와 재분배 주장 — 역성혁명 주장(정도전·조준 등)
   (2) 온건파 : 사전 점유의 폐단만 시정 주장 — 고려왕조 안에서의 개혁 주장(이제현·이색·정몽주 등)

4) 급진사대부들은 신흥 무장세력인 이성계 등과 손잡은 뒤 우왕 14년(1388) 위화도회군을 통하여 고려의 군사적·정치적 실권을 장악

5) 위화도회군 후 사대부들은 권문세가의 경제적 기반인 사전을 혁파
하여 개혁의 성공을 위한 경제적 기반을 마련하고 민심을 얻기 위
하여 전제개혁운동에 착수

ㄹ. 과전법의 제정

・1388년 대사헌 조준의 상소로 시작된 전제개혁운동은 먼저 전국의
토지를 개량改量하고, 이어서 공사전적公私田籍을 불태움으로써 권
문세족의 사전을 몰수하고 1391년에 새로운 토지제도인 과전법을
공포함에 따라 일단락

1) 내용

・전직・현직 관리들에게 그 품계에 따라 경기 지역의 토지에 한하여
과전을 지급
・병작이 원칙적으로 금지되고 전조田租는 결당 최고 30두로 통일되
었으며 공전의 조는 국가에서, 사전의 조는 개인이 받도록 함.

2) 성과

・국가지배의 공전公田 증가. 국가 수입의 증대(국가 재정의 안정). 신진
관리들의 경제기반 안정.
・농민 생활의 안정 내지 향상(자작농의 창출. 조세 부담의 경감)

3) 의의

・신진관리 및 신흥무인들의 경제기반 마련. 지방 토착세력의 대두
방지 → 중앙집권적 지배체제 확립.

・사대부들의 경제적 실권 장악 → 조선왕조의 건국에 이름.

Ⅱ. 조선왕조 건국의 의의

1. 조선왕조 건국이 갖는 의미

조선왕조의 건국은 단순한 왕조의 교체나 역성혁명이 아니라 정치・경제・사회・문화 등의 커다란 변화 내지 진전을 의미 → 즉, 한국사는 조선의 건국을 계기로 중세에서 근세로 일보 전진

2. 양반관료체제의 확립

1) 고려후기에 새로이 신흥 사대부가 대두하여 마침내 조선의 건국에 성공하고 조선 양반사회의 토대가 됨
2) 양반은 종래의 문벌귀족이나 권문세족에 비하여 관료적인 성격이 강하여 양반관료사회를 형성하였는데, 이것은 일정한 전진을 뜻함.

3. 유교적 정치이념에 입각한 통치체제의 확립.

4. 부국안민을 위한 개혁의 추진

5. 신진사대부의 정치세력화를 통한 지배신분층의 확대

6. 국민국가의 터전 마련

1) 15, 6세기에는 성리학에 의한 유교적인 정치이념 위에 중앙집권적인 전제왕권이 확립됨

2) 민족의식의 고취 내지 신장

① 한글 창제. 단군국조國祖관념의 대두

② 우리나라 역사・지리에 대한 관심 고조

③ 국경선의 확장에 따른 국토의식의 성장

ㄱ. 사상적인 변화

1) 성리학이 정치이념으로 채택되었을 뿐만 아니라, 학문적・사상적
   으로 지배적 위치를 차지

2) 이는 고려시대에 훈고학적인 유교와 불교 사상이 병립해 있던 것과
   는 전혀 다른 현상으로서 사상계의 큰 변동을 의미

ㅁ. 경제적인 변화

1) 고려의 전시과 체제에서 새로이 과전법 체제로 발전

2) 토지에 대한 사적私的 소유가 보다 진전

3) 양인 자작농이 많아져 농민의 지위가 상승

4) 이러한 토지 소유와 농민 지위의 변화는 그만큼 조선사회가 발전하
   였음을 의미

ㅋ. 신분적인 발전

1) 귀족이 양반으로 변신

2) 농민의 지위 상승

3) 천민의 양민화(부곡의 소멸 − 천민집단의 특수행정구역이 일반 군현으로 전
   환) → 양인층의 확대 → 사회 신분면의 발전을 의미

제11장 조선의 정치기구

Ⅰ. 중앙의 기구

1. 의정부

- 법제상의 최고통치기관 : 백관통솔, 서정총괄(『경국대전』) — 정책결정
- 3정승, 즉 영의정·좌의정·우의정의 합좌기관(회의기관)
- 의정부서사제 : 육조의 보고사항을 3정승이 심의

2. 육조

- 정책(정무)의 집행
- 이조(재무), 호조(재정), 예조(의례), 병조(군사), 형조(형률), 공조(토목)
- 6조직계제 : 의정부를 거치지 않고 육조에서 정무를 직접 왕에게 보고하여 시행하는 제도. 태종·세조가 시행
  - 왕권강화, 의정부 기능 약화, 6조 기능 강화

3. 사헌부

- 관리에 대한 감찰기관
- 시정時政의 득실을 논하고, 백관을 규찰하며, 풍속을 바로잡음(『경국
  대전』)
- 서경권署經權 : 5품 이하 관리에 임명될 자의 신분·경력 등을 조사
  하여 가부可否를 승인

4. 사간원

- 왕에 대한 간쟁諫諍, 논박論駁
- 왕의 전제적 권리를 제한하는 역할 담당

5. 홍문관

- 궁궐의 경적經籍 관리. 문한文翰 담당. 왕의 고문顧問 역할
- 언론 3사 : 사헌부·사간원·홍문관

6. 승정원

- 왕명의 출납

7. 의금부

- 국왕 직속의 사법기관
- 대역·모반 등의 중죄를 왕명을 받들어 처리

8. 한성부

· 수도의 행정 · 치안 담당

Ⅱ. 지방의 기구

1. 군현제郡縣制의 전면적 실시 : 모든 군 · 현에 지방관 파견
2. 전국을 8도로 나누고 그 밑에 부 · 목 · 군 · 현을 둠
3. 관찰사 : 수령을 지휘 · 감독, 도내의 병권 장악(병마사 겸임)
4. 수령
· 직접 일반 백성을 다스리는 목민관牧民官
· 부사(부윤) · 목사 · 군수 · 현감(현령)
· 수령 7사 : 농업장려, 호구확보, 교육진흥, 군정수비, 부역균등, 향리
  감독, 소송처리

Ⅲ. 조선시대 관료제도의 특징

1. 상피제(相避制)
   (1) 부 · 자나 형 · 제는 같은 관청에 임명되지 못함
   (2) 수령이 자기 출신지에 부임치 못함
   (3) 가족이 과거에 응시할 때 고시관이 되지 못함

2. 왕의 가까운 종친, 외척 · 부마는 관직에 나갈 수 없음

3. 관료의 승진에 엄격한 고과제襃貶制를 실시

Ⅳ. 한국 합의기관의 전통

1. 화백(和白)

- 중대사건 발생시 개최(회의)
- 회의 참석자는 백관百官
- 만장일치제 : 한사람이라도 반대가 있으면 회의의 결정을 하지 못함
- 4영산靈山에서 개최 : 청송산(東), 오지산(西), 피전(南), 금강산(北)
- 독재정치의 발생을 억제
- 남당南堂 : 국가의 중대회의 거행
  > 백제 고이왕 때 왕이 남당에 임석하여 정사를 들음

2. 도평의사사 (都評議使司)

- 충렬왕 5년(1279) 고려 초기의 도병마사都兵馬使를 개칭한 것
- 국가의 중대한 일 발생시 이곳에 소속된 관원 중 3품관 이상이 한자리에 모여서 의논하여 처리
- 회의를 열기 위하여 착석着席할 때 그 의식이 매우 정중
- 결의 방식은 화백회의와 같이 만장일치제
- 국가가 무사할 때는 1년에 한번, 또는 몇 년에 한번 개최
- 원나라의 지배받으면서부터 갑자기 긴급한 일이 많이 생겼으므로 첨의부·밀직사의 고관도 참석시킴
- 조선 : 건국초기까지 그대로 존속
  > 문하부·삼사·중추원의 종2품 이상 관원이 모여 국가의 큰 일을 의논. 정종 2년(1400) 의정부로 개편

제12장 조선의 과거제도

Ⅰ. 과거제의 성립과 종류

1. 과거제의 성립

1) 과거는 주로 유교경전의 시험을 통하여 관리를 선발하는 제도
2) 중국의 수·당에서 발달. 고려 광종 때 도입
3) 조선초기에 고려의 제술과와 명경과를 통합하여 문과로 하고, 무과를 처음 실시함 → 양과가 균형적으로 운영되어 명실상부한 양반관료체제 확립

2. 과거제의 종류와 시행

 1) 문과

  (1) 소과(생진과·사마시)
   · 생원시 : 4서 5경으로 시험
   · 진사시 : 시詩, 부賦 등으로 시험

・초시(향시) · 복시(회시)

(2) 대과
　・생원 · 진사, 성균관 유생, 현직 하급관리(정3품 당하관 이하)가 응시
　・초시 · 복시 · 전시殿試
　・4서5경 · 부 · 표 · 책문 등으로 시험

2) 무과

　・대과 · 소과의 구별이 없음
　・초시 · 복시 · 전시
　・무예 · 경서 · 병서로 시험

3) 잡과

　・기술관 채용시험
　・역과 · 의과 · 음양과 · 율과

3. 시험시기

1) 정 기 시 : 3년마다 시행(식년시)
2) 부정기시
　・증광시 : 국가의 큰 경사시
　・별　시 : 보통 경사시
　・알성시 : 국왕의 성균관 문묘 참배시

Ⅱ. 과거제의 제한과 영향

1. 신분제한

1) 법제상으로는 천인이 아니면 결격사유가 없는 이상 누구나 과거에
   응시할 수 있었음
2) 그러나 현실적으로는 신분에 따른 차별이 존재
3) 문과의 소과·대과는 양반 이외의 신분은 응시·합격이 어려웠음
4) 무과·잡과는 천인이 아니면 누구나 응시 가능

2. 영향

1) 문치주의 사회 건설에 이바지
2) 고급문화 수립에 공헌 : 교육열 자극 → 유교 교양을 지닌 독서인 육성
3) 사풍의 타락, 당쟁의 격화, 학교의 쇠퇴 등 부정적 영향 초래

제13장 조선의 천거제도

Ⅰ. 천거제의 성립과 운용

1. 유일천거제

1) 유일(遺逸)의 개념

- 뛰어난 학덕과 재능을 지니고 있으면서도 등용되지 못하고 재야에 묻혀있는 선비

2) 유일천거제의 목적

(1) 학덕높은 재야 인재의 등용

(2) 과거로 발탁할 수 없는 인재의 등용

(3) 민심의 수습

(4) 유교윤리의 장려

(5) 학문의 권장

(6) 정권안정 도모

3) 유일천거제의 성립

(1) 기원

- 한나라의 향거이선제 – 전한 고조 11년(BC.196) 처음 실시.
  중앙의 대신이나 지방장관이 지방민들의 여론을 살펴 인재들을
  중앙으로 천거
- 고구려 고국천왕 13년(191), 처사 을파소 천거 – 국상(재상)에 발탁

(2) 성립

- 조선은 고려의 제도를 이어받아 초기부터 제도화

4) 천거의 방법

(1) 천거시기 : 국왕의 교령 등에 의하여 부정기적으로 시행

(2) 천거인원 : 원칙적으로 제한이 없음. 보통 1명의 거주가 2, 3명
  천거

(3) 거주 : 현직 고관. 지방민

(4) 천거절차

- 거주가 피천자의 성명 등을 적어 중앙의 이조로 올려 보냄
  이조에서는 사서오경에 의한 간단한 시험을 치룸
  합격자는 결원이 있을 때 임용

5) 유일천거제의 시행

- 피천자의 수효(조선왕조실록. 국조인물고. 국조인물지. 영남인물고)
  : 조선전기 196명 조선후기 224명 합계 420명

6) 유일에 대한 우대책

(1) 파격적인 관직 제수
(2) 국왕의 인견引見
(3) 사물賜物
(4) 부의賻儀
(5) 증직贈職 · 증시贈諡

ㄹ. 효행자천거제

1) 시행목적

· 유교윤리의 장려 · 보급

2) 성립

· 삼국시대 초기부터 시행
· 고려시대에도 계속 시행
· 조선시대에는 건국 직후부터 실시
· 경국대전
「효행이 뛰어난 자는 매년 예조로 천거하고, 천거된 자들에게는
상으로 관직을 주거나, 물품을 주고, 정문을 세워주며, 복호하여
준다.」

3) 시행상황

· 조선초기에 300여 명이 천거되어 절반 가량이 상직을 받음
· 상직賞職 : 백신白身에게는 종9품직, 유직자에게는 1품계 올려줌
· 조선말기까지 계속 시행

3. 성균관공천제

1) 시행목적

- 누거부중자累擧不中者들의 불만을 해소하고 학문을 장려

2) 성립

- 초기부터 제도화하여 시행
- 경국대전

「여러 해 성균관에 거관居館하고, 학문이 깊고, 행실이 뛰어난 50세 이상 된 자, 성균관의 학업성적이 우수한 자, 여러 해 문과에 응시하여 초시(관시. 한성시)에 7번 입격入格하고, 50세에 이른 자는 국왕에게 아뢰어 등용한다.」

3) 시행상황

- 초기에는 연령이 너무 높게 규정된 이유 등으로 시행이 부진하였으나, 중종대 이후 사림파의 등용로로서 활발히 시행됨

4. 보거제(保擧制)

1) 시행목적

- 인재를 모두 알 수 없는 이조의 한계를 극복하고, 유능한 인재를 승진 내지 입사入仕시키기 위함

2) 성립

- 경국대전의 규정

「중앙과 지방의 문반·무반 3품 이상의 관리는 3년마다 정월에 3품에서 무직까지의 인재를 천거한다.」

3) 시행상황

- 이를 통하여 많은 인재들이 승진 내지 입사하였으나, 주로 고관이나 권세가들의 자제들이 천거되는 등의 폐단이 발생

Ⅱ. 거주연좌제(擧主緣坐制)

1. 시행목적

- 천거가 거주의 사정私情이나 주관적 판단에 따라 이루어지는 것을 방지하여, 천거를 공정하고 객관적으로 시행하기 위함

2. 성립

- 송나라에서 창안된 후 고려에서 도입, 시행.
- 조선도 초기부터 법제화하여 실시
- 경국대전의 규정
「천거받은 사람이 만약 장오臟汚·패상敗常의 죄를 범하면, 그를 천거한 자도 함께 처벌한다」

3. 시행상황

- 초기의 경우, 탄핵받은 피천자被薦者는 대부분 파직되었으나, 거주들은 고관이었으므로 거의 처벌되지 않음

Ⅲ. 천거제의 의의

1. 관리등용에 있어서 과거제·문음제와 더불어 중요한 초입사로初入
   仕路의 역할을 수행
2. 과거제의 보완적 역할 담당
3. 과제의 한계를 개선할 개혁안으로 부각됨
   유형원의 공거제貢擧制. 이익·정약용 등의 과천병용론科薦倂用論
4. 정권의 안정, 유교윤리의 장려, 학문의 장려 등에 기여

제14장 조선후기 당쟁의 전개와 성격

Ⅰ. 당쟁의 개념과 기원

1. 당쟁(黨爭)의 개념

- 붕당朋黨간의 정치적 대립과 투쟁
- 붕당정치朋黨政治 : 붕당이 나뉘어져 행하는 정치

  (당쟁이 부정적 의미로 쓰이고 있으므로 붕당정치란 새롭고 긍정적인 용어로 바꾸어 쓰자는 의견 대두)

2. 당쟁의 기원

1) 개국 직후
2) 단종시대
3) 성종시대
4) 연산군시대(사화기)
5) 선조시대(동서분당)
6) 숙종시대

3. 당쟁의 원인

1) 신. 구 대립설

① 강희맹 : 신진선비와 노장선비의 대립
② 이 이 : 선배와 후배의 의견 차이
③ 신석호 : 신・구 양파의 대립

2) 이해관계의 상이설

- 이 익
- 이해관계의 상반으로 서로 다른 정치적 견해를 갖게되고, 이로 인해 서로 유유상종하게 되어 붕당이 형성됨으로써 당쟁이 발생
- 이해관계의 상이 : 관직수는 적고 관직을 받고자 하는 사람은 많았으므로 발생(이유 : 과거 자주 실시)

3) 문벌・여론 정치설

- 유수원
- 문벌의 폐해 : 문벌(양반가문)을 유지하기 위해 관직을 차지하려 함 → 관직경쟁치열 → 당파형성 → 당쟁발생
- 여론정치 : 공론(여론)을 일으켜 재상 등 논박 → 폐해 극심 → 당쟁 격화

4) 이조 전랑설

- 최명길・이중환
- 이조 전랑(정랑・좌랑)은 인사의 실권 장악 → 많은 사람이 희망 → 심각한 경합 → 전임자의 천거로 후임자 임명(낭천법・전랑자

대법) → 관직다툼 치열 → 관직다툼과 천거를 둘러싸고 당쟁 발생.

5) 사림정치의 말폐설

- 이건창
- 도학태중道學太重, 명의태엄名義太嚴
  문사태번文辭太繁, 형옥태밀刑獄太密
  대각태준臺閣太峻, 관직태청官職太淸
  벌열태성閥閱太盛, 승평태구承平太久

6) 서원설

- 박제형
- 서원에 배향된 인물의 당파에 따라 그 서원에서 공부하는 사람
  의 당파가 결정되고, 서원을 중심으로 당파가 생김

7) 경제생활의 곤란설

- 하합홍민河合弘民
- 경제생활의 곤란으로 경쟁이 일어남(생계를 유지하기 위해 당쟁)
- 생활난을 극복하기 위하여 양반들이 관직을 차지하려고 경쟁(전
  토・노비는 관직을 차지함으로써 확보됨) → 당쟁발생

8) 군약신강(君弱臣强)설

- 사방박四方博
- 당쟁이 심해진 것은 군주권王權이 약하고 신권이 강했기 때문

Ⅱ. 당쟁의 전개상황

1. 당쟁의 전개

1. 동서분당東西分黨
- 선조 8년(1575) 분당
- 전랑 임명을 둘러싼 김효원과 심의겸의 반목과 대립으로 발단
- 김효원 일파 → 동인, 심의겸 일파 → 서인

2. 동인의 분열
- 선조 17년(1584) 동인이 정권 장악
- 선조 22년(1589) 정여립 모반사건으로 서인에 의해 동인 몰락
- 선조 24년(1591) 서인의 우두머리 정철이 세자책봉 문제로 파면당하
  자 동인이 다시 집권
- 동인의 집권(선조 24년) 후 서인을 탄핵하는 과정에서 강·온파로 분열
- 강경파 → 북인(이발·정인홍·이산해)
  온건파 → 남인(유성룡·우성전)

3. 북인의 분열
- 임진왜란 종전 후 남인과 북인 대립
- 점차 북인이 능용됨
- 북인은 세자 책봉 문제로 소북과 대북으로 분열
- 영창대군 지지 → 小北
  광해군 지지 → 大北
- 광해군 즉위 후 대북정권 수립

4. 서인의 등장

- 광해군과 대북파는 임해군과 영창대군을 살해하고 인목대비를 유
  폐시키는 등 실정을 거듭
- 이를 기화로 서인이 반정을 단행하여 인조를 옹립(인조반정)
- 서인 집권, 동인(남인 · 북인) 몰락

5. 1차 예송禮訟(현종 1년, 1660)

- 효종 사후 인조의 계비인 조대비의 복제를 둘러싼 서인과 남인의
  대립
- 남인 : 3년설 − 효종을 장자로 해석(허목 · 윤휴)
  서인 : 기년설(1년설) − 효종을 인조의 차자로 해석(송시열 · 송준길)
- 기년복으로 확정되어 3년설을 주장했던 남인이 큰 타격을 받음

6. 2차 예송禮訟(현종 15, 1674)

- 효종의 부인 인선왕후의 사후 조대비의 복제문제로 논쟁 재연
- 서인 : 대공설(8개월설)
  남인 : 기년설
- 기년설이 채택되어 남인이 득세

7. 경신대출척(숙종 6년, 1680)

- 2차 예송 후 득세한 남인이 서인에 의하여 반격을 당해 화를 입음
- 허목 · 윤휴 등 사사 → 남인 실각 → 서인 재집권
- 그 처리과정에서 서인이 노소로 양분
- 老論 : 남인 숙청에 있어서 강경론 주장(송시열 등)
  小論 : 남인 숙청에 있어서 온건론 주장(윤 증 등)

8. 기사환국(숙종 15년, 1689)
- 장희빈 소생의 원자 책봉문제로 노론老論 몰락
- 송시열 사사 → 남인 재집권

9. 갑술환국(숙종 20년, 1694)
- 숙종의 폐비인 민비 복위운동을 계기로 소론小論이 정권을 잡음에 따라 남인이 제거됨
- 송시열이 신원됨
- 이 후 정권은 노소분쟁의 양상을 띰

10. 신임사화(경종 1년, 1721)
- 경종 이후의 왕위 계승 문제를 둘러싸고 노론·소론 사이에 당쟁 발생
- 노론 : 왕세제 책봉 주장
  소론 : 시기상조론 주장
- 왕의 동생 연잉군 세제世第 책봉 → 대리청정
- 영조 집권 후 소론 축출, 노론 집권
- 정조 이후 노론이 장기집권 → 세도정치화

Ⅲ. 당쟁에 대한 평가

1. 부정적 평가

- 일제 식민주의 사학자들은 당쟁으로 인하여 조선이 망했다고 주장
  ─ 나라 망친 주범(당파성론)

① 폐원단弊原但 : 당파성론을 처음 제기
② 세정조細井肇 : 조선의 문화 수준이 낮아 당쟁 발생
   당쟁을 악의적으로 평가
   조선인의 피에는 검푸른 것이 섞여 있다고 함
   당파성을 한민족의 고질적인 민족성으로 봄
③ 해방 이후의 일본 학자들도 대부분 당쟁을 부정적으로 봄

ㄹ. 긍정적 평가

① 안 확
- 일제시대에 처음으로 당쟁을 긍정적으로 해석
- 붕당을 처음으로 긍정적 정치체제로 이해
- 붕당을 의리·주의·주장을 같이하는 사림의 공도정치·공론정치의 집단으로 봄
- 붕당정치는 조선사회에 활력을 불어넣어 주고 근대정치로의 발전의 소지를 마련해 주었다고 함
- 각 당파는 그들의 주의·주장을 실현키 위해 초야에서 인재를 많이 발탁하여 씀으로써 당파로 인해 정치가 발달했다고 봄
- 비 판 : 붕당의 긍정적 측면만 지나치게 강조
   붕당을 서구적 정당으로 직결시킴

② 석정수부石井壽夫
- 초기 당쟁기인 17세기를 조선의 회춘기로 보면서 당쟁을 긍정적으로 보아야 한다고 주장
- 붕당정치시대에는 자기의 당세를 확장하기 위하여 유능한 인물이나 탁월한 학자들을 뽑아쓰려 함

· 이러한 개인능력의 존중풍토는 그 사회를 활기에 넘치도록 함

③ 김 용 덕
· 해방 이후 처음으로 당쟁을 긍정적으로 평가
· 당쟁 때문에 조선이 망했다고 하는 것은 부당한 말
· 오히려 당쟁 때문에 조선왕조가 오래 지속됨
· 당쟁으로 두 세력이 싸울 때 각기 상대방에게 약점을 잡히지 않으
  려고 조심하였으므로 부정 · 부패가 크게 견제됨
· 이와 아울러 부정적 측면도 강조

④ 이 태 진
· 당쟁이란 용어를 거부하고 붕당정치라는 용어를 쓸 것을 주장
· 붕당정치는 상대 세력과의 공존을 필수로 하며, 상호비판과 견제를
  내용으로 함
· 붕당정치는 정치적 대립과 갈등을 해소하는 장치
· 붕당정치를 확립한 것은 역사적 성과
· 80년대 이후 소장 학자들이 이를 수용
· 비판(김용덕)
  붕당정의 개념이 뚜렷하지 않음
  당쟁의 참상을 볼 때 비판 · 견제 · 양당의 공존은 사실과 동떨어진
  미화된 관념
  국사에 대한 올바른 인식을 그르칠 우려가 있음

제15장 풍수지리설

Ⅰ. 기원

1. 중국 전국 시대 말기(B.C 4~5세기)에 처음 발생
2. 한나라 때 음양설을 도입하여 이론적으로 정돈됨
3. 남북조시대에 더욱 발전
    : 곽박 — 동진인. 『장서』(葬書, 일명 『금낭경』) 저술 — 중국의 풍수를 집
    대성
4. 한국의 기원
1) 자생설 : 우리나라 자체에서 풍수가 시작됨 — 고조선시대에 발생(단
    군의 신시 선정, 지석묘의 위치 선정, 산악숭배사상 등)
2) 도입설 : 통일신라시대인 9세기 말에 도선이 당나라에서 들여옴

Ⅱ. 정의

1. 땅의 형세를 인간의 길흉화복과 관련시켜 설명하는 동양적 자연관

2. 좋은 땅(길지)을 선택하여 도읍(수도)을 정하고, 주택을 짓고, 무덤을
   쓰면 국가, 후손, 개인이 복을 받아 번성하고 그 반대면 화를 입는다
   − 택지의 결과에 따라 인간의 길흉화복이 결정됨
3. 명당明堂 : 좌청룡, 우백호 형상의 산줄기로 둘러싸여 있고, 그 사이
   로 하천이 흐르는 배산임수(背山臨水, 뒤로는 산을 등지고, 앞으로는 물을
   내려다 봄)의 여건을 갖춘 곳, 즉 밝고 따뜻한 땅이 명당

Ⅲ. 원리

1. 3요소

: 산, 수(물), 방위 − 산세山勢, 수세水勢, 지세地勢를 파악하여 이것을 바
  탕으로 땅을 판단

2. 생기론(生氣論)

: 땅속에는 생기가 흐르는 통로(기맥)가 있는데, 그 생기가 농후하고 왕
  성한 곳이 길지.
  길지의 생기를 접함으로써 복을 얻고 화를 피해야 함

3. 지기쇠왕설(地氣衰旺說)

: 지기는 시간의 흐름과 그 땅을 차지한 사람에 따라 왕성해지기도 하
  고 쇠약해지기도 함. 지기가 왕성할 때는 그곳에 자리잡은 왕조나 사
  람이 흥성하고, 반대로 쇠퇴할 때는 멸망함

4. 양택풍수와 음택풍수

: 양택풍수 - 도읍, 주택 입지 선정
  음택풍수 - 묘지 입지 선정

5. 미신이냐 과학이냐

- 일제시대에는 미신으로 지목
- 전통과학, 특히 경험과학, 지리과학으로 봄(풍수학계)
- 땅에 생기가 통하는 기맥이 있다는 주장은 철학이라고는 할 수 있으나, 과학이라고 할 수는 없음(역사학계) - 역사의 평가기준은 역사의 발전에 전진적 또는 역행적 구실을 했는가에 있으므로 그것이 반드시 과학적이어야 하는 것은 아님

Ⅳ. 한국 풍수지리사상의 전개

1. 신라말기

: 불교의 선종과 함께 혁명과 개국의 이념적 바탕이 됨 - 신라말의 호족들은 풍수지리설에 입각하여 자기들의 근거지를 명당으로 여기고, 호족으로서의 존재를 정당화 하려함

2. 고려시대

1) 선종과 함께 지배이념이 됨
2) 고려 왕조의 창건에 도선의 풍수지리가 큰 역할을 함 - 『도선비기』

에서 왕건의 탄생과 고려건국을 예언

3) 고려 태조 왕건은 훈요십조에서 도선의 권위를 빌어 사찰을 함부로 짓지 말라고 했고, 서경의 지덕이 뛰어남과 금강 이남의 지형이 나쁘다는 풍수지리적 관점을 표명. 또한 여기에서 왕건은 삼한 산천의 음덕陰德에 힘입어 대업을 이룩하였다고 함.

4) 왕실(도읍, 왕릉 위치 선정), 귀족(주택, 분묘 위치 선정), 승려(사찰 위치 선정) 등 지배계층을 중심으로 전개됨

5) 묘청의 서경천도 운동은 지기쇠왕설을 중심으로 한 풍수지리사상이 핵심을 이룸 : 개경의 지기가 쇠하였으니 수도를 옮겨야 한다고 주장 — 정치적 야심을 충족시키기 위한 수단으로 이용됨

3. 조선시대

1) 조상숭배사상, 효도관념 등 유교사상을 배경으로 하여 왕실, 양반 사대부뿐만 아니라 일반백성들까지도 널리 수용 — 풍수사상의 대중화

2) 장지葬地로서의 명당을 찾는 음택풍수가 주류를 이룸 — 산송山訟 빈발, 암장暗葬, 투장偸葬 등 성행

3) 풍수사상이 전국적으로 보급됨

4) 풍수지리설은 조선 왕조의 수도 선정에 준요한 여할을 담당

: 풍수지리설에 따라 개경은 지덕이 쇠하여 새 왕조의 장래에 불길하다 하여 처음에 명당으로 알려진 계룡산 부근을 수도후보지로 정했다가 1394년(태조 3년) 역시 명당으로 알려진 한양을 수도로 선정

5) 정감록사상에도 풍수지리설이 내포됨

: 조선 후기에 나타난 정감록 사상은 조선 왕조의 멸망과 새로운 정씨 왕조의 출현 및 명당인 계룡산 정도定都를 예언함

6) 조선 초기에는 풍수 전문가(지관)의 사회적 지위가 높고, 풍수학은
   지리학으로서 학문적 지위 공고. 중기 이후 지관의 사회적 지위가
   중인으로 떨어짐
7) 한양의 명당론 : 조선의 도읍이 된 한양은 주산(主山, 현무)인 북악산
   을 중심으로 동쪽의 좌청룡으로서 낙산, 서쪽의 우백호로서 인왕
   산, 안산(案山, 주작)으로서 남산, 조산祖山으로서 관악산이 있어 전형
   적인 사신사四神砂 구조를 이룸. 경복궁 이 혈처穴處가 되고, 경복궁
   주변 4대문 안이 내명당內明堂, 그 바깥의 강북지역은 외명당外明堂
   이 됨. 또한 명당은 산뿐만 아니라 물도 산에 조화되어야 함. 서울에
   서는 4대문 안을 흐르는 청계천이 명당을 흐르는 명당수가 되고 한
   강은 명당 밖에서 명당 주위를 흘러가는 손님, 즉 객수客水가 됨. 산
   수山水가 조화된 밝고 따뜻한, 그리고 사람의 삶을 감싸 안을 수 있
   는 땅이 명당

4. 일제시대

1) 우리 민족의 정신과 문화를 말살하기 위해 길지에 철추를 박음
2) 도로, 철도를 개설하면서 많은 지맥을 파괴
3) 국내 최고의 명당인 경복궁을 헐고 총독부 청사를 세움
4) 공동묘지 매장과 화장을 원칙으로 하는 법규 제정 - 암장, 산송 빈발

제16장 정감록(鄭鑑錄)사상

Ⅰ. 개요

1. 정鄭씨 성을 가진 진인眞人이 출현하여 미래국토를 실현하고 지복至福의 터전을 이룩한다는 신앙
2. 『정감록』이란 책에 나타나는 '이망흥정李亡興鄭'의 예언에 기초를 두고 있음
3. 봉건체제의 해체기인 조선후기에 형성된 우리나라 고유의 민간신앙 내지 민중 이데올로기
4. 사상적 연원淵源 : 음양오행설, 풍수지리설, 역성혁명론

Ⅱ. 내용

1. 삼절운수설三絶運數說 : 이씨 왕조가 내우외환內憂外患에 의하여 세 번의 단절될 운수를 맞음

① 임진왜란

② 병자호란

③ 앞으로 닥쳐올 국가적 위기 — 안심입명安心立命, 신변안전 도모 →
십승지지十勝之地 : 풍기, 안동, 개령, 가야, 단양, 공주, 진천, 봉화,
풍천, 태백(『징비록』)

2. 계룡산천도설鷄龍山遷都說 : 이씨 조선이 망하고 정씨 왕조가 계룡산
에 도읍을 정함

계룡산 — 통일신라시대부터 명산으로 일컬어짐(5악의 하나 : 토함산,
계룡산, 태백산, 지리산, 팔공산). 풍수지리상으로 산세가 신묘하다고 하
여 도읍으로 적합한 곳으로 알려짐

3. 정성진인출현설鄭姓眞人出現說 : 말세가 끝난 뒤 정도령, 즉 구세주가
나타나 세계를 구원하고 복락福樂이 약속된 새로운 세상을 열 것임.
정감록신앙의 핵심이자 귀결. 일종의 Messianism

4. 영향

1) 18세기 전반 이전 : 반왕조적 성향을 지닌 몰락양반 내지 지식인들
이 소집단을 이루어 집권세력에 대항 — 정감록신앙이 결부됨. 여러
차례의 반란 음모 발생

2) 18세기 후반 이후 : 민중들이 정감록신앙에 의지하여 정권에 대항
— 홍경래란, 임술민란

3) 19세기 이후 : 정감록신앙의 주요 요소가 동학의 교리에 반영됨(후
천개벽사상(天開闢思想 등). 한말 신종교(증산교 등)에도 그대로 반영됨
— 동학과 그 이후의 신흥종교가 거의 모두 정감록의 영향을 받음

4) 일제시대 : 정감록을 믿는 반일적인 색채를 지닌 비밀결사가 나타남

Ⅲ.『정감록』(저서)

1. 성립 : 조선 후기, 즉 임진왜란이나 병자호란 이후
2. 전승傳承 : 반왕조적, 현실부정적 내용을 담고 있어 조선시대에 금서
禁書로 지목됨
   － 민간 사이에 은밀히 전승(반왕조적인 성향의 몰락 양반들에 의해 인쇄
본이 아닌 필사본으로 전승됨)
3. 특징
1) 일종의 예언서 : 이씨 조선의 흥망과 정씨 조선이 이룩될 때까지를
   예언
2) 표현이 신비로워 이해하기 어려움
3) 음양오행설에 근거를 둔 풍수지리설에 깊이 뿌리를 박고 있음
4) 일종의 유토피아서書
5) 불교적 성격 : 정씨 왕조에서는 불교가 크게 흥할 것이라 함

제17장 도교

Ⅰ. 기원

1. 도가사상에 신선도를 혼합하고, 민간신앙(무격신앙, 음양오행설 등)을
   포함해서 불교와 유교의 가르침과 의식을 융합함
2. 노자를 신격화하고, 장생승천長生昇天과 소재멸화消災滅禍를 목표로 함
3. 중국의 대표적 민족종교, 민중종교

Ⅱ. 성립

1. 후한시대인 142년에 장릉張陵이 천사도(天師道, 五斗米道)라는 새로운
   교단을 시작함으로써 도교가 생겨남
2. 장릉 이후 아들 장형, 손자 장노 등에 의해 교단이 크게 발전

Ⅲ. 발전

1. 북위(北魏)

1) 도사道師인 구겸지의 노력에 의하여 440년 북위의 국교가 됨
2) 도교 일변도의 정책 수행 – 불교를 격렬하게 탄압

2. 수(隋)

1) 문제 : 국가적 차원에서 도교를 보호
2) 양제 : 도교에 깊은 관심을 가짐

3. 당(唐)

1) 노자를 당왕조의 선조로 삼아 절대적으로 존숭
2) 이연(李淵, 고조)과 이세민(태종) 부자 : 618년 당 건국. 노자가 李씨 성
   을 가지고 있었다는 명분으로 도교 장려
3) 통일적인 교단이 완성됨 : 전국에 약 2천여 곳의 관립 도관 설치. 1
   만 5천여 명의 도사가 있었음
4) 『도덕경』이 과거시험 과목에 포함됨. 『도덕경』을 각 가정에 비치
   토록 함
5) 중국 역사상 유례가 없는 도교의 번영을 가져옴

4. 송 : 도교 존숭

5. 명, 청 : 국가의 통제로 도교가 쇠퇴함

Ⅳ. 노자(老子)

1. 도가道家의 창시자
2. 초楚나라 고현苦縣 사람(『사기』)
3. B.C 500년 경 인물
4. 성은 이李, 이름은 이耳, 자는 백양伯陽
5. 주나라의 수장실守藏室을 관리하는 사史를 지냄
6. 그의 저서인 『노자』(『도덕경』)는 『장자』와 함께 도가의 가장 중요한
   경전

Ⅴ. 장자(莊子)

1. 노자의 사상을 계승하여 도가사상을 완성
2. 전국시대 송나라 사람
3. B.C 4~3세기 인물
4. 이름은 주周, 자는 자휴子休
5. 평생 벼슬을 하지 않고 자연에 숨어 가난하게 살면서 많은 제자들
   을 가르침
6. 『장자』를 지음

Ⅵ. 『노자』의 내용

1. 도(道)

1) 우주의 본원本源 : 하늘, 땅, 만물이 도를 바탕으로 이루어짐. 우주

만물의 생성과 변화의 모체. 절대적이고 영원한 원리

2) 만물의 존재 원리 : 도는 만물을 존재토록 하는 기본 원리. 무위와 자연을 따르는 것

  (1) 무위無爲 : 자연을 따르는 것. 자연스럽다는 것은 도에 합치되는 상태.

    도는 무위하므로 무욕無慾, 무지無知, 무집無執, 무아無我, 무사無私함 – 욕망을 적게 갖고, 사사로움을 줄이며, 자기 자신을 의식하지 말아야 무위할 수 있음

  (2) 자연自然 : 아무런 작위作爲나 의식意識도 가해지지 않은 있는 그대로의 상태. 무위, 무욕, 무사, 무아의 상태

ㄹ. 덕(德)

1) 도를 따르고 도를 지키는 것

2) 상덕 : 도에 합치되는 완전히 무위, 무욕한 덕

3) 하덕 : 덕을 닦으려고 의식적으로 노력하며, 그의 행동에 뚜렷한 목표를 지니고 있음

Ⅶ. 한국의 도교

1. 고구려

1) 공식적 수용 : 영류왕 7년(624) – '이 때 당 태종이 도사에게 명하여 천존상天尊像을 가지고 가서 『노자』를 강하게 하였다.'(『삼국사기』)

* 공식적 수용 이전에 이미 도가사상 및 도교사상이 유행 – 이러한 토대 위에 영류왕 때 공식적 수용이 이루어짐

2) 연개소문淵蓋蘇文의 도교장려정책

   (1) 집권 : 영류왕 25년(642)에 왕을 시해하는 쿠테타를 일으켜 국정의 실권을 장악.

     반대파 1백여 명을 살해하고 영류왕의 동생의 아들을 보장왕으로 앉힘

   (2) 도교장려정책

① 배경

  · 왕실과 연결되었던 불교세력에 대한 견제

  · 국민들의 위기의식 해소 - 연개소문의 정변, 당나라 침입의 위험, 고구려가 천년이 못되어 망한다는 소문 등으로 위기의식 고조

  · 당나라와의 긴장관계 해소

  · 왕족, 귀족, 불교세력 등 기존세력에 대한 대항

  · 독재정치의 강화

② 과정 : 보장왕 2년(643) 연개소문의 건의에 따라 도교를 정식으로 국가 종교로 받아들임('연개소문이 왕에게 고하기를, 유교, 불교, 도교의 3교는 정鼎의 3족足과 같아서 하나만 빠져도 안 됩니다. 지금 유교와 불교는 흥성 하지만 도교는 아직 성하지 않습니다. 그래서 나라가 위태롭습니다.'(『삼국사기』))

③ 결과

  · 불교 사찰을 도관道館으로 바꾸고 도사를 거처케 함

  · 도사를 유사儒士의 상위에 앉힘

  · 각종의 도교행사를 거행

  · 도교와 유교, 불교 사이에 반목 심화 - 고구려 멸망의 한 원인

  · 불교계가 큰 타격을 입음 - 고승들이 신라, 백제, 일본으로 망명

3) 신선사상의 유행

(1) 시조 동명왕의 승선설昇仙說 : '동명왕이 승천하여 신선이 되었다.'
　(이규보의『동명왕편』) – 왕권의 정당화 위해 주장됨

(2) 고분 벽화에 신선도神仙圖를 그림 : 발굴, 조사된 60여 기의 고분 벽
　화 중 11기에 신선도가 그려져 있음(신라와 백제에도 도교가 크게 유행함)

ㄹ. 고려

1) 국가의 보호 아래 발전

2) 도교와 불교를 혼합하여 함께 신봉

　(1) 팔관회 : 원래 불교행사였으나 태조가 도교적인 요소까지 포함
　　시켜 명산대천에 제 하는 축제적인 행사로 고침

　(2) 연등회 : 원래 불교행사였지만 점차 도교적인 색채가 농후해짐

3) 예종(16대 왕)

　(1) 도교에 대한 신앙이 매우 돈독

　(2) 도교를 불교 대신 국교로 만들려는 생각을 가짐

　(3) 궁궐에서 신하들로 하여금『노자』를 강론케 함

ㅁ. 조선

1) 초기에는 왕실을 중심으로 도교가 숭상되었으나, 유학자들의 반대
　로 점차 쇠퇴함

2) 소격전 : 도교적 제사를 지내는 기관. 고려의 제도를 이어받아 태조
　가 설치. 세조 때 소격서로 개칭하며 축소시킴. 중종 때 사림파의 반
　대로 혁파됨

3) 중종 이후 도교적 수련을 통하여 신선이 되고자 하는 민간신앙으로

서의 단학丹學이 불우한 처지의 지식인들을 중심으로 전승되어감
4) 극히 일부의 유학자들에 의하여 도가사상이 학문적으로 연구됨

제18장 고대의 개방적 성풍속

Ⅰ. 자유연애 풍조

한국의 고대사회는 왕조시대였으므로 성풍속이나 남녀교제가 조선시대처럼 매우 폐쇄적이었을 것으로 생각하기 쉽다. 그러나 이같은 일반적인 인식과는 달리 삼국시대의 성풍속과 남녀교제는 아주 개방적이고 자유스러웠다. 미혼 남녀들은 서로 자유롭게 교제하며 사랑을 속삭이고, 부모의 허락을 받지 않은 채 자유결혼도 할 수 있었다. 이러한 개방적이고 자유분방한 사회풍조는 여성의 권리와 자유가 보장되어 있었음을 의미한다. 그리하여 어느 역사학자는 이 시대를 심지어 여권의 황금시대요, 프리세스사회였다 라고까지 칭송했던 것이다. 삼국시대의 자유분방했던 사회상은 역사 서적 속에 잘 나타나고 있다. 먼저 중국의 역사책인『북사北史』의 고구려전에 의하면

고구려의 풍속은 음란함을 좋아하였는데, 사람들은 이를 부끄럽게 여기지 않았다. 유녀가 많았으니, 그녀들에게는 일정한 남편이 없었다. 밤이 되면 남녀가 떼를 지어 모여 노는데, 귀천의 구별이 없었다. 결혼에 있어서는 남녀가 서로 좋아 하면 곧

결혼시켰다

(『북사』고구려전)

위와 같이 고구려의 남녀관계는 매우 자유스러워 온 나라의 젊은 남녀들이 밤마다 무리지어 노래와 춤을 즐겼던 것이다. 남녀가 어울리는데 귀천의 구별이 없었음은 자유분방한 사회상의 일면을 잘 보여주는 예라고 하겠다. 결혼에 있어서도 당사자들간의 애정이 가장 중요한 조건이었음을 보여주고 있다. 또한 일정한 남편 없이 남자들과 어울리거나 몸을 파는 유녀遊女들은 매춘부나 창기와 같은 여자들이었다. 이와 같이 개방적인 남녀관계나 결혼풍습이 중국인들의 눈에는 매우 음란한 것으로 비추어졌던 것 같다.

고대사회의 개방적 사회 풍조는 아버지를 정확하게 모르는 이들이 많았던 데에서도 드러나고 있다. 백제의 유리왕이 자기의 아버지가 누구냐고 묻자 그의 어머니가 모른다고 했고, 무왕의 경우에도 모친이 연못 안의 용과 통하여 그를 낳았다는 점으로 보아 부친의 존재가 불분명 했던 것 같다.

자유분방한 남녀관계는 자유연애로 이어지기 마련이었다. 삼국 가운데 고구려의 자유연애의 역사는 바야흐로 건국 직전까지로 거슬러 올라간다. 고구려 건국 설화에 등장하는 주몽의 어머니 유화부인의 연애 이야기는 고구려인들의 분방했던 자유연애의 실상을 상징적으로 보여준다.『삼국사기』에는 유화부인의 연애사건에 대하여 다음과 같이 설명하고 있다.

부여왕 해부루가 돌아가시자 금와가 왕위를 이었다. 이 때에 금와왕이 백두산 남쪽의 우발수에서 한 여자를 만나게 되었다. 그녀에게 내력을 물으니 대답하기를 "저는 하백의 딸인데 이름은 유화라고 합니다. 여러 아우들과 함께 나와서 놀고 있을 때

천제의 아들 해모수라는 남자가 나타나 나를 웅신산 밑의 압록
강 가에 있는 집 속으로 유인하여 정사를 갖고는 나가서 돌아오
지 않았습니다. 우리 부모님이 내가 중매도 없이 남에게 몸을 허
락했다고 하여 꾸짖고 이 우발수로 귀양을 보내었습니다." 라고
하였다. 금와왕은 이를 이상하게 여겨 방 속에 가두었더니 햇빛
이 비치었다. 몸을 피해도 햇빛이 쫓아와 비쳐 태기가 있더니 알
하나를 낳았다.

(『삼국사기』 권13, 고구려본기 1, 동명성왕)

이처럼 유화부인은 처음 만난 남자와 눈이 맞아 깊은 관계를 맺고 임
신까지 하게 되었던 것이다. 유화부인이 낳은 알에서 나온 아이가 고구
려의 시조인 주몽임은 잘 알려진 사실이다. 어쨌든 이 설화를 통하여 고
구려인들의 개방적이고 자유분방한 연애관을 엿보게 된다.

한국인이라면 모르는 사람이 없을 정도로 유명한 바보 온달과 평강공
주의 이야기도 전형적인 자유연애의 상징이다. 고구려 제 25대 평원왕의
딸인 평강공주는 궁궐 밖에서 우연히 온달을 만나 열렬한 연정을 품게
되었고, 마침내 귀족 청년과의 혼인을 거부하고 궁궐을 뛰쳐 나와 가난
한 무명의 청년 온달에게 달려가 사랑을 나누고 혼인에까지 이르렀다.
이는 신분을 초월한 파격적인 자유연애의 풍속을 잘 보여주고 있다.

고구려 못지않게 신라에서도 자유연애가 널리 행하여졌다. 그 저명한
사례는 김유신 장군의 가문에서 찾을 수 있다. 김유신의 어머니 만명부
인과 누이동생 문희가 모두 열렬한 연애를 경험했던 것이다. 먼저,『삼국
사기』 김유신 열전에 실려 있는 만명부인의 사랑 얘기를 소개하겠다.

처음에 서현이 숙흘종의 딸 만명을 길에서 보고 기뻐하여, 눈
짓으로 꾀어 중매도 없이 결합하였다. 서현이 만노군의 태수가
되어 만명과 함께 떠나려고 하니, 숙흘종이 그제야 딸이 서현과

야합한 것을 알고 미워하여 딴 집에 가두고 사람을 시켜 지키게
하였다. 그런데 갑자기 벼락이 그 집의 문간을 때려 지키던 사람
이 놀라 정신을 잃었다. 이 때 만명이 창문으로 빠져 나와서 드
디어 서현과 함께 만노군(충북 진천군)으로 갔다. … 만명은 얼
마 후에 임신하여 20개월 만에 김유신을 낳았다.

(『삼국사기』 권41, 열전 1, 김유신)

여기에서 서현이 만명을 길에서 만나 기뻐하여 눈짓으로 꾀어 결합하
였다는 것은 처음 만나자 마자 두 사람이 열렬한 사랑에 빠졌음을 보여
준다. 일단 사랑에 마음을 빼앗긴 만명은 아버지가 딴 집에 가두어 놓았
음에도 불구하고 집을 뛰쳐나와 연인을 따라 먼 길을 나선다. 이처럼 만
명부인은 고구려의 유화부인과 마찬가지로 부모의 허락없이 연인과 사
랑에 빠져 임신까지 하기에 이른 것이다. 부모의 허락을 받지 않은 남녀
의 교제나 결합이 그다지 환영을 받지 못함은 오늘날도 마찬가지다. 그
러나 예나 지금이나 사랑에 눈먼 자녀들의 열정을 결코 막지 못하는 것
도 인지상정이 아닐까? 이처럼 삼국시대의 젊은이들은 우리의 상상을
뛰어 넘을 만큼 진한 사랑을 주고받았던 것이다.

김유신 가문의 연애사건의 또 다른 주인공은 만명부인의 딸인 문희이
다. 그녀는 나중에 태종 무열왕에 오르는 김춘추와 사랑을 나누고 결혼
에 이르게 된다. 『삼국유사』에 따르면,

어느 날 김유신이 김춘추와 함께 자기 집앞에서 공을 차고 있
었다. 이 때 김유신은 일부러 김춘추의 옷을 밟아서 옷끈을 떨어
뜨리게 하고 말하기를 "내 집에 들어가서 옷끈을 달도록 합시
다."하니, 김춘추가 그 말을 따랐다. 김유신이 누이동생 보희를
보고 꿰매 드리라 하니, 보희는 "어찌 그런 사소한 일로 가벼이
귀공자와 가까이 한단 말입니까" 하며 사양했다. 그러자 김유신

은 보희의 동생 문희에게 이것을 하도록 했다. 김춘추는 김유신의 뜻을 알고 드디어 문희와 관계하고 이로부터 자주 왕래하였다. 김유신은 문희가 임신한 것을 알고 꾸짖기를 "너는 부모에게 알리지도 않고 아이를 배었으니 무슨 까닭이냐"하였다.

(『삼국유사』 권1, 기이 1, 태종 춘추공)

라는 이야기가 전해지고 있다. 문희와 김춘추와의 연애는 문희의 오빠 김유신의 소개로 시작되었지만, 금새 두 사람은 열애에 빠져 자주 만나지 않으면 안 될 사이로 발전하였고, 급기야 문희가 임신에 이르게 된다. 결혼도 하기 전에 육체적 관계를 맺고 임신을 하는 혼전임신은 유화부인이나 만명부인의 경우에서도 보았듯이 당시에는 아주 흔한 일이었던 것 같다. 요즈음 서구 사회에서 볼 수 있듯이 혼전 성관계 내지 혼전 임신의 만연은 성개방 풍조를 반영하는 하나의 사회적 현상이라고 하겠다.

자유연애는 대를 이어서 계속 되는 것일까? 만명부인과 그녀의 딸 문희의 경우와 마찬가지로 김춘추의 딸 요석공주도 원효대사와 사랑을 하게 되었고, 그 결실로 신라의 대학자인 설총을 낳은 일은 너무도 유명한 일화이다. 이 일화는 『삼국유사』에 다음과 같이 실려 있다.

요석궁에 과부 공주가 있어서, 태종이 관리에게 원효를 찾아 데려가라고 명하였다. 관리가 명령을 받들어 원효를 찾으니, 원효는 이미 남산에서 내려와 문천교를 지나다 만나게 되었다. 이때 원효는 일부러 물에 빠져 옷을 적셨다. 관리가 그를 궁으로 데리고 가서 옷을 말리고 쉬게 하였다. 공주는 과연 태기가 있더니 설총을 낳았다.

(『삼국유사』 권4, 의해 5, 원효불패)

원효가 얼마나 요석공주와의 사랑을 갈망했는지, 그를 데려오라는 왕명이 떨어지기가 무섭게 한달음에 남산에서 내려와 일부러 물에 빠지는 수고까지도 마다하지 않았던 것이다. 이야말로 절절한 순애보의 한 장면이 아닐 수 없다. 요석공주와의 사랑으로 인하여 원효는 결국 파계승이 되고 말았지만, 당시의 신라인들이 그를 고승으로 추앙한 것을 보면 원효의 연애가 자연스러운 일로 받아들여졌음을 알 수 있다. 이처럼 자유연애가 속세는 물론 불가와 궁궐에까지 퍼진 것은 자유스럽고 개방적인 성풍조가 사회 전체에 확산되어 있었음을 보여 준다.

신라의 성개방 풍조는 『삼국유사』에 실려 있는 처용설화에도 나타나고 있다.

> 처용의 아내가 무척 아름다웠기 때문에 역신(疫神)이 흠모하여 사람으로 변해서 밤에 그 집에 가서 몰래 동침하였다. 처용이 집에 돌아와 두 사람이 누워 있는 것을 보자, 노래를 부르고 춤을 추면서 물러 나왔다. 그 노래는 이러하다……………
> 동경 밝은 달에 밤들어 노닐다가
> 들어와 자리를 보니 다리 가랑이 넷일러라
> 둘은 내 것인데 둘은 뉘 것인고
> 본래 내 것이지만 빼앗겼으니 어찌할꼬
>
> (『삼국유사』 권2, 기이 2, 처용랑 망해사)

이처럼 처용의 아내는 남편이 외출한 사이 그녀의 미모를 사모한 역신과 거리낌 없이 동침하여 정사를 나누고 있다. 정숙해야 할 유부녀가 자기 집에서 외간남자와 혼외정사를 벌이고 있는 것이다. 그 사이 남편 역시 밤새껏 밖에서 춤과 노래를 즐기며 놀고 있었다. 『동경잡기』라는 책에는 처용이 매달 밤에 거리에서 가무를 행한 것으로 나타나고 있다. 밖에서 돌아온 남편은 아내의 정사 장면을 목격하고 화를 내기는커녕 오히려 노래를 부르고 춤을 추며 물러 나온다. 처용이 아내의 간통을 비난하기보다는 용인하고 있는 것이다. 이것은 신라인들이 간통을 비난받아야 할 부정한 행위로 여기지 않았음을 시사하고 있다. 처용설화를 통해 자유분방하고 쾌락추구적인 신라인들의 성개방 풍조를 엿보게 된다.

삼국시대의 자유연애는 신분이나 귀천을 초월해서 평등하게 이루어졌다. 미천하고 가난한 온달과 평강공주와의 사랑과 마찬가지로 국왕과 미천한 가문의 처녀 사이에도 사랑이 꽃피었다. 고구려의 산상왕은 미천한 시골 처녀와 사랑에 빠져 태자를 낳았으니, 그가 바로 동천왕이다. 신라의 소지왕도 벽화라는 미천한 시골 처녀를 사모하여, 미행으로 머나먼 영주까지 여러 번 찾아가서 밀애를 속삭였다. 드디어는 궁궐에 몰래 맞아다가 별실에 두고 사랑을 나누어 왕자까지 낳게 되었다. 또한 헌강왕은 사냥을 갔다가 용모가 아름다운 여자를 보고 사랑하여 수레에 태워서 궁궐로 데려와 야합하여 아들을 낳았는데, 그는 뒤에 효공왕이 되었다. 이 또한 당시의 개방적인 사회모습을 잘 보여주고 있다.

앞에서 살펴본 바와 같이 고대사회에서는 성개방 풍조가 널리 퍼져 신분이나 계급, 그리고 귀천을 초월한 자유연애가 전 사회적으로 광범위하게 이루어졌다.

Ⅱ. 개방적인 성의식

1. 반구대 암각화

선사시대인들의 성의식은 예술 작품, 특히 암각화岩刻畵를 통해서 이해할 수 있다. 암각화의 대표적인 예는 경상남도 울산시 언양면 대곡리의 태화강 상류 암벽에 남아 있는 반구대 암각화이다. 이것은 1972년 3

월에 처음 발견되었는데, 신석기시대 말부터 청동기시대까지의 유적으로 알려져 있다.

이 암각화의 내용은 주로 수렵·어로의 광경과 그 대상이 되었던 동물들, 즉 사슴·고래·거북·물고기·호랑이·멧돼지·곰·토끼·여우 등과 사람의 모습으로서 모두 150여 점에 달한다. 이것들은 수렵·어로의 성공과 동물의 번식을 기원하는 뜻을 담고 있는 것으로 보인다.

그 가운데 우리의 관심을 특히 끄는 것은 두 팔을 올리고 양다리를 굽혀 기도 또는 춤추는 자세로 엉덩이에 꼬리를 단 채 전면에 거대한 성기를 노출시키고 있는 남성의 모습이다. 이와 같이 남성의 성기, 즉 남근男根을 두드러지게 나타낸 것은 당시인들의 성에 대한 인식을 보여주는 것으로서, 남성 성기의 신비력에 착안한 생산과 번식의 상징적 표현이라 할 수 있다. 성을 매개로 한 풍요의 기원은 교미하는 자세의 동물모습에서도 잘 드러나고 있다.

ㄹ. 토우(土偶)

성을 통한 풍요의 기원, 즉 성기숭배사상을 보여 주는 삼국시대의 고고학적 유물로는 신라의 토우를 들 수 있다. 토우란 흙으로 만든 인형이라는 뜻으로서 어떤 기형器形이나 동물을 본 떠서 만든 토기를 지칭하는 말이다.

고대의 토우는 장난감이나 애완용품, 주술적呪術的인 우상偶像, 무덤에 넣는 부장품副葬品 등의 용도로 만들어졌다. 특히 그리스나 로마 등 세계 각지의 토우 가운데는 유방이나 엉덩이를 크게 과장한 여성상이나 임신한 여성의 모습을 표현한 것이 많은데, 여성의 출산력을 통한 풍요를 기원하고 있다. 고대 이집트와 메소포타미아 등에서는 성기를 과장되게 나타낸 남성상도 보인다.

이 점은 신라의 경우에도 마찬가지였다. 신라의 토우는 무덤에 넣는 부장품의 장식용으로 쓰인 것이 대부분이었다. 신라의 고분에서는 다수의 장경호長頸壺·고배高杯 등이 출토되었는데, 이것들의 어깨·목 등에는 작은 장식 토우들이 붙어 있었다. 이 가운데는 성과 관련된 토우들이 많은 데, 주로 성기를 노출한 남녀의 성행위 장면 등을 표현하고 있다. 경주 미추왕릉 지구의 제 30호 고분에서 출토된 항아리에는 어깨와 목 부위에 임신한 여인이 가야금을 켜는 모습과 남녀의 성행위 장면을 비롯하여 뱀·개구리·새·거북·오리 등의 작은 토우들이 붙어 있다. 또한 경주 노동동 제11호 고분에서 출토된 항아리에는 긴 지팡이를 잡고 있는 남자가 한쪽의 다른 손으로 자기의 거대한 성기를 붙들고 서 있는 모습과 삿대만큼 크게 성기를 과장하여 표현한 노젓는 뱃사공의 모습 등이 붙어 있다. 이처럼 신라의 토우는 생산력에 근거한 성기숭배사상을 매우 사실적으로 나타내고 있으며, 특히 임신한 여인의 모습에서 풍요·다산의 신앙을 뚜렷하게 엿 볼 수 있다.

그 밖에 엎드린 여자 뒤에서 성난 남근을 드러낸 모습에서 여자가 엎드리고 남자가 뒤에서 행하는 성교의 후굴 자세를 취하고 있음을 알 수 있는데, 이러한 자세는 동물적인 성충동으로서 인류의 성생활 초기의 모습과 일치하고 있다.

3. 목제남근(木製男根)

통일신라시대의 성문화를 보여주는 자료로는 안압지雁鴨池에서 출토된 소나무로 만든 모조 남근을 들 수 있다.

안압지는 경북 경주시 인왕동의 동궁에 있는 연못인데, 삼국통일을 전후하여 조성하기 시작하여 674년(문무왕14년)에 완성하였다. 『삼국사기』 문무왕 14년 2월조에 의하면, 궁안에 연못을 파고 산을 만들어 화초를 심고 진기한 새와 짐승을 길렀다고 기록되어 있다.

안압지의 발굴은 1975년 3월부터 1986년 12월까지 이루어져, 연못과 3개의 섬, 연못 서쪽의 5개의 건물지 등이 밝혀졌다. 또한 연못 안팎에서 기와·토기류·장신구·목간木簡·목선木船 등 1만 5천여 점의 유물이 출토되었다.

그 가운데는 귀두가 분명하게 다듬어져 매우 사실적으로 만들어진 길이 17.3cm 정도의 남근 4점도 들어 있었다. 그 용도는 확실치 않지만 아마도 궁녀들의 성욕을 해결하기 위한 용도로 쓰여지지 않았을까 짐작된다. 그것은 조선시대 민속품 중에 궁중의 궁녀들이 오나니 용으로 쓰던 목각물이 다수 전해지고 있는 데서 알 수 있다.

4. 성기설화

1) 선덕여왕의 지기삼사(知機三事) 설화

이 설화는 선덕여왕善德女王의 지혜로움에 얽힌 이야기로서 지기知機란 일의 기미를 미리 알아낸다는 뜻이다. 선덕여왕은 진평왕의 장녀로서 신라 제 27대 왕으로 추대되어 632년부터 647년까지 재위하였다. 이른바 선덕왕 지기삼사 설화는 삼국유사 권 1, 기이편奇異篇에 기재되어 있다.

이에 의하면 그 첫째 이야기는, 당나라 태종이 모란의 그림과 그 씨 석 되를 보내자 왕이 그 그림의 꽃을 보고 꽃의 향기가 없을 것임을 예언하였는데, 이듬해 핀 모란은 과연 향기가 없었다는 것이다. 후에 신하들이 향기가 없을 것을 어떻게 알았느냐고 묻자, 왕은 꽃을 그렸는데 나비가 없었기 때문이라고 대답하였다고 한다.

그 둘째는, 몰래 침략한 백제 군사들을 미리 알아 섬멸한 이야기이며, 셋째는, 자신의 죽을 날을 미리 안 이야기이다. 이 설화는 선덕여왕이 불경과 주역 등에 밝고 매우 지혜로웠음을 상징적으로 표현해 주고 있는

데, 여기에서 성을 직접적인 이야기의 주제로 삼고 있는 대목은 두 번째 설화이다. 그 내용은

> 영묘사(靈廟寺) 옥문지(玉門池)에 겨울인데도 개구리들이 많이 모여들어 3, 4일 동안 울어댄 일이 있었다. 나라 사람들이 이를 괴상히 여겨 왕에게 묻자 왕은 급히 각간(角干) 알천과 필탄 등에게 명하여 정병(精兵) 2천명을 뽑아 서교(西郊)로 가서 여근곡(女根谷)이 어딘지 찾아가면 반드시 적병(賊兵)이 있을 것이니 엄습해서 모두 죽이라고 하였다. 두 사람이 명을 받고 각각 군사 1천 명을 거느리고 서교에 가서 물었다. 부산(富山) 아래에 과연 여근곡이 있고 백제 군사 5백 명이 와서 거기에 숨어 있었으므로 이들을 모두 죽였다. 백제의 장군 오소가 남산고개 바위 위에 숨어 있으므로 포위하고 활로 쏘아 죽였다. 뒤에 군사 1천 2백 명이 따라오고 있었는데 모두 쳐서 죽여 한 사람도 남기지 않았다.

는 것이다.

뒤에 신하들이 미리 알게 된 이유를 묻자, 왕은

> 개구리가 성난 모양을 하는 것은 병사의 형상이다. 옥문(玉門)이란 곧 여자의 음경(陰莖)이다. 여자는 음이고 그 빛은 흰데 흰 빛은 서쪽을 뜻한다. 그러므로 군사가 서쪽에 있다는 것을 알았던 것이다. 또 남근이 여근에 들어가면 죽는 법이다. 그래서 잡기가 쉽다는 것을 알 수 있었다.

라고 대답하였다고 한다.

여하튼 이 설화는 남근의 상징적 표현인 개구리, 즉 백제 군사가 여근인 옥문지 또는 여근곡에 들어오면 죽게 된다는 여성성기와 관련된 이야기라고 하겠다.

2) 지증왕·경덕왕의 巨根 설화

성기에 관한 이야기는 신라 22대 지증왕(지철로왕, 재위 500~514)과 35대 경덕왕(재위742~765)의 음경에 관한 설화에도 나타나고 있다.

『삼국유사』권1, 기이편 지철로왕조에 의하면,

> 왕은 음경(陰莖)의 길이가 한 자 다섯 치(1척 5촌)나 되어 배필을 얻기가 어려웠다. 그래서 사자(使者)를 3도에 보내어 배필을 구하였다. 사자가 모량부 동로수 밑에 이르니 개 두 마리가 북만큼 큰 똥덩어리의 양쪽 끝을 물고 싸우고 있었다. 사자는 그 마을 사람을 찾아보고 누가 눈 똥인가를 물었다. 그러자 한 소녀가 말하기를 '이것은 모량부 상공(相公)의 딸이 여기서 빨래를 하다가 숲속에 숨어서 눈 것입니다'라고 하였다. 이에 그 집을 찾아가 살펴보니 그 여자는 키가 7척 5촌이나 되었다. 이 사실을 왕에게 아뢰었더니 왕은 수레를 보내어 그 여자를 궁중으로 맞아 황후를 봉하니 여러 신하들이 모두 하례 하였다.

라는 기록이 있다. 이 이야기는 지증왕의 음경이 커서 배필을 얻지 못하여 고민하였다는 내용이 주류를 이루고 있는데, 배필을 구할 때 음경의 크기가 선택의 기준이 되었음을 보여주고 있다.

또한『삼국유사』권2, 기이편, 경덕왕 충담사 표훈대사조에 의하면,

> 경덕왕은 음경의 길이가 여덟 치나 되었다. 아들이 없어 왕비를 폐하고 사량부인에 봉했다. 후비(後妃) 만월 부인의 시호는 경수 태후이니 의충 각간의 딸이었다.

라는 기사가 수록되어 있다.

위의 설화를 음장설화陰長說話라고도 하는데, 거근巨根에 관한 이야기를 담고 있다. 거근에 관한 이야기는 그 거근의 소유자가 거인巨人이며,

이 거인이 땅을 창조하였다는 무속신화로 현재까지도 전하여 지고 있다.

지증왕과 경덕왕은 거인의 면모를 지니고 있던 임금이었다. 지증왕은 우경牛耕을 시작하여 농업 생산을 증대시켰고, 국호를 신라로 정하였다. 또한 경덕왕은 신령들로부터 보필을 받고, 하늘과 통하기도 한 인물로 전해지고 있다. 그러므로 두 왕은 특이한 행적을 보였기 때문에 거근설화가 등장하게 된 것으로 볼 수 있을 것이다.

5. 대처제(貸妻制)

고대사회의 성의식 내지 성개방 풍조를 엿볼 수 있는 것 중의 하나로 신라의 대처제를 꼽을 수 있다. 대처제(貸妻制, wife lending)는 처교환제(妻交換制, wife exchange)라고도 하는데, 북방계 아시아족과 시베리아의 오르차족, 그리고 에스키모족 등이 행하던 풍속이다. 에스키모족은 매서운 추위와 자원의 부족 등 극한적 환경의 영향으로 협력과 상호부조의 관념이 강조되었다. 이 때문에 방문하는 절친한 친구나 멀리서 온 손님에게 친애와 환대의 표시로 자기의 처를 제공하였다. 또한 그들은 먼 지역에 장기 여행할 때 자기의 처를 부근의 친한 사람에게 그 기간만을 빌려주기도 하고, 위탁의 형식으로 처를 남겨 두고 가는 것이 보통이었다. 한 명의 여인을 공유하게 된 남성들은 그 순간부터 의형제간, 즉 동서관계가 되는 것이다.

신라에 대처제가 실재했음을 알려 주는 자료는 『삼국유사』 기이편, 문호왕법민조에 실려 있다.

차득공이 무진주에 이르러 두루 촌락을 돌아보고 있는데, 주의 관리인 안길이 그를 특별한 인물인 줄 알고 자기 집으로 모셔다가 정성껏 대접했다. 밤이 되자 안길은 처첩 세 사람을 불러서 말하기를 "오늘밤에 거사 손님을 모시고 자는 사람은 내가 죽을

때까지 함께 살 것이다."라고 하였다. 그러자 두 아내는
  "차라리 함께 살지 못할지언정 어떻게 남과 함께 잔단 말입니
까."라 하였다.
  그런데 한 명의 아내는 "당신이 돌아가실 때까지 함께 살도록
해주신다면 명령을 따르겠어요"라 하고는 그와 동침하였다.

(『삼국유사』권2, 기이 2, 문호왕 법민)

이처럼 무진주(전라도 광주)의 호족 안길이 이곳에 찾아왔던 문무왕의
이복동생 차득공을 대접하면서 자기의 아내를 제공하여 동침케 하는 환
대를 베풀었던 것이다. 이 기사를 통하여 신라시대에 친한 친구나 손님
이 방문했을 때 자기의 아내를 제공하는 대처제가 존재하였음을 확인할
수 있다. 신라에서 이러한 풍습이 행해진 이유는 자유스러운 성개방 풍
조와 전쟁으로 인하여 양산된 과부들의 성적인 욕구를 충족시켜 주려는
데에 있었다.

우리나라의 대처제에 관한 사례는 더 이상 찾을 수 없지만, 처용이 역
신과 자기처와의 간통을 용인한 것을 자기아내를 제공하는 습속의 구체
적인 표현이라고 해석한 견해도 있다.

대처제와는 약간 다르지만 자기의 딸을 귀인貴人과 동침케 하는 습속
도 신라에 존재했다. 신라 말기에 왕건이 장군으로서 군사를 거느리고
정주를 지날 때 그 고을의 유천궁이라는 사람이 자기 집에서 유숙하는
왕권에게 딸을 제공하여 모시고 자게 한 예가 이를 말해 주고 있다. 그밖
에 나주 호족 오씨와 서경사람 행파도 각각 그들의 딸로 하여금 왕건 장
군과 동침하도록 했다는 일화도 전해지고 있다. 이러한 사례는 귀인이나
내빈에게 아내나 딸을 제공하던 습속의 일종이라 하겠다. 또한 당시 사
회가 여성의 정조나 처녀성을 별로 중요시하지 않았음을 보여 준다고도
할 수 있다.

Ⅲ. 고려시대

전통적이고 고유한 풍습이 지배하던 고려시대는 삼국시대 이래의 성개방이나 자유스러운 남녀교제의 풍조가 그대로 남아 있었다. 이에 따라 고려 여성의 지위는 윤리적, 관습적인 면에서 삼국시대의 그것에 못지않았고 조선시대 보다는 훨씬 높았다.

고려시대의 개방적인 성 풍조나 남녀관계는 '남자들과 여자들이 함께 시냇가에서 옷을 벗고 목욕을 하였다.' 라든가, 결혼에 있어서 '쉽게 결합하고 가볍게 헤어진다.'(경합이이, 輕合易離)라는 기록에서 여실히 드러나고 있다. 남녀가 혼욕을 하는 것이 요즈음에도 어려운 일임을 감안할 때 당시의 성풍속은 오히려 문란하다고 할 정도로 파격적인 것이었다. 이러한 실정이었으므로 남녀교제에도 별다른 제약이 없었고, 결혼과 이혼도 당사자들의 의사에 따라 자유롭게 이루어졌으며, 재혼도 전혀 문제시되지 않았다.

자유로운 재혼 풍습은 일반 평민은 물론 귀족이나 왕족에게까지도 퍼져 있었다. 그리하여 성종의 왕비인 문덕왕후 유劉씨는 처음에 홍덕원군에게 시집갔다가 뒤에 성종과 재혼하였으며, 충선왕의 왕비 허許씨는 일찍이 시집가서 7남매를 둔 과부였으나 남편이 죽자 곧 충선왕과 재혼하여 왕비가 되었다. 또한 왕실의 재혼문제는 왕권을 위협하는 상황을 초래하기로 하였다. 즉 충렬왕과 충선왕 부자父子가 반목, 대립하고 있을 때 간신 왕유조 등은 충선왕과 사이가 좋지 않던 왕비 제국공주를 왕족 전琠에게 재혼시켜 전을 국왕으로 추대하려는 음모를 꾸민 일까지 있었다.

재혼은 귀족 부녀자들에게도 흔한 일이어서 고려말기의 경우 명문거족의 부녀자들이 재혼은 고사하고 삼가(三嫁, 세 번 결혼하는 일)를 하고도 태연하였으며, 그 가운데는 자손이 많은데도 음욕을 이기지 못하여 스스로 중매를 해서 시집가는 여자들까지도 있었다고 한다. 이처럼 고려 사회는 처녀성이나 동정童貞이 전혀 문제가 되지 않았으며, 심지어는 지존한 왕비의 간택에까지도 조선시대에는 상상도 할 수 없을 정도로 정조 문제를 불문에 붙였던 것이다.

결혼에 있어서 근친혼이 널리 행해진 사실도 성개방 풍조와 무관하지 않다. 고려시대의 근친혼은 왕실이나 귀족, 평민을 가릴 것 없이 퍼져 있었던 결혼 풍습이었다. 왕실의 경우 특히 4대 임금 광종이 배다른 누이나 조카딸과 결혼한 것은 잘 알려진 사례이다.

고려시대의 성개방 풍조나 자유로운 남녀 관계는 당시에 지어진 문학 작품 속에도 잘 나타나고 있다. 고려시대의 문학 작품 가운데 가장 널리 알려졌고 비교적 많은 작품이 남아 있는 것이 고려 가요 또는 속요이다. 이들 노래의 작자와 창작연대는 잘 알 수 없지만, 그것은 서민들의 생활과 깊이 관련되어 있다. 따라서 그 속에는 고려인들의 사랑과 애정관이 그대로 담겨져 있다. 고려의 가요들은 노골적이고 퇴폐적인 표현으로 남녀간의 애정을 적나라하게 노래하였기 때문에 조선시대의 양반들은 이를 음란하고 음탕한 노래란 뜻의 남녀상열지사男女相悅之詞라고 하여 배척하였다.

고려가요 가운데 대표적인 남녀상열지사로 지목되었던 것은 쌍화점이라는 노래이다.

> 만두 가게에 만두 사러 갔더니
> 회회 아비가 내 손목을 쥐더이다.
> 이 말이 이 가게 밖에 나며 들며 하면
> 조그마한 어린 광대 네가 퍼뜨린 말이라 하리라
> 그 자리에 나도 자러 가리라
> 그가 잔 곳 같이 어수선한 곳이 없다

위의 쌍화점은 모두 4연으로 구성되어 있는데, 여기에는 편의상 1연만을 제시하였다.

　육체적인 욕정의 세계를 노래하고 있는 이 가요는 음탕하다고 할 정도로 자유스러웠던 당시의 사회상을 반영하고 있다. 첫 연의『회회아비 내 손목을 쥐더이다』는 회회아비가 만두를 사러 간 여인의 손목을 잡는 상태를 표현하고 있다. 손목을 잡힌 여인은 소문나는 것을 두려워하면서도 조금도 불쾌감을 느끼지 않는 모습이 떠오른다. 손목을 잡힌 여인은『그 자리에 나도 자러 가리라』하면서 외국인과의 동침을 갈망하고 있다. 여기에 나오는 회회回回아비는 중앙아시아인이나 아라비안인 등의 색목인을 뜻하는데, 고려의 여인들 가운데는 그들과 교제하거나 그들의 처·첩으로 들어가는 이들이 많았다고 한다.『그가 잔 곳같이 어수선한 곳이 없다』라는 구절은 여인의 강렬한 성적 이미지를 나타내고 있다.

　여인의 성적 대상은 회회아비에 그치지 않고, 승려·술집주인 등에게로 옮겨진다. 이것은 퇴폐적이기까지 했던 남녀교제 또는 성적 교섭의 실상을 적나라하게 드러내주고 있다. 이처럼 쌍화점은 성적인 쾌락을 추구했던 당시의 사회 풍조를 잘 보여주고 매우 에로틱한 노래라고 하겠다.

　쌍화점 못지않은 남녀상열지사로 꼽힌 가요는 다음과 같은 만전춘이다. 그 노래 가운데 첫째연과 마지막 다섯째 연을 음미해 보자.

<blockquote>
얼음 위에 대나무 잎으로 잠자리를 마련하여
임과 나아 얼어 죽을망정
얼음 위에 대나무 잎으로 잠자리를 마련하여
임과 나와 얼어 죽을망정
정을 둔 오늘 밤이여 더디게 새어라.

남산에 잠자리를 베어 옥산을 베고 누워
금수산으로 만든 이불 안에 사향같은 각시를 안고 누워
남산에 잠자리를 보아 옥산을 베고 누워
</blockquote>

금수산으로 만든 이불 안에 사향같은 각시를 안고 누워
상사병을 고칠 약이 들어 있는 가슴을 맞춥시다 맞춥시다.

이 가요는 고려 시가 가운데 가장 뜨거운 남녀의 사랑을 호소한 전형적인 사랑의 노래로서 그 내용이 매우 관능적이고 정감이 넘친다. 그 첫째 연은 사랑을 호소하는 연으로 정염의 불꽃이 활활 타오르는 뜨거운 성애性愛가 얼음 위에서 동사凍死하는 정반대의 상황에서 펼쳐지고 있다. 『정을 둔 오늘 밤』으로 표현된 사랑은 사회적으로 승인된 부부애와는 다른 금지된 애정의 세계를 나타내고 있다. 죽더라고 좋으니 정든 오늘 밤이 더디 새라고 기원하는 것도 기약없는 사랑을 보여 준다. 마지막 다섯째 연은 님과 함께 잠자리를 같이 하고픈 소망을 나타내는 에로티시즘의 절정으로 끝을 맺고 있다. 즉 『자리보다』, 『베고 눕다』, 『안다』, 『맞추다』 등 성적 행위의 언어들로 결합되어 있다. 이처럼 만전춘은 오늘날에도 금지곡으로 분류될 정도로 적나라한 표현으로 가득 차 있는 것이다.

문학이 당시의 사회상을 그대로 반영한다고 볼 때 쌍화점이나 만전춘 등 당시에 불려진 가요들을 통하여 고려사회의 개방적인 성 풍조를 잘 이해하게 된다.

고려시대는 고대의 고유한 전통과 습속을 이어 받아 사회 전반에 자유스러운 분위기가 폭넓게 퍼져 있었다. 이러한 사회분위기는 활달한 성풍속을 낳아, 결혼습속이나 문학작품에 커다란 영향을 미쳤으며, 위로는 왕실로부터 아래로는 서민에 이르기까지 다소 문란하다고 할 정도의 성해방을 누리게 했던 것이다.

제19장 혼인풍습

Ⅰ. 고대시대

1. 연애결혼의 유행

결혼이란 남녀 두 사람의 사회적으로 인정된 성적 및 경제적인 결합으로서 혼인婚姻 또는 혼례婚禮라고도 한다. 우리 조상들은 여러 의례 가운데 결혼을 가장 중요시하여 이를 인륜지대사人倫之大事라고 불렀다. 결혼으로 각 당사자는 배우자를 얻게 될 뿐만 아니라 장인·장모·시부모 등의 인척집단을 얻게 된다. 더 나아가서 혼인은 집단간의 결연 또는 동맹관계를 성립시키기도 한다. 결혼은 배우자를 어느 집단 또는 어느 지역에서 선택하느냐에 따라 내혼內婚과 외혼外婚으로 나뉘어 진다. 내혼은 자기가 소속한 친족집단이나 살고 있는 지역 안에서 배우자를 선택하는 것이고, 외혼은 그 밖에서 선택하는 것을 말한다. 또한 결혼의 형태에는 한 사람이 몇 명의 배우자와 혼인하는가, 즉 배우자의 수에 따라 남녀 두 사람의 백년가약을 이상으로 삼는 단혼제單婚制인 일부일처제一夫一妻制와 복혼제複婚制로 나눌 수 있다. 복혼제는 다시 한 남자가 여러명의 부인

들을 거느리는 일부다처제一夫多妻制와 한 부인이 여러 명의 남편과 한
가정을 이루고 사는 일처다부제一妻多夫制로 구분된다. 일부다처제 사회
에서는 동등한 지위의 처妻들이 동시에 같은 생활단위 안에 복수로 존재
한다. 우리나라의 경우 고조선·부여 등의 초기국가 시대에는 일부일처
제와 일부다처제가 함께 행해졌다. 삼국시대에도 역시 일부일처제와 일
부다처제가 함께 존재했으나 왕족이나 귀족·부유층 사이에는 대체로
일부다처제가 지배적이었다.

한국의 고대사회는 남녀교제가 자유스럽고 개방적인 자유연애의 시
대였으므로, 결혼에 있어서도 혼인 당사자들의 애정에 의하여 결합이 이
루어지는 연애결혼 내지 자유결혼이 많이 이루어졌다. 물론 당시에는 부
모들의 의사에 따라 혼인이 결정되는 중매결혼이 일반적인 결혼 풍속이
었지만, 중매없이 두 사람의 사랑만으로 결실이 맺어지는 경우도 많았
다. 앞에서 보았듯이 김유신의 어머니 만명부인이 부친의 반대에도 불구
하고 사랑하는 서현과 결합하였으며, 김유신의 여동생 문희도 부모에게
알리지 않고 김춘추의 아이를 잉태한 후 결혼에 성공하였다.

삼국시대 자유결혼의 상징적인 사례로는 무엇보다 평강공주와 온달
의 결혼을 들 수 있다. 신분제 사회였던 고구려에서 신분이나 귀천을 넘
어 순수한 애정만으로 두 젊은이가 맺어질 수 있었던 것은 당시의 사회
가 이러한 결합을 용인할 만한 포용력을 지닌 자유결혼의 시대였음을 알
려준다.

두 사람의 로맨스는 『삼국사기』 온달 열전에 다음과 같이 실려 있다.

온달은 집이 매우 가난하여 항상 밥을 빌어다가 어머니를 봉
양하였는데, 떨어진 옷과 해어진 신으로 거리를 왕래하니, 그 때
사람들이 그를 바보 온달이라 하였다. 평원왕의 어린 딸이 울기
를 잘 하므로 왕이 희롱하여 말하기를 "네가 항상 울어서 내 귀
를 시끄럽게 하니 커서는 사대부의 아내가 될 수 없고 바보 온달

에게나 시집보내야 하겠다."라고 하였다. 공주의 나이가 16세가 되자 상부의 고씨에게로 시집보내려 하니, 공주가 말하기를, "대왕께서 항상 말씀하시기를 너는 반드시 온달의 아내가 된다고 하셨는데 지금 무슨 까닭으로 전에 하신 말씀을 고치시나이까? 필부도 거짓말을 하지 않으려 하거늘 하물며 지존이시겠습니까? 지금 대왕의 명령은 잘못된 것이오니 소녀는 감히 받아들이지 못 하겠습니다." 왕이 노하여 이르기를 "네가 나의 가르침을 따르지 않는다면 정말 내 딸이 될 수 없다. 어찌 함께 있을 수 있으랴. 너는 갈 데로 가는 것이 좋겠다."라고 하였다. 이에 공주는 보물 팔찌 수십 개를 팔꿈치에 매고 궁궐을 나와 혼자 길을 가다가 한 사람을 만나 온달의 집을 물어 그 집에 이르렀다. ……온달의 어머니가 말하기를 "내 자식은 지극히 누추하여 귀인의 배필이 될 수 없고, 내 집은 지극히 가난하여 귀인이 거처할 곳이 못 되오"라고 하였다. 공주가 대답하기를, "옛 사람의 말에, 한 말의 곡식도 방아를 찧을 수 있고, 한 자의 베도 꿰맬 수 있다고 하였습니다. 마음만 같다면 어찌 반드시 부귀한 후에야 함께 지낼 수 있겠습니까"하였다. 이에 금팔찌를 팔아 논밭·주택·노비·우마와 기물 등을 사니 살림살이가 다 갖추어졌다.

(『삼국사기』 권45, 열전 5, 온달)

이와 같이 평강공주는 부왕의 완강한 반대를 무릅쓰고 궁중을 뛰쳐나와 온달과 결합하고 있다. 평강공주가 부귀와 영화를 뿌리치고 미천하고 가난한 청년에게 달려간 것은 무엇보다 열렬한 사랑 때문이었던 것으로 보인다. 궁중에서 나오기 전에 두 사람은 이미 깊은 사랑에 빠져 있었음이 틀림없다. 그것이 아니라면 과연 그 무엇이 부왕의 뜻을 정면으로 거역할 용기를 그녀에게 주었단 말인가?

여기에서 우리는 신분을 초월한 고구려 젊은이들의 자유연애와 연애결혼 관념을 엿보게 된다. "마음만 같다면 어찌 반드시 부귀한 후에야 함

께 지낼 수 있겠습니까"라는 평강공주의 말은 오직 사랑만이 결혼의 조
건이 될 수 있음을 강하게 표현한 것으로 보인다. 이야말로 요즈음 젊은
이들에게서도 흔히 나타나는 애정지상주의적 사고방식의 발로라고 하
겠다. 이것을 볼 때, 자유결혼은 고구려의 왕실이나 귀족들뿐만 아니라
일반 평민들에게까지도 널리 퍼져 있었던 것으로 짐작된다. 어쨌든 평강
공주와 온달의 결혼을 통해 부모의 승락이나 중매인의 매개 없이 당사자
들의 애정에 의해서만 이루어지는 자유결혼의 실태를 생생하게 엿볼 수
있다.

연애결혼의 또 다른 사례는 신라의 대학자로서 외교문서로 이름을 떨
쳤던 강수의 경우를 들 수 있다. 강수는 신분이나 부모의 반대를 극복하
고 자신의 의지에 따라 결혼에 성공한 대표적 인물이다. 『삼국사기』강
수 열전에는 이 같은 결혼상황이 다음과 같이 전해지고 있다.

> 강수가 일찍이 부곡의 대장장이 딸과 야합하여 애정이 매우
> 깊었다. 나이 20세가 되자 부모가 읍내의 용모와 행실이 아름다
> 운 여자를 중매하여 아내로 삼게 하려 하였다. 그러나 강수는 두
> 번 장가들 수 없다 하여 이를 거절하였다. 부친이 노하여 말하기
> 를 "네가 이름이 나서 모르는 사람이 없는데 미천한 자를 짝으
> 로 삼는다면 수치스러운 일이 아니냐?" 하였다. 이에 강수가 재
> 배하고 말하기를 "가난하고 천한 것이 수치스러운 것이 아니라,
> 도를 배워서 행하지 못하는 것이 정말 수치스러운 것입니다."
> 일찍이 들으니 옛 사람의 말에 "조강지처는 당하에 내려오지 않
> 도록 않고, 빈천할 때의 친구는 잊을 수 없다"고 하였으니. 천한
> 아내라고 해서 차마 버릴 수는 없습니다"라고 하였다.

(『삼국사기』권46, 열전 6, 강수)

강수의 신분은 6두품 귀족이었고, 대장장이의 딸은 평민이나 천민이

었을 것이다. 위의 이야기는 이러한 신분의 차이를 뛰어 넘은 사랑과 결혼 사실을 알려 주고 있다.

강수는 일찍이 미천한 집안의 처녀와 사랑에 빠져 결혼을 약속하였으나, 부친의 반대에 부딪친다. 그러나 강수는 "가난하고 천한 것이 수치스러운 것이 아니다"라고 하면서 그의 뜻을 굽히지 않는다. 부친의 완고한 반대나 신분의 격차도 첫 사랑의 연인에 대한 그의 사랑과 언약을 깨뜨릴 수는 없었다. 오직 두 사람의 사랑만이 절대 가치였다. "천한 아내라고 해서 차마 버릴 수는 없습니다"라는 말에서 입신양명한 후에도 결코 첫사랑을 저버릴 수 없다는 지고한 순애보적 애정관을 잘 엿보게 된다.

신라는 잘 알려져 있듯이 골품제라는 엄격한 신분제도가 커다란 영향을 미친 사회였다. 그러나 그토록 강고한 골품제도도 연인들 간의 사랑만은 구속할 수 없었던 것일까? 조선시대였다면 귀족과 평민과의 연애나 혼인은 도저히 이루어질 수 없는 일이었다. 강수의 경우에서처럼 신라사회는 젊은이들의 의지에 따라 사랑과 결혼이 가능했던 시대였던 것이다.

앞에서 살펴본 몇 가지의 사례를 살펴 볼 때 삼국시대의 젊은 남녀들은 자유롭게 사랑을 속삭이고, 그 사랑의 결실로 결혼에까지 도달할 수 있는 자유연애 내지 자유결혼 시대였다고 하겠다.

2. 동성혼(同姓婚)의 발달

역사적으로 볼 때 우리나라 고대사회는 같은 성姓을 가진 자들끼리 결혼하는 동성혼이 이루어진 국가와 동성불혼이 행해진 국가로 나뉘어 진다. 즉, 신라와 가야는 동성혼이 주류를 이루었으나, 동예·부여·고구려·백제는 동성불혼이 지배적인 경향이었다. 남쪽의 삼한은 두 풍습이 병존하였다. 신라의 동성혼은 고려로 이어졌지만, 조선시대에 와서 동성혼이 사라져 동성불혼으로 굳어지게 되었다.

　고대국가 가운데 동성혼이 두드러졌던 나라는 신라였는데, 신라에서는 가까운 혈족끼리 결혼하는 근친혼近親婚이 많이 행하여졌다. 신라 동성혼의 실태를 왕실을 중심으로 살펴보면, 왕과 왕의 부친의 결혼 사례 60건 가운데 동성혼은 38건, 이성혼異姓혼은 22건이었다. 따라서 신라 왕실에서는 이성혼에 비하여 동성혼을 더 선호했음을 알 수 있다. 동성혼을 다시 근친혼(6촌간의 혼인까지를 포함)과 원친혼으로 구분할 경우 근친혼이 16건이고, 원친혼이 22건으로 나타났다. 원친혼이 근친혼보다 많지만 근친혼의 사례도 무시할 수 없는 비율을 차지하고 있었다. 근친혼 가운데는 질녀(조카딸)와의 결혼이 6건, 고모와의 결혼이 1건으로서, 근친혼이 상당히 광범위하게 이루어졌음을 시사하고 있다.

　신라 왕실의 동성혼 실태를 좀더 구체적으로 보면, 상대(전기)의 경우 박朴씨 왕실시대(1대~8대)는 박씨 왕비가 3명으로, 동성혼이 존재했음을 보여주고 있다. 이 시대는 특히 5촌 이내의 근친혼이 이루어졌는데, 8대 임금 아달라 이사금은 4촌 형제의 딸, 즉 5촌 질녀와 결혼을 하였다. 석昔씨 왕실시대(10대~16대)에는 8건의 결혼사례 가운데 3건이 석씨 사이의 동성혼이었으며, 4촌·5촌·6촌간의 결혼이 각기 1건씩으로서 근친혼의 범위가 4촌까지 축소되었음을 알 수 있다. 그 다음 김金씨 왕실시대는 9건의 결혼 가운데 7건이 김씨 사이의 동성혼이었고, 그 모두가 근친혼이었다. 근친혼 범위는 3촌까지로 더욱 축소되었다.

　무열왕 계열의 인물들이 왕위에 오른 중대(중기, 29대~36대)의 경우는 18건의 결혼 가운데 8건이 김씨 사이의 동성혼이었으며, 역시 3촌까지의 근친혼이 행해졌다. 하대(말기, 37대~56대)에는 21건의 결혼사례 가운데 13건이 동성혼으로 나타났고, 6촌에서 3촌까지의 근친혼이 4건이었다. 이처럼 신라 왕실에서는 동성혼과 3촌간부터의 근친혼이 널리 행하여졌다. 그러나 근친혼이라 하더라도 형제·자매 사이에는 결코 결혼하지 않았다는 특징을 지니고 있다. 신라에서는 국왕 외에 성골, 진골 등의 왕족이나 귀족들 사이에도 동성·근친혼이 널리 이루어졌다. 성골인 입종 갈문왕은 형의 딸과 결혼하였고, 진흥왕의 왕자 동륜태자는 부왕의 누이인 숙모 만호부인과 결혼하였으며, 무열왕의 부친 용춘은 5촌 질녀인 천명부인과 맺어졌다. 그리고 김유신은 그의 누이의 딸, 즉 생질녀인 지소부인과 결혼하였다. 이러한 신라의 근친혼 풍습을 『신당서』 동이전 신라전에서는 "형제의 딸, 고모, 이모, 사촌 누이들을 모두 아내로 삼는다"라고 묘사하고 있다. 그만큼 신라에서는 동성혼 내지 근친혼이 크게 유행하였던 것이다.

신라의 동성·근친혼 전통은 고려시대에도 그대로 이어져 더욱 성행하였다. 고려 초기 100여 년 간은 근친혼의 범위가 더욱 좁아져, 아버지는 같고 어머니가 다른 이복형제 사이의 결혼까지 나타나게 되었다. 이같은 근친혼은 왕실에서 빈번하게 행해졌는데, 이는 왕실의 혈족을 보전한다는 태조 왕건의 정책적인 목적에 따른 것이었다.

근친혼의 실태를 잘 보여주는 사례는 왕실 결혼에서 보다 많이 찾을 수 있다. 먼저, 태조의 경우 29명의 부인 가운데 5명이 같은 성인 왕王씨였다. 태조의 경우 특히 두 명의 자매가 모두 그의 부인이 된 사례가 2건이나 있었다. 즉 왕씨인 광주원부인과 소광주원부인이 자매였으며, 대서원부인과 소서원부인도 역시 자매 사이였다. 이것을 보면 아내가 죽었을 경우 처제를 취하여 결혼하는 자매연혼(姉妹緣婚, sororate)과 유사한 풍습이 고려 왕실 내에도 존재했음을 짐작할 수 있다.

태조의 왕자들에게도 근친혼의 사례가 자주 나타나고 있다. 2대 임금 혜종의 경우는 4명의 왕비 가운데 1명이 왕씨였으며, 4대 임금 광종은 근친과 결혼을 하였다. 즉, 대목왕후 황보皇甫씨는 태조의 왕비인 신정왕후 황보씨의 소생으로서 광종의 이복형제자매였다. 경화궁부인 임林씨는 광종의 이복형인 혜종의 딸이어서, 그녀는 숙부(삼촌)와 결혼한 결과가 되었다. 또한 순성왕태후의 소생인 태자 태와 그의 친동생인 문원대왕은 각각 배다른 누이들과 결혼하였다. 결국 태조의 25명의 왕자 가운데 6명이 이복형제와 결혼하였으며, 2명이 질녀(조카딸)와 결혼하였던 것이다. 고려 왕실의 결혼풍습을 볼 때 모母가 혼인을 행할 수 있는 하나의 단위가 되는 이복형제혼이 특징적으로 나타났지만, 이러한 근친혼은 중기 이후 점차 감소되고 원친혼이 행하여지게 되었다.

위에서 알아본 것과 같이 한국의 동성혼 내지 근친혼은 신라시대에 비롯되어 고려에 와서 더욱 강화되었으나 중기 이후 쇠퇴하였던 것이다.

3. 형사취수혼(兄死娶嫂婚)의 전개

취수혼(levirate)은 형제가 죽은 뒤 그 처를 취하여 아내로 삼는 결혼풍습으로서, 일반적으로는 형이 죽은 뒤 동생이 형의 처, 즉 형수를 취하는 형사취수제를 말한다. 이 풍속은 고대로부터 동서양에서 행하여졌고 지금도 남아있는 곳이 있다. 중국의 경우 역연혼逆緣婚 또는 형제전혼兄弟轉婚 등으로 불려지면서 고대로부터 행하여졌으나, 유교에서 엄격히 규제하였으므로 당나라 시대에 법으로 금지되었다. 일본에서는 1950년대까지도 농촌을 중심으로 취수혼이 이루어졌다. 그밖에 중앙아시아의 키르기즈족·몽고족·흉노족·히브리족 등에게도 이러한 풍습이 존재하였던 것으로 알려져 있다. 또한 시베리아의 척취족과 아프리카의 베도윈족·누엘족 등에서는 근래까지도 이러한 혼인제도가 존속 되었다.

특히 척취족의 경우 형이 죽으면 남동생들 중에서 가장 연장자가 형수와 조카들을 돌보았다. 또한 그는 형수와 부부생활을 하면서 형의 재산을 형의 자식들의 이름으로 유지하였다. 만약 죽은 남편에게 친형제가 없을 때는 남편의 사촌 중에 한 명이 이 일을 맡았다고 한다.

한편 취수혼과 대비되는 풍속으로는 자매연혼(姊妹連婚, sororate)이라는 것이 있다. 이는 아내가 죽었을 경우 아내의 여동생, 즉 처제를 취하여 결혼생활을 하는 풍습이다.

취수혼의 유래에 관해서는 여러 가지 견해가 있다. 먼저 집단혼 유제설集團婚遺制說에 의하면, 원시사회의 혼인형태는 한 그룹 내에서 같은 류類에 속한 남자가 서로 상대방의 처에 대하여 성적 접근의 권리를 가진 집단적·공유적 성관계를 특징으로 한다고 한다. 즉, 한쌍의 부부는 있되 형제 자매들 간에 성적 권리를 인정하는 것이다. 이 집단적인 형제 자매들 간의 성적공유관계가 가족이란 틀 안에서 이루어진 것이 일처다부제와 일부다처제이고, 여기에서 다시 형제 자매간의 성적 공유관계가 형제자매의 사후에만 나타나고, 그 생전에는 성적 권리가 잠재적인 상태로 되어 있는 것이 취수혼과 자매연혼이라는 것이다.

다음으로 특권적 친족관계설을 보면, 원시사회에서는 정식부부가 아니면서도 서로 성교섭이 관습적으로 허용되는 특권적 친족관계가 있었다고 한다. 그리하여 아내와 그녀의 남편의 형제들 및 남편과 그의 처의 자매들 간에 성적특권 관계로 인하여 그들이 서로 잠재적 배우자가 되며, 형제 가운데 사망자가 있을 경우 그 처와 정식으로 혼인하게 되는 데서 취수혼이 유래되었다는 것이다. 또한 원시사회에서는 일부일처제가 기본 형태였고, 취수혼과 자매연혼은 보완적인 것이었다. 즉, 일부일처제에서 나타나는 장기간의 연속적인 임신과 육아에 따른 성적문제와, 개인간의 성적 능력의 차이에 따른 불만 등을 해소하기 위해서 자기배우자와 사회적으로 가장 가까운 형제자매와 성관계를 허용하게 되었고, 배우자 사망 뒤 부부로 결합하게 되어 취수혼의 관행이 형성되었다고 한다.

또 하나의 견해에 의하면, 안정된 남편 및 아버지의 사망으로 인한 동요를 최소화하기 위하여 사회적으로 사망자와 동격인 형제로 그의 지위를 상속하려는 목적에서 취수혼이 비롯되었다고 한다. 즉 사회의 통합과 안정의 유지, 기존질서의 동요와 붕괴를 방지하기 위해서 이러한 풍습이 생겨났다는 이론이다.

우리나라에서는 고구려를 비롯하여 부여와 동예·옥저에서 취수혼이 행하여졌던 것으로 보인다. 그러나 그 자세한 내용은 자료가 남아 있지 않아 알 길이 없다. 다만 단 하나의 취수혼 사례가『삼국사기』에 전해지고 있어 많은 도움이 되고 있다. 남아 있는 유일한 사례란 고구려의 9대 임금 고국천왕의 왕비 우씨와 왕의 동생 연우와의 결합을 말한다.『삼국사기』고구려 본기 산상왕조에 나오는 두 사람의 결합에 관한 기사는 다음과 같다.

고국천왕이 돌아가시자 왕비 우씨는 이 사실을 비밀에 부치고, 밤중에 왕의 동생 발기의 집으로 찾아가서 "왕이 후사가 없으니 그대가 왕위를 계승하라"하였다. 그러자 발기는 왕이 승하한 것을 모르고 "하늘의 운수는 가볍게 의논할 수 없으며, 부인이 밤에 돌아다니는 것은 예가 아닙니다"라고 하였다. 이에 왕비는 부끄럽게 생각하여 발기의 동생 연우의 집으로 갔다. 연우는 의관을 갖추고 맞이하여 주연을 베풀었다. 왕비가 말하기를 "대왕이 돌아가시고 아들이 없으니 발기가 어른이 되어 뒤를 이어야 하나, 도리어 나에게 다른 마음이 있다고 하며 오만 무례하므로 아제를 보러 온 것이다"라 하였다. 이에 연우는 예를 더하여 친히 칼을 잡고 고기를 베다가 그의 손가락을 다쳤다. 그러자 왕비가 허리띠를 풀어 그의 손가락을 싸매 주었다. 왕비가 환궁하려 할 때 연우에게 "밤이 깊어 무슨 불의의 일이 있을까 염려되니 그대는 나를 궁에까지 바래다 달라"하였다. 연우가 그리하였더니 왕비가 그의 손을 잡고 궁으로 들어갔다. 이튿날 날이 새자 거짓으로 선왕의 유명이라 꾸며 군신으로 하여금 연우를 세워 왕으로 삼게 하였다.

(『삼국사기』 권16, 고구려 본기 4, 산상왕)

위의 내용은 고국천왕이 사망하자 왕의 동생 연우가 형수인 우씨를 취하여 부인으로 삼은 사실을 알려주고 있다. 연우는 우씨의 도움으로 10대 산상왕으로 즉위하게 된다. 취수혼에서는 죽은 형의 처를 취하는 차례는 형제의 연령순이 원칙이지만, 미혼의 동생이 있을 경우 그에게 우선권이 있었다. 따라서 연우가 형인 발기를 제치고 형수인 우씨와 결합한 것이 차례를 뛰어 넘은 것은 아니었다.

두 사람의 결합에 대해서 더 이상 자세한 내용을 알 수 없지만, 어쨌든 위의 사례를 통하여 고구려에서 취수혼이 실재하였음을 확인하게 된다. 고구려의 취수혼은 초기에 널리 유행하였는데, 이것은 1차혼인 서옥제와 혼납금제, 그리고 형제상속제와 유기적으로 결합된 풍습이다.

먼저, 혼납금과 취수혼은 서로 밀접한 관계가 있었다. 서옥제에서 보이는 신부값은 일종의 혼납금이라고 할 수 있는데, 혼납금은 고구려뿐만 아니라 부여와 옥저에도 존재하였다. 부여에서는 투기한 여자를 죽여 그 시체를 산 위에 버렸는데, 여자의 집에서 시체를 찾아가려면 소나 말을 보내야 하였다. 여기에서 소·말을 보낸다는 것은 혼납금에 해당하는 것을 반환한다는 의미를 지니고 있다. 옥저의 민며느리제에서는 어린 여자아이를 남자집에서 길렀다가 뒤에 성장하면 여자집으로 돌려보내고 여자집에서 요구하는 혼납금을 지불한 뒤 다시 남자집에 데려다가 성혼시켰다.

혼납금 풍습은 오환족·몽고족·둥구스족·터키족·만주족·시베리아 종족 등 북아시아 종족에서도 널리 행하여졌다. 이들 종족에서는 남자집에서 혼납금을 지불할 능력이 없으면 신랑이 여자집에 가서 그 대가로 일정기간 일을 해야 하였다. 고구려에서는 이 같은 혼납금과 취수혼이 유기적으로 결합되어 하나의 혼인풍속으로 융합되었다.

혼납금제 외에 형제상속제도 취수혼과 병행되어 친족간의 혈연적 공동체의식을 더욱 강화시켰다. 고구려 초기에는 가족이나 친족의 권리가 형제간에 계승되었는데, 특히 왕위계승도 형제간에 이루어졌다. 즉, 3대 대무신왕부터 10대 산상왕까지의 왕위가 형제에게로 계승되었다.

앞에서 살펴본 취수혼은 고구려 사회의 친족공동체적 유대관계를 확인시켜 주는 한국 고대혼인형태의 하나이다. 이러한 고구려의 취수혼은 친족집단의 불화가 진전됨에 따라 3세기 전반 경에 소멸되었다.

ㄴ. 서옥제(婿屋制)의 성행

삼국시대의 결혼 풍속 가운데 특이한 것 중의 하나로는 고구려에서 행하여진 서옥제를 들 수 있다. 3세기 중반에 가장 성행하였던 것으로 보이는 서옥제의 내용에 관해서는 『삼국지』 동이전 고구려조에 다음과 같이 실려 있다.

> 고구려의 풍속에서는 혼인을 언어로 정한다. 그 다음에는 여자의 집에서 집 뒤편에 작은 별채를 짓는데, 이것을 서옥이라고 하였다. 해가 저물면 신랑이 신부의 집문 밖에 와서 자기의 이름을 밝히고 절을 하면서 신부와 함께 잠을 잘 수 있도록 해달라고 두세 번 청한다. 그러면 신부의 부모는 신랑이 서옥에서 자는 것을 허락한다. 서옥 옆에는 돈과 비단을 놓아둔다. 뒤에 자식을 낳아서 장성하면 아내를 데리고 신랑의 집으로 돌아온다.
>
> (『삼국지』 동이전 고구려)

위에 기사에 의하면 서옥제는 모두 세 단계로 나뉘어져 있었다고 할 수 있다. 즉, 첫째는 혼인을 약정한 뒤 신부집에서 뒤꼍에 조그마하게 신랑이 머무를 서옥으로 별채를 마련한다. 둘째는 결혼식을 치른 뒤 그 날 저녁에 신랑이 서옥에 들어가 신부와 동침한다. 이 때 신랑은 신부의 부모에게 신부와의 동침을 허락해 줄 것을 애걸하여 허락을 받는다. 그리고 신랑집에서 신부집으로 혼납금, 즉 신부값에 해당하는 돈이나 비단을 보내서 서옥곁에 쌓아둔다. 마지막 단계로는 자식이 태어난 뒤 자식을 데리고 신랑의 본가로 돌아간다. 이로써 혼인 과정이 종결되고 잠정적이었던 결합이 실제적으로 완전히 성립되는 것이다.

서옥제에서는 신부값에 해당하는 돈이나 비단을 신부집에 보내도록 되어 있었는데, 이같은 신부값의 풍속은 7세기경에는 크게 약화된 것으로 여겨진다. 이렇게 보는 이유는 7세기 초반에 편찬된 중국의 『주서』에 다음과 같은 내용의 글이 적혀 있기 때문이다.

> 고구려의 혼인에는 재물이나 폐백이 없다. 만일 재물을 받은 사람이 있으면 '계집종으로 팔아 먹었다'라고 하면서 매우 부끄럽게 여긴다.

위의 기사는 고구려에서 혼인을 할 때 재물을 주고받지 않았으며, 만약 재물을 받을 경우 딸을 종으로 판 것으로 비난받았음을 지적하고 있다. 그러나 재물을 받았을 경우 비난받았다는 내용으로 보아 재물을 주고받는 관행이 완전히 없어지지는 않고 계속 존속하였으나 그 관행이 상당히 줄어들었고, 또한 사회적으로 비판의 대상이 되었음을 알 수 있다. 따라서 서옥제에서 행하여진 신부값에 해당하는 재물의 수수 풍속도 점차 쇠퇴하여 간 것으로 보여 진다.

서옥제의 또 다른 특징은 자식이 장성할 때까지 신랑이 신부집에서 소위 처가살이를 해야 한다는 점이었다. 자식이 장성할 때까지라는 것이 정확히 언제까지인지 알 수는 없지만, 대략 10년에서 15년 정도였을 것이다. 이처럼 신랑은 10년 이상의 오랜 기간 동안 신부집에 노동력을 제공하며 처가살이를 하여야 했다.

처가살이의 풍습은 삼국시대 이후에도 계속 전해져서 고려시대는 물론, 조선전기까지 행하여 졌다. 이와 같이 고구려의 서옥제는 우리나라의 혼례전통에서 오랜 명맥을 유지해 나갔던 것이다.

한편 서옥제와 대비되는 혼인풍습으로 옥저의 민며느리제, 즉 예부제預婦制를 들 수 있다. 앞에서 살펴본 바와 같이 서옥제에서는 결혼 후 신랑이 신부집에 일정 기간 머무르는데 비하여 민며느리제에서는 신부가 정식으로 결혼하기 전에 신랑집에 거주하였던 것이다. 민며느리제에 관해서는 『삼국지』 위지 동이전에 다음과 같은 내용이 전하고 있다.

> 그 나라의 혼인 풍속은 여자의 나이가 10세가 되기 전에 혼인을 약속하고, 신랑집에서 그 여자를 맞이하여 장성하도록 길러 아내로 삼는다. 여자가 성인이 되면 다시 친정으로 돌아간다. 이 때 여자의 집에서는 돈을 요구하는데, 신랑집에서 돈을 지불하면 다시 신랑집으로 돌아온다.
>
> (『삼국지』 위지 동이전)

이처럼 민며느리제는 미성년의 여자가 장차 결혼할 것을 전제로 남자의 집에 가서 자란 뒤 성인이 되면 일단 친정에 돌아왔다가 남자 집에서 일정한 돈을 지불한 뒤에야 정식으로 시집을 가는 결혼 풍습이다. 이런 풍속은 신랑집에서 신부의 양육비에 해당하는 경비와 신부값을 부담해야 하는 점에서 일종의 매매혼이라고 할 수 있다. 따라서 대개 가난한 집에서 부유한 남자 집으로 딸을 시집보내는 형태가 일반적이었다. 또한 민며느리제는 신부가 미성년 시기에 신랑집에 머물도록 함으로써 신부의 시집에 대한 적응력을 높여주려는 의도도 내포하고 있었다.

민며느리제는 부여만이 아니라 삼국시대에도 행하여졌고, 고려시대와 조선시대에도 계승되었다. 서북지방에는 근래까지도 이 풍습이 남아 있는 곳이 있었다.

5. 투기죄의 처벌

우리나라의 고대사회에서는 결혼형태에 있어서 일부일처제와 일부다처제가 함께 행하여 졌다. 특히 삼국시대에는 왕족이나 귀족 등의 지배층 사이에는 일부다처제가 지배적이었다. 또한 고대사회는 가부장의 권위가 강조된 가부장적 가족제도를 위주로 하고 있었다. 따라서 가부장 중심의 일부다처제 가족 형태를 유지하고 가족의 질서를 유지하기 위해서 무엇보다도 여러 처들 사이의 투기가 억제되어야 했다. 이러한 이유에서 고대사회에서는 간음과 더불어 부인의 투기를 엄하게 처벌하는 제도를 마련하고 있었다.

투기죄에 대한 처벌규정이 기록상으로 전해지고 있는 나라는 부여이다. 『삼국지』 동이전 부여조 등의 기록에 의하면, 부여에서는 간음한 자를 사형에 처하였으며, 특히 부인의 투기를 미워하여 투기한 여자를 사형에 처하되 그 시체를 남쪽 산위에 버려서 썩게 하였다고 한다. 이렇게 투기죄를 엄벌한 것은 부여에서 일부다처제 및 축첩제가 행하여진 증거라고 할 수 있다.

부여만이 아니라 고구려에서도 투기죄를 사형에 처하도록 규정하고 있었다. 고구려의 경우 투기죄로 사형을 당한 실제 사례가 이른바 장발미인의 고사에 전해지고 있다. 『삼국사기』 고구려 본기 중천왕조에 나오는 장발미인(관부인)의 고사는 다음과 같다.

> 관나부인은 얼굴이 아름답고 두발의 길이가 9척이나 되어 왕이 총애하여 장차 소후를 삼으려 하였다. 왕후 연씨는 왕의 총애를 그녀가 모두 차지할까 염려하여 위나라에서 장발을 구한다고 하니 장발미인(관나부인)을 보내면 침략 당하지 않을 것이라 하였다.… 관나부인이 이것을 듣고 해가 미칠까 두려워서 왕후를 왕에게 참소하기를 "왕후가 대왕의 외출을 기다려 나를 해치

려 한다"라고 하였다. 그 후에도 "왕후가 나를 가죽주머니에 넣어 바다에 버리려 한다"라고 울면서 말하였다. 왕은 그것이 거짓임을 알고 노하여 관나부인에게 말하기를 "네가 정말 바다에 들어가려 하느냐?"하고, 가죽주머니에 그녀를 넣어 서해에 던지게 하였다.

(『삼국사기』권17, 고구려 본기 5, 중천왕)

이와 같이 관나부인은 투기로 인하여 왕후를 참소하다가 사형을 당했던 것이다. 특히 관나부인은 가죽 주머니에 넣어 바다에 던져지는 형벌을 받았는데, 이처럼 사형의 한 방법으로 죄인을 물속에 던져 죽이는 방법은 우리나라에서 고대 이래로 널리 행해진 관행이다. 또한 바다에 던져 넣는다는 것은 시체의 매장을 허락하지 않는다는 의미로 부여에서 시체의 매장을 불허하는 것과 마찬가지로 영혼의 안식처를 빼앗는 가혹한 형벌이었다. 이는 투기죄가 그만큼 중대한 범죄로 인식되고 있었음을 보여 준다.

투기를 죄악시하는 풍조는 고대 동아시아 사회에서는 보편적인 일이었다. 즉, 중국에서는 투기를 칠거지악의 하나에 포함시켜 부인을 쫓아내도록 하였고, 일본에서도 역시 투기를 간음과 똑같은 죄로 간주하였다. 우리나라의 조선시대에도 투기를 칠거지악의 한 가지로 보았던 것은 잘 알려진 사실이다.

아무튼 우리 고대사회에서는 일부다처제의 가족제도를 유지하기 위한 방편으로 부인들 사이의 투기를 엄하게 금하였으며, 투기를 했을 경우 그 당사자를 극형에 처하는 가혹한 처벌을 하였음을 알 수 있다.

Ⅱ. 고려시대

고려시대에는 일부일처제·일부다처제·처첩제妻妾制가 함께 행해졌다. 그러나 왕족 사이에는 일부다처제가 주로 이루어졌다. 원나라 간섭기 이후 몽고풍속의 영향과 인구증가를 위해 일반인들에게도 일부다처제가 크게 유행하여 충렬왕 때는 이것이 법제화되기까지 하였다. 또한 서옥제의 유풍遺風이라고 할 수 있는 솔서헌率壻婚이 행하여져 남편이 처가에서 10년 정도 처가살이를 하였다. 당시의 혼인연령을 보면 평민의 경우 대개 남자 20세, 여자 18세 정도였으나, 천민들은 부부간의 연령차가 매우 컸다. 혼례의식은 저녁에 친척들만 모여 단출하게 치르는 것이 보통이었다.

고려시대에는 연애결혼의 풍속이 계속 이어졌으며, 이혼도 자유롭게 할 수 있었다. 이러한 경향을 중국 사신 서긍은 『고려도경高麗圖經』에서 경합이이(輕合易離 ; 가볍게 결합하고 쉽게 헤어진다)라고 표현하고 있다.

이혼이 자유롭다보니 남편의 일방적인 의사에 의한 강제적 이혼이 빈번히 발생했는데, 이를 막기 위하여 조정에서는 뚜렷한 이유없이 부인을 버리는 것을 금지하기도 하였다. 당시에는 재혼도 보편화되어 배우자가 사망한 후 곧 재혼하는 경향이 많았다. 부인의 경우 남편과 사별한 후 재혼을 하더라도 불리한 대우를 받지 않았으므로 수절하는 예가 매우 드물었다. 당시에는 같은 신분끼리 결혼하는 계급혼이 행해졌기 때문에 자유결혼도 신분의 한계를 벗어나기는 어려웠다.

고려의 혼인풍속을 특징짓는 것은 가까운 친족간이나 동족간에 이루어지는 근친혼 내지 동성혼이라 할 수 있다. 근친혼은 왕실뿐만 아니라 귀족이나 평민들도 행해졌다. 왕실에서는 왕족의 순수한 혈통을 보전키 위해 근친혼을 장려했는데, 초기에는 이복형제간의 결혼까지 이루어졌다. 특히 태조의 왕자 25명 중 6명이 이복형제와 결혼하였고, 2명은 조카

딸(질녀)와 결혼했다. 또한 고려의 국왕들은 여러 왕비 중 1명은 반드시 동족同族에서 구하였으며, 공주나 옹주들은 되도록 왕실 내에서 혼인하였다. 특이하게도 국왕과 결혼한 동성同姓의 왕비들은 아버지의 성姓을 따르지 않고 어머니 또는 할머니의 성을 따랐다.

고려에서 근친혼을 금하기 시작한 것은 10대 임금 정종때 부터였다. 이때에 처음으로 귀족의 근친혼을 법적으로 제한코자 했는데 4촌간에 결혼하여 태어난 소생所生의 벼슬길을 금지시켰으며, 그 후 숙종 때에 6촌간 소생의 벼슬길을 금하였으나 잘 시행되지는 않았다. 평민의 경우에는 의종때부터 3촌·4촌간의 결혼을 금지시켰고, 공민왕때에는 6촌까지의 결혼을 역시 금하였다.

당시에는 동성혼同姓婚도 크게 유행하였다. 왕실의 동성혼을 보면 태조 왕건의 29명의 부인 중 5명이 왕씨였고, 2대 임금 혜종도 4명의 왕비 중 1명이 동성인 왕씨 출신이었다. 동성혼이 적극적으로 금지되기 시작한 것은 원나라 간섭기 이후부터였다. 원나라에서는 고려왕실과의 혼인을 성사시켜 내정간섭을 강화하고자 왕실이나 귀족의 동성혼을 반대하였다. 그리하여 충선왕 원년(1309)부터 왕실의 종친은 재상의 딸을 부인으로 맞이하고, 재상의 아들은 종친의 딸과 혼인해야 하며, 귀족은 동성을 취할 수 없도록 강요하였다.

Ⅲ. 조선시대

조선시대는 유교중심의 엄격한 신분제 사회였으므로 결혼풍속도 전 시대와는 다른 양상을 보였다. 무엇보다 일부일처제를 엄격히 시행하여 1명의 처妻만을 허용하였다. 그러면서도 축첩제蓄妾制를 허용, 적처嫡妻 외에는 모두 첩妾으로 간주하였다. 또한 조선사회는 남녀 내외법內外法이 엄격하여 자유혼인을 비례非禮로 규정해 금하였으며, 중매장이(매파)의 중개에 의한 중매결혼만이 행하여졌다. 따라서 결혼은 당사자의 의견이 무시된 채 양가 부모의 합의에 의하여 일방적으로 결정되었다. 당시는 엄격한 신분제 사회였으므로 결혼은 대개 같은 신분끼리 이루어졌다. 양반과 양인 간의 혼인은 간혹 행해지기도 하였으나 양인과 천인 간의 혼인은 엄격히 금지되었다. 조선초기에는 고려의 풍속이 이어져 남자가 여자집으로 장가가는 형태, 즉 아이 낳을 때까지 처가살이를 하는 남귀여가혼男歸女家婚이 보편적으로 행해졌다. 이 때문에 아들과 사위, 친손과 외손을 동일시하는 경향이 일반적이었으며, 재산상속에 있어서도 남녀균분男女均分이 이루어졌다. 이러한 혼인풍속은 17세기 이후 신랑이 신부를 친히 맞이하는 친영제親迎制로 바뀌었다. 친영제는 남계男系 중심의 가부장적이고 성리학적 혼인풍속으로서 조선 초기부터 정책적으로 장려되었다.

조선초기에는 고려 말 이래의 조혼早婚풍습이 계속되어 여자들은 대개 10세만 넘으면 결혼하였다. 세종 때에는 조혼의 폐단을 막기 위하여 여자는 14세 이상이어야 결혼할 수 있도록 제한하였다. 이에 따라 『경국대전』에는 혼인허용 연령이 남자 15세, 여자 14세로 규정되었다. 또한 가난 때문에 30세에 가깝도록 혼인하지 못한 양반의 딸은 국가에서 혼인비용을 보조해주도록 했으며, 가난하지 않은데도 30세가 넘도록 출가하시 않는 경우 그 가장家長을 처벌토록 하였다.

당시에는 남편의 일방적 의사에 따른 이혼은 가능하였지만 처의 의사만으로 이혼한다는 것은 매우 어려웠다. 조선전기의 이혼유형에는 국가에 의해 강제로 이루어지는 강제이혼, 상대방의 과실이 있을 때 행하는 일방적 이혼, 부부합의에 따른 합의 이혼 등 3가지가 있었다. 남편들은 부인이 7거지악七去之惡에 해당할 경우 언제든지 합법적으로 이혼할 수 있었다. 7거지악이란 시부모에 대한 불순不順, 아들을 낳지 못함, 음행,

질투, 악질惡疾, 말이 많음, 도둑질 등이다. 이것은 어디까지나 가부장적인 가장의 권위만을 보장한 악습으로서 여성의 지위를 극도로 악화시킨 요인이었다. 그러나 7거지악에 해당되더라도 3불거三不去라 하여 처를 함부로 버리는 것을 제한하기도 하였다. 3불거는 처가 시부모를 위하여 3년상을 치른 경우, 혼인 당시에는 가난하였으나 뒤에 부자가 되었을 경우, 그리고 이혼당한 처가 돌아갈 곳이 없는 경우 등이었다. 또한 남편이 도망하여 일정기간이 지나도 돌아오지 않거나 부당한 혼인을 했을 때 이혼할 수 있도록 허용하였다. 부당한 혼인이란 아버지·할아버지의 첩이나 백모·숙모를 처첩으로 한 경우와·형, 동생이 사망한 후 형수나 제수를 취하는 것이었다. 형수, 제수를 취하였을 경우 간음죄로 논하여 교수형에 처하고 강제 이혼토록 하였다.

조선시대의 결혼풍속 가운데 특징적인 것은 부녀자의 철저한 재혼금지제도였다. 건국초기에는 남성과 여성 모두에게 재혼을 허용하였지만 성종 이후 열녀는 두 남편을 섬길 수 없다는 유교관념에 의하여 재혼금지가 제도화 되었다. 『경국대전』에 의하면 「재혼하였거나 실행失行한 부녀자의 자손 및 서얼의 자손은 문과·무과와 생원·진사시에 응시하지 못한다」라고 하여 재혼녀 자손의 과거응시 기회를 박탈하도록 규정되어 있다. 이것은 재혼녀 자신을 처벌한 것이 아니라 그 자녀의 관리임용을 제한함으로써 재혼금지의 효과를 거두도록 한 조치였다.

17세기 이후 재혼금지규범이 널리 확산되어 부녀자의 수절守節이 당연시되었고, 이에 따라 과부보쌈, 즉 과부 업어가기 등 변칙적인 재혼풍습이 성행하였다. 약탈혼의 일종인 과부보쌈은 재혼금지법의 저촉을 교묘히 피하면서 양반가문의 체통을 지키려는 편법이었다. 과부보쌈에는 부모와 본인의 허락을 얻어 약탈해 가는 합의 보쌈과 아무런 사전 허락이나 약속 없이 약탈해 가는 강제보쌈의 두 가지가 있었다. 합의보쌈은 지정된 날 밤에 남자쪽에서 보낸 젊은이 3~5명이 보자기를 가지고 과부

집의 담을 넘어가 과부를 보자기에 싸가지고 도망오는 형식으로 이루어 졌다. 강제보쌈은 5명 이상의 젊은이들이 몽둥이나 곡괭이 등을 들고 과 부방에 뛰어들어가 보자기에 싸가지고 도망하였다. 과부가 반항을 하면 손발을 묶고 입에 재갈을 물려 소리지르지 못하도록 하기도 하였다. 보 쌈은 큰 죄로 여기지 않았기 때문에 관청에 신고하지 않는 것이 보통이 었다.

조선시대에는 혼외婚外의 성관계를 모두 간통으로 간주하여 기혼은 물론 미혼남녀도 처벌하였다. 동일한 신분 사이의 간통은 성별을 불문하 고『대명률』에 따라 같은 형벌, 즉 장杖 80~100 정도를 받도록 규정되어 있었다. 상이한 신분 사이의 간통은 노奴와 양인 여자일 경우 교형絞刑 등 으로 무겁게 처벌한 반면, 양인 남자와 비婢와의 간통은 처벌을 가볍게 하여 유배 등에 그쳤다. 이것은 기본적으로 성적 불평등 사회구조의 현 상을 반영한 조처였다. 근친상간近親相姦이나 노·주奴·主와의 간통은 일반 간통보다 훨씬 무거운 처벌을 가하였다. 근친상간의 경우 부조첩父 祖妾·백숙모·고모·자매 등과의 간통은 참형斬刑, 어머니의 자매, 형 제의 처 등과의 간통은 교형絞刑에 처하도록 되어 있었다. 노奴와 주인의 딸이나 첩과 간통할 경우는 대부분 참형에 처하였다. 간통한 남녀가 본 남편을 살해했을 때는 참형 등의 극형을 내렸으나 본남편이 간통 남녀를 현장에서 살해하는 것은 무죄로 처리되었다. 사후에 간부姦夫를 죽이는 것은 일반살인보다 대개 1등을 감하어 처벌하였다.

조선사회는 강간을 폭력이 아니라 특수한 성행위로 보고, 강간범죄의 처벌목적을 일차적으로 정절의 보호에 두고 있었다. 강간범의 처벌은 『대명률』의 규정에 의하여 일반 강간의 경우 교형에 처하고, 근친강간 이나 노주강간 같은 특수한 강간은 참형이라는 극형에 처하도록 되어 있 었다.

1. 조혼(早婚)의 유행

　조선시대 결혼풍속의 특징 중 하나로는 조혼을 들 수 있다. 고려 말부터 유래한 조혼풍습은 조선초기에도 계속 이어져 처녀들은 대개 10세만 넘으면 결혼하는 경향이 일반적이었다. 이처럼 조혼이 유행한 이유는 여러 가지로 설명되고 있는데, 첫째는 가부장적 대가족제도 때문이었다. 대가족제도 아래서는 가계의 존속을 위하여 자손을 갈망하기 마련인데, 이에 따라 자식의 혼기婚期를 되도록 이르게 하려는 욕구를 가지게 되었던 것이다. 우리나라뿐만 아니라 로마·유대·중국·인도 등의 대가족 사회에서는 거의 모두 조혼풍습이 있었다. 둘째 이유는 동아시아 국가의 가장 보편적인 혼인형태였던 중매혼이 있었다. 중매인은 보수를 얻기 위하여 양가의 성혼을 촉진시키려 했는데, 이 때문에 혼인연령이 점차 빨라지게 되었다. 셋째로는 공녀貢女제도를 들 수 있다. 고려에서는 원나라의 강요로 고종 때부터 공녀를 보내야만 했는데, 원에서는 주로 미혼인 처녀를 요구하였다. 공녀의 요구가 있을 때마다 고려조정에서는 금혼령禁婚令을 내렸으며, 이에 따른 관리들의 횡포 등 폐단이 극심하였다. 백성들은 공녀의 요구가 있을 때마다 딸을 감추거나 일찍 결혼시킴으로써 어린자식을 원에 보내지 않으려 했다. 공녀의 요구는 조선이 건국된 뒤에도 계속 이어져 명·청에도 처녀들을 보내야 했다. 네 번째 이유는 왕실 간택에 의한 처녀 금혼제도였다. 조선시대에는 세자빈 등의 왕실자녀의 배우자를 구할 때마다 전국에 금혼령을 반포하여 처녀들의 혼인을 금하였다가 간택이 결정된 후 이를 해제하였다. 왕실의 간택은 강제성을 띠고 있었기 때문에 대부분의 백성들은 왕실과의 혼인을 바라지 않았다. 그러므로 자녀가 있는 사람이면 그 연령을 불문하고 성혼시키려 하였던 것이다.

　이러한 이유로 발생한 조혼 풍습은 많은 폐단을 야기하였다. 즉 조혼

당사자의 건강을 해치고, 그 자녀의 심신을 열악하게 하며, 경제적 자유를 얻지 못하여 자녀양육을 제대로 할 수 없었다. 또한 부모의 의사에 따라 혼인이 이루어졌으므로 성년이 된 후 부부간에 불화가 생겨 일생 불행한 결혼생활을 해야 하는 경우도 있었다.

이에 따라 조선왕조에서는 초기부터 조혼을 금지하려고 노력하여『경국대전』에 다음과 같은 규정을 두기에 이르렀다. 즉 남녀가 혼인할 수 있는 연령의 하한선을 남자 15세, 여자 14세로 하되, 혼인을 의논할 수 있는 연령은 13세 이상으로 정하였다. 그밖에 양가 부모 중 1명에게 질병이 있거나 나이가 50세 이상 된 경우는 예외적으로 12세 이상의 자녀도 혼인할 수 있도록 하였다. 이러한 규정이 오랫동안 유지되어 오다가 조선말기인 고종 때에 이르러 남자 20세, 여자 16세로 결혼허용 연령을 올렸으며, 순종 때에는 다시 남자 17세, 여자 15세 이상으로 조정하였다.

위와 같은 조혼금지 규정에도 불구하고 그것이 제대로 효과를 거두지 못하여 조혼의 풍습이 일제시대까지도 여전히 존속되었다. 일제시대의 경우 법정 혼인연령인 남자 17세, 여자 15세 미만의 결혼자가 남자는 전체의 7.1%, 여자는 6.2%에 달하였다. 따라서 일제시대에 접어들어 조혼의 경향이 점차 감소하였으나 조혼의 풍습이 아직도 뿌리깊게 남아 있었음을 알 수 있다.

ㄹ. 동성동본불혼제(同姓同本不婚制)의 정착

가까운 친족 간의 결혼을 금하는 근친금혼近親禁婚은 인간이 다른 동물들과 다른 것 중의 하나로서, 자연과 문화의 분계점分界點이라고 할 수 있다. 몇 가지 예외를 제외하면 아무리 미개한 민족이라도 근친금혼을 지키지 않는 민족은 없다. 근친금혼은 혼인의 대상자를 일정한 범위 밖에서 구하는 외혼율外婚律과 관계되는데, 동성동본불혼도 외혼율의 범주에 속한다. 동성동본불혼이란 성姓과 본本을 같이 하는 사람들끼리의 혼인을 금하는 것을 말한다.

근친혼을 금하기 시작한 것은 고려 전기부터였으나, 적극적으로 동성혼을 금한 것은 고려후기인 원 간섭기 이후의 일이다. 충선왕 원년(1309) 원나라에서 동성과 통혼할 수 없는 것은 천하의 도리라고 하면서 왕실 등의 동성혼을 반대하였던 것이다. 원에서는 종친은 재상의 딸을 맞을 것, 재상의 아들은 종친의 딸을 맞을 것, 양반은 동성을 취할 수 없고 외가 4촌도 구혼할 수 없도록 강요하였다. 그러나 이러한 규정은 제대로 시행되지 않았다.

동성혼이 철저하게 금해진 것은 조선시대에 접어들면서 부터였다. 조선왕조에서 참조한 대명률大明律에 동성혼과 근친혼을 엄하게 금지하였기 때문이다. 『대명률』에 의하면 동성으로 결혼한 자는 각각 장杖 60의 형에 처하고 이혼하도록 규정하고 있었다. 이에 따라 조선전기에 동성혼이 사라지게 되었다.

조선시대의 동성불혼제는 중국식의 동본동성 불혼제, 즉 동본동성의 동종불혼同宗不婚은 아니었다. 즉 본관이 같아야 동종이므로 성만 같으면 결혼하지 않는 동성불혼과는 달랐다. 현종 때에 송시열의 건의에 따라 본관이 다르더라도 동성 간에 결혼하지 못하도록 금하였고, 영조 때 편찬된 『속대전』에도 성이 같으면 본관이 달라도 결혼할 수 없도록 규정하였다. 그러나 이 규정이 잘 지켜지지 않아 본관이 다른 것을 성이 다른 것으로 인정하여 이李씨와 이씨, 김金씨와 김씨 간의 결혼이 이루어졌다. 끝내 동성불혼이 행해지지 않았던 것이다. 따라서 동성이면 동종인 중국식의 동성불혼이 성립될 수 없었다. 그밖에 조선시대에는 외가나 처가 친척과도 근친이면 결혼하지 않는 것이 관례였다.

3. 축첩제(蓄妾制)의 성행

축첩제는 본처 외에 첩을 두는 풍습으로 형식적으로는 일부다처제이지만 실질적으로는 일부일처제의 변형된 형태이다. 다수의 처 가운데 한 명의 처만이 특별히 남편과 강하게 결합하여 가장 높은 지위를 독점하고 그 밖의 처들은 열등한 첩의 지위에 처하게 되는 것이다. 따라서 축첩제는 일부다처제와의 구별이 어렵지만 그리스·유대·중국 등 대부분의 고대 문명국가에서 예외없이 존재하였다.

우리나라에서의 축첩제는 이미 삼국시대부터 일부다처제와 함께 행하여 졌으며, 고려왕조에 이르러서도 왕족이나 귀족을 중심으로 축첩제가 성행하였다. 고려시대 첩의 지위는 처에 비하여 크게 차이가 나지 않았지만 조선시대에 접어들면서 처와 첩의 구분이 엄격해지고, 다처제가 붕괴되면서 일처제가 정착됨으로써 적자와 서자(서얼)의 문제도 점차 심각해지게 되었다. 조선시대에는 축첩의 풍속이 공인된 제도로 발전하여 더욱 성하게 된다.

이처럼 조선시대에 축첩제가 융성하게 된 이유는 무엇보다 유교사상에 입각한 가족제도의 심화에 있었다. 축첩의 기본적 요구는 대가족제도의 본질인 가계존속을 위한 자식을 얻는데 있었기 때문이다. 두 번째는 부모의 의사만이 중시되고 혼인 당사자의 의사가 무시되는 중매혼 때문이었다. 중매혼의 경우 부부생활에 파탄이 생기는 수기 많았으나 이혼이 제한되어 있었으므로 축첩의 길을 택하게 되는 것이다. 세 번째 이유는 욕망충족의 불만에서 오는 탈출구의 마련이었다. 한명의 처를 거느리고 만족치 못할 때 처 아닌 새로운 여성을 찾으려는 남성의 욕망이 첩을 두도록 하였다. 네 번째는 아내에 대한 애정 식었을 경우에 첩을 두게 된다. 애정이 없을 때 이혼이란 방법으로 새로운 가정을 가질 수 있으나 자식 문제나 사회의 이목 때문에 그러지 못하고 첩을 두곤 하였다.

조선초기에는 축첩제를 공인하면서 처·첩의 구분을 엄격히 하는 처첩분간법妻妾分揀法을 제정하였다. 이것은 유교적인 사회윤리를 보급하는 과정에서 당시의 다처제적多妻制的이고 중혼제적重婚制的인 결혼형태를 유교적인 예무이적禮無二嫡과 명분론에 맞는 결혼형태로 개편하기 위하여 제정되었다. 당시에는 처·첩의 수에 제한 가하여 경대부卿大夫는 1처 2첩, 사士는 1처 1첩을 두도록 하였다. 평민의 경우는 축첩이 인정되지 않고 다만 40이 넘도록 자식이 없을 때만 허용되었다. 태종 때에 마련된 처첩분간법에 의한 처·첩 분간의 기준은 성례成禮, 즉 유교의 혼인예법인 6례 또는 4례의 준행여부였다. 이것을 구비하였으면 처가 되고 그렇지 않으면 첩이 되도록 하였다. 그러나 가장 중요한 분간 기준은 여자의 신분이었다. 여자의 신분이 양반이면 후취後娶나 성례 여부와 관계없이 대부분 처로 간주되었고, 신분이 미천하면 첩으로 정해졌다. 이는 양반 지배층이 자기들의 지위와 권익을 보호하기 위해 철저한 신분내혼제를 지향하는 방향에서 처첩분간을 하여 천인신분의 침투를 막으려 했음을 의미한다. 이처럼 처첩분간이 신분의 귀천에 따라 이루어지고, 여기에 양반의 여자를 첩으로 삼는 것이 금지됨에 따라 첩은 천한 존재로 되었고 그 소생인 서얼도 천한 신분으로 전락하였다.

조선시대의 첩은 양인출신의 양첩良妾과 천인출신의 천첩賤妾으로 구분되었다. 양첩은 양가良家의 자녀로서 가정형편이 어려워 첩이 되므로 본처에 준하는 대접으로 혼인의식을 갖추었다. 그러나 사비私婢나 기생 등의 천인을 첩으로 삼을 때는 그러한 절차도 없었고 정신적인 냉대가 뒤따랐다.

처와 첩의 관계는 상하관계로 엄연히 구분되었으며, 이러한 질서를 어기면 형벌이 가해졌다. 또한 처를 첩으로 삼을 수 없고 처가 있는데 다시 처를 얻을 수는 없었다. 처가 있을 때는 첩을 얻어야만 했다. 또한 처첩을 돈받고 일정한 기간 남에게 빌려 주어서도 안되고 자매라고 속여 시집보낼 수도 없도록 되어 있었다.

처·첩의 구분은 그 자식들에게도 적용되어 적자嫡子와 서자庶子로 구분되었으며, 서자들은 많은 차별대우를 받았다. 양반층의 기득권을 유지하기 위한 방편으로 양반의 숫적인 확대를 막으려는 의도에서 비롯된 이른바 서얼차대庶孼差待는 관직 진출의 제한에 초점이 놓여 있었다. 『경국대전』에 의하면 서자는 문과·무과나 생원·진사시에 응시하지 못하도록 규정되어 있다. 또한 잡직雜職 등에 임용되는 경우에도 한품서용限品敍用의 규정에 따라 승진이 제한되었다. 즉 문무 2품 이상의 양첩자손은 정 3품, 천첩자손은 정 5품 이상 올라갈 수 없었다.

이상과 같은 축첩제는 한말 이후 대가족제도의 붕괴, 첩을 거느릴 수 있는 경제력의 약화, 여성의 권리 향상, 서구식 사고방식의 전래, 그리고 자유결혼의 확산 등에 따라 점차 사라지게 되었다.

제20장 일본의 역사왜곡 사례

(후소샤(扶桑社) 출판사 간행, 『일본 중학교 역사교과서』의 내용)

1. 한국사의 기원(起源)

: 한국사의 시작은 한사군으로부터 시작됨.

– 고조선을 누락시킴으로써 한국사의 기원을 무시하고, 처음부터 중
  국 영향 아래 있었다고 묘사.

2. 삼국의 시작

: 백제와 신라는 AD 4세기에 시작됨

– 실제 건국 시기보다 300년 이상 늦춤 (신라 BC 57년. 고구려 BC 37년).
  백제 BC 18년(『삼국사기』).

3. 한사군(漢四郡)의 위치

: 낙랑군의 경계는 한강 이남. 대방군의 중심지는 서울 부근

－낙랑군의 중심은 대동강 유역.

대방군은 황해도에 위치(한사군 : BC 108년 고조선 멸망 후 한나라에서 고
조선 옛땅에 낙랑군·진번군(뒤에 대방군으로 바뀜)·임둔군·현도군 등 한사
군 설치).

ㄴ. 임나일본부설

: 야마토 조정(大和朝廷)은 한반도 남부의 임나라는 지역에 거점을 둠(임
나일본부설을 기정 사실로 서술).
－임나일본부는 역사적 사실과 거리가 멂.

ㄷ. 한반도의 문화 전수(傳受)

: 6세기(538년)에 백제의 성명왕(聖明王 성왕)이 불상과 경전을 일본에 헌
상獻上하여 불교가 일본에 전래됨.
－불교문물 전래를 헌상이라고 기술한 것은 자국 중심의 논리

ㄹ. 삼국의 조공설

: 고구려가 돌연히 야마토 조정에 접근하였으며, 이어서 신라와 백제
가 일본에 조공함(최근에 삭제함).
－일본에 조공하지 않음.

ㅁ. 조선의 위상

: 조선은 중국 왕조에 조공을 바치던 복속국이었음.
－조선은 중국의 속국이 아님.

ⴺ. 왜구(倭寇)

: 왜구 중에는 일본인 외에 조선인도 많이 포함되어 있었음.
- 왜구의 핵심은 일본인인데 조선인도 많이 포함되어 있다고 하여 초
  점을 흐림.

ⴼ. 임진왜란

: 도요토미 히데요시(豊臣秀吉)는 나아가 중국의 명나라를 정복하고 인
  도까지 지배하려는 거대한 꿈을 갖기에 이름.
- 일본의 일방적 군사침략을 흐리려는 애매한 용어를 사용.

1ⴺ. 러일전쟁

: 일본이 러시아에 승리함으로써 식민지화되었던 민족에게 독립의 희
  망을 줌.
- 침략전쟁의 성격을 은폐하고 민족해방전쟁으로 평가.

11. 한반도 위협설

: 일본을 향하여 대륙으로부터 하나의 팔뚝처럼 조선반도가 돌출되어
  있음.
- 한반도 위협설 강조. 일본 방위 명목으로 한국에 대한 침략과 지배
  를 정당화.

12. 한국 강제병합

: 일본 정부는 한국병합이 일본의 안전과 만주의 권익을 방어하기 위
  해 필요하다 고 생각 함.
  한국에서는 일부 병합을 수용하자는 소리도 있었음.
 ― 한국을 지배, 수탈하고자 한 침략의도를 은폐하고, 자신의 이익을
  위해 이웃나라를 식민지화할 수 있다는 역사의식을 보여줌.

13. 식민지 조선 개발론

: 조선 총독부는 철도・관개시설을 정비하는 등의 개발을 하고, 토지
  조사를 개시하고 근대화에 노력함.
 ― 식민지 정책의 초점이 한국의 근대화에 있었다고 미화.

14. 강제동원과 황민화(皇民化) 정책

: 조선반도에서는 일본식 성명을 자기 이름으로 하는 창씨개명創氏改
  名이 행하여 짐.
 ― 황민화 정책의 강제성에 대한 언급이 없음.

15. 군대위안부

: 관련내용을 누락함
 ― 군대위안부 강제 동원 및 징병・징용 등을 철저히 누락.

제2부
한국의 근현대사

제1장 근대(近代)의 기점(起點)

- 근대사(세계사적관점) : 자본주의 사회의 역사
- 한국은 식민지 사회라는 특수한 성격을 가지고 있으므로 세계사적
  시대구조의 원칙을 그대로 기계적으로 적용할 수는 없음
- 중국 : 아편전쟁기阿片戰爭期(1840~1842)
- 일본 : 명치유신明治維新(1868)

1. 유원동(柳元東)

① 18세기 후반 영·정조시대
② 기준 : 자본주의 맹아萌芽를 중심으로 한 사회경제질서의 변화
③ 상업활동 활발. 자본축적

2. 이선근(李瑄根)

① 1860년대
② 기준 : 유럽 근대 문명의 도전에 대한 대응 형태

③ 동학발생(1860). 대원군의 혁신정치(1864)

ㄹ. 조기준(趙璣濬)

① 1876년 개항
② 기준 : 식민지 민족의 반제反帝 투쟁

ㅂ. 천관우(千寬宇)

① 갑오개혁甲午改革(1894)
② 기준 : 노비제도 폐지. 화폐제도의 근대적 개혁

ㅁ. 신용하(愼鏞廈)

① 1850년대 말 내지 1860년대 초
② 기준 : 자본주의 체제를 수립하려는 흐름의 시작
③ 종점 : 1945년

ㅂ. 강만길(姜萬吉)

① 갑신정변甲申政變(1884)
② 기준 : 주체적으로 정치, 사회, 문화 등 근대적 변화를 최초로 추구

ㄱ. 국사편찬위원회 편『한국사(韓國史)』(1975)

① 1864년 대원군 정권 등장

제2장 대원군의 개혁정치

1. 흥선대원군(1820: 순조 20~1898: 광무2)

① 고종의 생부. 이하응李昰應. 사도세자의 서자 은신군의 양자인 남연
   군 구球의 4자
② 대원군은 임금의 부父에게 내리는 봉작명
③ 당시 대원위 대감, 국태공, 대로로 불림
④ 실학자 김정희에게 사사師事 — 실학에 긍정적. 글씨, 난초그림에 상
   당히 높은 수준
⑤ 서학에도 깊은 관심: 부인, 딸 등이 카톨릭 교인. 남종삼 등과 친근
⑥ 세도정치하의 호신책으로 무뢰한들과 어울림 — 파락호의 생활
⑦ 기생집 왕래하며 방탕한 처신 — 사람들이 미치광이 방탕꾼이라 함
⑧ 안동 김씨 가문에 찾아가 구걸 — 궁도령이라 비웃음
⑨ 집정
제1차 집정: 1864~1873
제2차 집정: 임오군란 직후 1개월간(1882.6.9.~7.13) 임오군란을 일으킨
   보수적 군인들의 추대

제3차 집정: 갑오개혁 초 4개월간(1894.6.21.~10.25)

  갑오개혁을 이끈 개화파 관료들이 총리로 옹립

ㄹ. 대원군 집정 직전의 상황

 1) 정치의 문란 - 세도정치

  : 19세기 조선 왕조 말기의 특수한 정치형태

   노론일당 전제정치(3대 60여 년간, 1800~1863)

① 순조대(1800~1834)

   11세 즉위

   국구(장인) 김조순이 실권장악

   그 일가인 안동김씨 일파가 요직 독점

② 헌종대(1834~1849)

   8세 즉위

   어머니 조씨의 형제인 조만영과 그의 동생 인영이 실권장악

   풍양조씨의 세도

③ 철종대(1849~1863)

   19세 즉위

   원범(강화도령)

   사도세자(장헌세자)의 후손 전계군의 3자(전계군은 신유사옥으로 강화도

   로 유배. 농사로 연명)

   왕비족(처가)인 안동김씨가 실권장악

   안동김씨 세도의 절정기

④ 세도정치의 모순

   일당전제정치 → 견제세력 결여→ 독재화. 타락. 정치질서 문란

   (그 이전의 당쟁은 붕당간의 견제로 독재화, 정치 문란 방지)

지방수령들의 탐학, 가렴주구 → 민생고 가중

뇌물, 관직매매 성행(관찰사: 10만냥. 수령: 수만냥. 참봉: 천냥)

세도정치(勢道政治)

① 세도勢道는 종래 세도世道와 병행해서 사용되어 왔으나, 현재는 주로 세도勢道로 표현하고 있다(세도世道는 중국, 일본에는 없는 용어로서 조선의 속어俗語).

② 세도世道 : 조선초기부터 사용

　원래의 의미: 유교적 정치 이념에 입각하여 이루어진 정치운영 상태

③ 세도勢道정치: 1920년대부터 사용(안확安廓『조선문명사朝鮮文明史』등)

　㉠ 원래의 의미: 국왕의 신임信任을 받은 신하에게 정권政權을 맡긴 정치 형태

　㉡ 시초: 정조正祖 때 홍국영洪國榮에게 정권을 맡기면서 시작(정조가 세손世孫으로 있을 때 여러 차례 위험을 모면케 해줌)

　㉢ 19세기: 외척外戚이 정권을 장악하여 정치 질서가 문란해진 상태

　・일반적으로는 순조대純祖代부터 철종대哲宗代까지의 1800년대 60여 년간을 세도정치기로 봄(외척세도정치(조씨세도趙氏世道. 김씨세도金氏勢道)

　・경우에 따라서는 고종高宗때까지 계속된 것으로 봄(흥선대원군의 세도정치. 민씨 세도정치)

2) 경제의 혼란 – 삼정의 문란

① 전정田政

　토지 1결에 20두 징수(수확의 1/10 정도)

　: 전세 4두, 대동미 12두, 결작 2두, 3수병 급료 1.5두

수령들이 갖가지 명목으로 추가징수, 착복(1결에 100두에 이름)

② 군정軍政

16~60세의 정남에게 징수

병역의 댓가로 군포 1필 징수

양반의 군역 면제자 증가 → 군포수입 감소 → 지방별로 일정액 부

과 악착같이 징수 : 황구첨정(어린이에게 징수), 백골징포(죽은 사람에

게 징수), 족징(친척에게 징수), 인징(이웃에게 징수)

③ 환곡還穀

빈민구제 수단

관곡의 춘대추납春貸秋納, 10%이자 – 모곡

늑대勒貸 : 강제대여, 반백(분석) : 겨를 섞어 대여 – 고리대高利貸

 3) 민중의 저항

① 삼정의 문란, 관리들의 탐학에 대한 저항

② 저항의 양상

지주에 대한 소작료 납부 거부

관에 대한 합법적 요구

거주지 이탈, 도망, 유리流離, 도적집단화

와언訛言, 요언妖言 전파 – 조정비난

괘서掛書 – 대자보 부착

수령에 대한 폭력적 응징

작변作變 : 서울의 권력집단 공격 위한 역모 꾀함

민란 : 홍경래의 난(1801), 진주민란(임술민란, 1862)

4) 자연재해의 빈발

① 홍수 : 6년만에 한번씩 엄습(1845년, 관서지방 : 500여명 사망)

② 기근 : 대량의 아사자 발생(1672, 현종 2년, 전국에 19000여 명 사망)

③ 전염병 : 괴질(콜레라, 호열자), 염병(장티푸스), 천연두(마마)

　　1만 명 이상 사망 : 15회, 10만명 이상 사망 : 6회(17~19세기)

5) 대외적 위기의식 고조

① 서양세력의 접근

　　정조 11년(1787)부터 영·불의 이양선 탐험적 접근－측량

　　순조 31(1831) : 프랑스가 통상요구

　　헌종 14(1848) : 이양선 출몰 빈번. 영, 불, 미, 러 선박으로 다양화.

　　　　　　　　통상요구, 전국의 해안에 출몰

② 중국의 패배

　　아편전쟁(1840~1842) 패배, 애로우호 사건(1856)

　　영·불 연합군의 북경 점령(1860)－국내에서 크게 동요

③ 일본의 변신

　　덕천막부는 페리제독이 이끈 미국 함대의 위협에 굴복

　　1854년 미일화친조약을 통해 개항

　　1868년 덕천막부를 타도하고 왕정복고－명치유신

　　명치정부는 대외적으로 개방정책을 채택

　　대내적으로 부국강병, 문명개화 추진

　　우리나라에 위협적 존재로 부상

6) 종교의 변화

① 천주교 전래

　　17세기 초부터 사신들에 의하여 서학 서적 전래

　　18세기 중엽 이익의 제자(근기학파)들이 서학을 학문적으로 연구

　　1784년 이승훈이 북경에서 입교 후 귀국, 서울에 신앙공동체 조직

　　→ 교세 확장(1864년 : 2만 여명의 신도) → 탄압

② 동학의 성립

　　철종11년(1860) 최제우가 창시

　　국난을 극복하고 서학에 대항하고자 새로운 종교 창시

　　농민, 몰락 양반에 침투 → 삼남지방으로 교세확장 → 탄압(사교로

　　규정) → 철종14년(1863) 최제우 체포, 처형

　　인내천人乃天사상, 사인여천事人如天사상 – 평등사상

③ 민간신앙의 성행

　　샤머니즘 유행

　　정감록 사상유포 – 말세 도래, 왕조 교체 예언

7) 종합(결론)

① 대원군 집정 직전의 국내외 상황은 일촉즉발의 위기

② 이를 타개키 위해 집권층은 유능하고 과단성 있는 강력한 지도자
　를 필요로 함

③ 이러한 중차대한 과업을 떠맡고 나선 인물이 바로 흥선대원군

3. 대원군의 집정 (44세 때)

1) 철종이 후사 없이 재위 13년만에 33세로 서거

2) 실권이 대왕대비 조씨에게 돌아감 – 수렴청정(1863~1866)

3) 홍선군 이하응의 2자인 명복(재황. 12세)으로 왕위계승 결정
   1863년 12월 13일(양력 1864.1.26), 26대 왕으로 즉위(고종). 왕이 어리
   고 국사가 다난하다는 이유로 조대비가 홍선대원군에게 대정 협찬
   권을 위임. 조대비는 1866년 2월 수렴청정을 끝내고 물러남. 형식
   상으로는 고종이 친정親政하는 것으로 되어 있었으나 대원군이 사
   실상의 섭정으로 남아 대권행사

 4) 고종 지명의 배경

① 조대비와 홍선군 간의 묵계: 조대비는 몰락한 풍양 조씨의 세력을
   강화시키고 안동 김씨 세력을 억제해 줄 것을 희망
② 철종의 유지遺志 : 전부터 명복에게 왕위를 물려줄 뜻이 있었음
③ 안동김씨 일파의 지원: 김병학은 그의 딸을 왕비로 간택해 줄 것을
   대원군과 약속하고 외척으로서의 세도를 계속 유지키 위해 지원(대
   원군 집정 후 김병학, 김병국을 중용한데서 입증)
④ 결국 조대비, 안동 김씨 일파, 원로 노론계 대신들, 즉 보수적 문벌
   세력의 후원에 힘입어 집정 – 강력한 권한 행사 가능

4. 개혁정치의 내용

목표: 왕권강화, 민심수습, 쇄국양이鎖國攘夷

 1) 정치개혁

① 의정부 · 육조 권한 복구
   ㉠ 초기 : 의정부 – 최고정책결정기관. 6조 – 정책집행기관
   ㉡ 임난 후 : 명종 때 창설된 비변사가 권한이 강화되어 병권兵權은
      물론 정권까지 담당 – 모든 정사政事 처리 → 의정부와 6조는 허

명虛名만 남아 유명무실화

ⓒ 목적 : 안동 김씨 세력의 약화

ⓔ 비변사 기능을 정지시키고 의정부에 통합하여 의정부·6조 복구

－ 의정부가 명실상부한 국정 최고 결정기관화

② 인사개혁

ⓐ 목적: 능력본위의 인재등용 － 민심수습

ⓑ 안동 김씨 세력 제거

: 고종 원년(1864), 영의정 김좌근, 영돈영부사 김흥근, 좌찬성 김병

기(좌근의 아들) 등을 퇴진시킴

ⓒ 당색 초월: 남인, 북인, 소론 등용(10년간 3정승 － 노론 4, 소론 3, 남

인 2, 북인 2명)

－ 탕평적 인사행정 － 당쟁의 폐단 거의 근절

ⓔ 지방차별 철폐

서북인, 송도인, 호남인 등용

건국 후 최초로 왕씨 후손 등용(왕정양 － 병조 참판. 왕성협 － 홍문관

교리)

한계 － 평안도의경우과거급제자수를가장많이할당했으나실직

實職에는 임용치 않음

ⓜ 신분차별 배제 : 유능한 평민, 중인, 서얼, 아전(서리) 등용

ⓗ 부패·무능 관리 숙청 － 관기官紀 확립. 민심 수습

③ 개혁의 한계 : 인사개혁에 치중. 제도개혁 불충분

2) 국방강화

① 삼군부의 부활 : 초기의 최고 군사기관. 비변사로 인하여 유명무실

－ 정1품 아문으로 격상. 일체의 국방관계업무 통괄

② 무관의 지위·권한 강화 : 각 군영의 책임자를 모두 무장으로 임명

삼도수군통제사의 처우 개선 - 지위 격상, 임기 연장

이양선 출몰 대비 위한 수군 강화조치.

병인양요 · 신미양요의 승리 요인

③ 군대 편제의 개혁

정병正兵을 엄선 : 기술연마. 총기 수리, 탄약의 정비

포수(서북지방) 선발 : 교대 근무토록 함

해안에 보루 설치 : 자위체제 강화

오가작통법으로 민병제도 실시 : 총기를 관에서 주어서 평상시 훈련케 함

④ 국방세의 신설, 징수

심도포양미 : 연안의 포대설치 위한 경비 충당

⑤ 신무기의 개발, 제조

면제배갑(방탄조끼)

목탄증기 군함

수뢰포(대군함 포탄)

대부분 실험단계에 그쳐 큰 실효를 거두지는 못함

신무기 개발에 창의성을 발휘했다는데 의의

⑥ 방어시설의 확충 : 포대, 성지城池 수축

3) 경제개혁

① 목적

㉠ 삼정의 폐단근절 - 민생고 해결

㉡ 국가의 재정수입 증대

② 호포제도 실시

㉠ 종래의 군포제도 폐지(군포 → 동포 → 호포로 개칭)

㉡ 과세균등의 원칙 아래 양반의 면세 특권 폐지

ⓒ 신분을 막론하고 매 호당 2냥씩 부과

ⓓ 양반의 강력한 반발에도 불구하고 실시

ⓔ 조선왕조 기본세제상의 개혁을 의미 - 경제사적 의의 큼

ⓕ 군역을 모든 신분층에 고루 부담시킴 - 사회사적으로 혁명적
의의

③ 사창제社倉制 실시

ⓐ 환곡제의 개혁(관 주도 → 민간자치)

ⓑ 농민들이 공동으로 출자하여 사창설치, 공동운영

ⓒ 반상을 가리지 않고 빈부에 따라 분배

ⓓ 농민부담 경감, 국가재정 보충

④ 왕실·관리의 사치, 낭비 억제

⑤ 양전量田 실시 - 비과세 토지(진전 등)색출, 과세

⑥ 면세 토지에 세금 부과

⑦ 관리들의 세미稅米 횡령 단속

⑧ 결과

ⓐ 국가재정상태 호전(창고 증축 건의할 정도)

ⓑ 삼정의 폐단 시정

⑨ 한계

ⓐ 전통적인 농본주의에 입각하였으므로 실학자(북학파)들이 주장
한 상업, 공업, 무역 진흥을 도외시

ⓑ 전면적 양전(토지조사)실시 실패 - 근대적 토지제도 마련 못함

ⓒ 미봉적인 개혁의 수준에 머뭄

4) 왕실 재건

① 경복궁 중건

ⓐ 목적 : 왕실의 존엄 회복

ⓛ 개국 직후 완공 - 임진왜란 때 소실

ⓒ 국가재정 형편이 여의치 못해 중건 못함

ⓡ 고종 2년(1865) 4월 착공 : 영건도감營建都監 설치

ⓜ 고종 5년(1868) 7월 준공 - 고종 이거移居

ⓗ 부족한 재원 조달 방법

    ⓐ 원납전願納錢 : 자진 헌납 - 원납전怨納錢으로 변함

    ⓑ 결두전結頭錢 : 지세地稅. 1결당 100문(1냥)

    ⓒ 성문세城門稅 : 통행세. 도성문 출입자에게 門稅 징수

    ⓓ 당백전當百錢 주조, 유통 : 엽전의 100배에 해당된다는 의미. 명목가치가 실질가치의 1/20에도 못 미침 → 물가폭등, 경제 혼란 → 고종 5년 사용 중지 → 청전淸錢 수입

ⓢ 경복궁 외에 의정부·종묘·6조 등의 각 관서, 도성, 북한산성의 수축, 완결 - 수도 서울의 면목 일신

② 종친부宗親府의 지위 강화 : 종친부 건물 중수 등

③ 종친의 등용

    ⓖ 종친과宗親科 부활 : 성종 때부터 잠시 실시하던 것을 다시 실시

    ⓛ 선파유무응제시璿派儒武應製試 제정, 실시 : 매년 봄 종묘의 춘향春享을 지낼 때 참례한 종친의 유생과 무사를 대과의 급제자와 같은 자격으로 선발, 등용

    ⓒ 비판 : 과거세를 문란시킴

5) 서원(書院) 정리

① 최초의 서원 : 중종 35년(1540) 주세붕이 세운 백운동白雲洞서원(소수서원)

② 서원의 폐단

    ⓖ 당쟁의 온상

ⓛ 사액서원 : 많은 토지, 노비 소유 – 면세 특권 – 피역자 은신처
③ 목적
　ⓐ 지방에서 중앙정부의 권위를 잠식하여 평민을 억압, 찬탈하는 양반세력의 발호억제
　ⓑ 중앙정부의 세입증대
④ 정리작업
　ⓐ 영조대英祖代 : 300여 곳 철폐
　ⓑ 정조대正祖代 : 650여 곳으로 다시 증가
　ⓒ 고종 2년(1865) : 대표적 서원인 화양동華陽洞서원, 만동묘 철폐
　ⓓ 고종 8년(1871) : 선유先儒 1인에 대하여 2개소 이상 설립된 서원 모두 철폐. 문묘에 배향된 선유에 한해 1개소 허용 – 600여 개소 철폐 – 47개소 잔존
　ⓔ 유생들의 격렬한 반발 – 강력한 진압(백성을 해치는 자는 공자가 다시 살아나도 용서치 않겠다라고 함)
⑤ 결과
　ⓐ 지방에 대한 중앙정부의 권위, 통제력 회복, 강화 → 중앙집권체제 강화
　ⓑ 평민에 대한 지방양반들의 부당한 횡포, 침탈 근절
　ⓒ 서원의 토지와 노비 반환, 회수 – 국가 재정 확충
　ⓓ 성균관과 향교의 지위 격상 – 유학 진흥

6) 편찬사업

① 동문휘고同文彙考 속간續刊 : 외교문서집, 1788(정조2) 승문원 편찬. 1881(고종18) 속편 완성
② 철종실록 편찬
③ 대전회통大典會通 간행 : 1865(고종2) 조두순 등 편찬. 이조법전의 종

합체

④ 육전조례 편찬 : 각 관청의 업무를 규정한 책

7) 풍속개량

① 의관복식 개량

　　㉠ 번거로움, 사치스러움 금지 - 편리, 간소 장려

　　㉡ 테두리 큰 통영갓을 작은 갓으로

　　㉢ 도포의 넓은 소매를 좁게

　　㉣ 긴 담뱃대, 긴 갓끈을 짧게

　　㉤ 흰신, 비단신 폐지 - 흑피화黑皮靴 장려

　　㉥ 화류계(花柳界, 기생) 여성의 몸차림, 행동단속

　　　　ⓐ 가마타기 금지

　　　　ⓑ 안경착용 금지

　　　　ⓒ 수놓은 신발 착용 금지(검정 신만 허용)

　　　　㉦ 결과 : ⓐ 물자의 낭비, 사치 풍조 억제

　　　　　　　　ⓑ 침체된 국민 생활 의식에 새로운 활력을 불어넣음

　　　- 근대화의 첫걸음

② 양반들에 의한 평민 권리 침해 금지 : 사형私刑. 부녀자 겁탈

③ 과객 행세하며 절도, 약탈하는 불량배 단속

8) 쇄국양이(鎖國攘夷)

① 존화양이 사상에 기초하여 서구열강과 일본에 대해 극단적인 쇄국
정책 전개

　　㉠ 미국·프랑스 등과 무력충돌 불사

　　㉡ 명치일본에 대해 비타협적 고자세 외교로 일관

② 국내의 천주교 세력을 철저히 색출, 박멸

③ 황해상에서의 해금海禁과 국경 감시 강화

　－ 외국인 출입, 양화洋貨의 유입을 철저히 봉쇄

④ 천주교 탄압

　　㉠ 러시아의 남하를 프랑스의 힘을 빌려 막으려고 베르누 주교에
　　　게 프랑스 정부와의 교섭을 요구했으나 거절당함

　　㉡ 이 때부터 탄압 시작(1865)

　　㉢ 프랑스 선교사 9명(주교 2, 신부 7명), 국내신도 8,000여 명 학살

　－ 병인박해(1866)

⑤ 병인양요(1866, 고종3)

　　㉠ 프랑스의 로즈(Rose) 제독이 7척의 군함, 1,500여 명 군사동원,
　　　침략

　　㉡ 강화도, 한강 하류 점령

　　㉢ 프랑스 선교사 살해에 대한 배상금 지급, 책임자 처벌, 통상 조
　　　약 체결 요구

　　㉣ 양헌수 부대의 정족산성 전투 승리

　　㉤ 40여 일만에 퇴각

　　㉥ 외규장각 도서(의례관계 서적)약탈

⑥ 신미양요(1871, 고종8)

　　㉠ 1866년 미국상선 제너럴 셔먼호 소각 사건 발생

　　　: 평양 시민들이 감사 박규수의 명을 받아 대동강을 거슬러 올
　　　　라와 통상 요구하며 행패 부리는 셔먼호를 불사르고 승무원
　　　　24명 전원 살해

　　㉡ 미국의 셔먼호 사건 처리, 통상조약 체결 교섭이 실패

　　㉢ 1871년 군함 5척 1,200여명 군대 파견(로저스, Rodgers 제독 지휘)
　　　강화도 공격

㉣ 우리 군의 치열한 반격으로 20여 일만에 철수
⑦ 병인, 신미양요의 승리는 자력으로 서양의 세력을 물리쳤다는 점
   에서 역사적 의의가 큼.
⑧ 그 후 전국 주요 도시에 척화비斥和碑 건립 − 척양斥洋정신을 길이
   계승, 확대토록 함
⑨ 결과 : 조선을 위협하던 외환外患을 형식상으로는 거의 완벽하게
   극복
⑩ 한계
   ㉠ 시대착오적 쇄국정책으로 동양 3국 중에서 가장 늦게 근대적
      국제질서에 편입
   ㉡ 프랑스 등의 열강과 전쟁을 치르고 재정을 군비에 쏟음으로써
      국력낭비를 가져옴

5. 대원군의 하야(下野)

1) 배경

① 경복궁 중건, 당백전 발행 등 − 민심 이반
② 서원 철폐, 호패법 실시 등 − 양반 유생의 지지 상실
③ 민비 일족의 성장
④ 고종의 친정 의지(당시 22세)

2) 계기

① 최익현의 상소(동부승지 사직 상소, 1873.10(고종 10))
   ㉠ 대원군 정치 비판
   ㉡ 서원의 복구, 청전淸錢 사용 중지, 토목공사 중지, 원납전 징수
      중지 등 요구

3) 하야

① 1873.11.18(음력), 고종이 모든 정사를 직접 처결한다는 교서를 반
포함으로써 하야 → 대원군은 병을 핑계로 북문 밖 삼계동 산장으
로 물러남. 그 뒤 경기도 양주에 있는 직곡산장으로 은퇴. 하야가
비교적 평화롭게 이루어짐

4) 결과

① 고종친정체제 등장(외견상)
② 민비 일족의 권력 장악(실제상) → 변형된 세도정치 등장

6. 대원군 정치에 대한 평가

1) 긍정적 평가

① 외세의 침투에 대항하여 국가의 자주권을 지키려 노력한 점에서
근대 민족국가의 성격을 찾을 수 있음
② 전통사회의 각종 폐단을 과감히 개혁하려 한 점에서 근대사회로
나아가는 계기를 찾을 수 있음
③ 외국의 모델을 흉내내지 않고 조선식으로 개혁을 추진하려 했던
원原민족주의적 개혁정치가
④ 긍정적 업적
　㉠ 강대국의 침략을 격퇴함으로써 나라를 보위
　㉡ 민란을 예방, 진압
　㉢ 이씨 왕조의 권위를 현격히 강화
　㉣ 복고주의적이지만 조선식으로 개혁을 추진하려 한 민족주의적
　　개혁정치

ⓜ 대원군은 많은 업적을 남긴 업적지향적 정치가

2) 부정적 평가

① 전통사회의 질서를 재정리하고 봉건왕조의 집권체제를 강화함으
   로써 근대사회의 발전에 역행한 보수반동적 성격을 지님
② 조선왕조가 몰락한 것은 대원군의 정치가 소기의 목적을 달성하지
   못했음을 의미
③ 그는 학식이 없어서 신조선을 건설하는데 실패
④ 부정적 업적
   ㉠ 장기적 안목에서 볼 때 잘못된 점이 많았음(특히 시대착오적 쇄국
      정책)
   ㉡ 자기를 밀어준 보수적 집권세력의 반발을 유발하지 않는 범위
      안에서 전통 속의 혁신이라는 성격의 개혁을 시도할 수밖에 없
      었음 − 개혁이 대증요법적對症療法的 미봉의 수준에 머물고 맘.
      구조적으로 개혁의 한계성 내포

제3장 강화도조약과 개항

1. 개항의 뜻

① 일반적(사전적)의미 : 특정한 항구를 열어 외국선박의 출입을 허용
   하는 일
② 역사적 의미 : 대외적 폐쇄의 쇄국정책을 버리고 외국과 국교를 맺
   고 통상관계를 맺는 것

2. 개항의 배경

1) 국내적 배경

① 실학자의 통상론 제기
   ㉠ 박제가(북학파) : 일본·서양과의 통상주장
   ㉡ 이규경 : 서양과의 통상허용 주장
   ㉢ 최한기 : 문호개방 역설
② 초기 개화파의 통상 및 개화 주장
   ㉠ 박규수 : 박지원의 손자. 문호를 개방하여 서양문화 수입할 것

을 주장

    ⓛ 오경석 : 중인출신 역관. 청에 왕래하며『해국도지』등 서적을 구입, 전파

    ⓓ 유홍기(대치) : 중인. 의업. 통상과 개화 주장

    ⓔ 개화세력의 성장에 따라 대외통상을 위한 조건이 국내적으로 성숙되어 감.

③ 쇄국주의자인 대원군의 퇴진(고종 10, 1873)

    − 대외통상을 위한 하나의 조건(기회) 제공

2) 국제적 배경

① 서양세력의 동아시아 진출

    ㉠ 15C말, 16C 초부터 포르투갈 · 스페인에 의해 동양진출 추진

    ㉡ 17C 네덜란드 · 영국 · 프랑스 등이 동인도회사를 조직, 동양진출 활동 전개

② 청의 개항

    ㉠ 1757년 건륭제가 무역제한령을 내려 개항장을 광동 한 항구만으로 제한

    − 공행을 통한 관허무역만 허용

    ㉡ 영국 등은 모직물 · 면직물을 수출하려 하였으나 중국은 이를 불허

    − 이에 영국은 아편을 밀매 − 중 · 영 간 긴장 고조

    ㉢ 아편전쟁 발발(제 1차 중영전쟁) : 영국 승리. 난징조약 체결

    ㉣ 뒤이어 미국과 망하조약, 프랑스와 황포조약 체결 − 서구열강에 문호개방

    ㉤ 애로우호사건 → 제2차 중영전쟁 → 북경함락(1860) → 북경조약 체결 → 자본주의 체제 속의 종속적 시장으로 편입 − 반半식

민지화의 길을 걸음

③ 일본의 개항

　㉠ 16C초 포르투갈·스페인·네덜란드 진출

　㉡ 덕천막부는 쇄국정책 강화, 지속

　㉢ 1853년 페리 제독이 이끄는 미국의 흑선(300여 병력. 대포)이 삼포 반도에서 국서 수리를 요구 - 이에 놀란 일본은 국서 수리

　㉣ 1854년 페리 제독의 재차 내항 - 미일화친조약체결 - 막부쇄국정책의 종식, 일본이 맺은 최초의 근대적 조약(불평등조약)

　㉤ 1868년 명치(메이지)유신 일어남 - 근대화의 길로 들어섬. 덕천막부 정권 붕괴

　㉥ 정한론征韓論의 대두

　　ⓐ 1869년 조선에 정치복고를 통고하고 국교개시를 요구

　　ⓑ 조선은 일본의 국서가 외교적 관례에 위배된다는 이유로 일본의 요구 거절

　　ⓒ 이에 따라 일본 지도층 사이에 조선 침략 계획이 공공연히 표면화되고, 1873년(명치 6년) 정한론이 비등해짐

　　ⓓ 1875년 운양호를 보내 조선침략의 신호탄이 된 강화도사건을 일으킴

3. 강화도조약의 체결과 개항

　1) 조약의 계기 - 운요호(운양호)사건

① 1875년 4월 일본군함 운요호 등 세 척의 배가 부산항에 들어와 영흥만까지 갔다가 돌아감(5월)

② 1875년 8월 20일 운요호가 다시 월미도 앞바다에 진출 - 항로 연구를 구실로 했으나 무력으로 조선을 개국시키려는 치밀한 계획 아래

이루어짐

③ 다음날(21일) 보트를 내리고 초지진 포대로 접근 → 국적 불명의 배
가 아무런 예고도 없이 다가오자 초지진 포대가 불을 뿜음 → 일본
군은 본함으로 돌아와 초지진을 향해 대포 발사(조선의 구식대포보다
화력이 우세) → 영종도로 와서 포격을 가하며 상륙, 공격 - 영종진의
군인 600여 명 중 35명 전사. 공공건물·민가 소실, 대포 36문 탈취
당함 → 8월 29일 운요호는 나가사키로 돌아감

2) 조약의 체결

① 일본은 운요호사건의 책임을 묻는다는 구실로 1875년 12월 19일 전
권대신 구로다, 군함 3척, 수송선 3척, 600여 명의 군사를 부산항에
보냄

② 일본은 강화도에 가서 회담할 것인데, 회담에 응하지 않으면 경성
으로 직진할 것이라 위협 - 조선정부는 매우 당황

③ 1876년 1월 16일 일본의 전권대신 일행이 강화도에 상륙
  → 다음날 회담 시작(일본측 대표 구로다, 한국측 대표 판중추부사 신헌)
  → 1월 24일 조선정부 개항 결정(청국의 수교 권고, 박규수의 주장을 수용
    하여 개항을 단행)

④ 1876년 2월 27일 조약체결
  : 정식명칭 조일수호조규(보통명칭 : 병자수호조약, 강화도조약)

⑤ 강화도 조약은 외국과 맺은 최초의 근대적 조약인 동시에 반강제
로 맺은 불평등 조약

3) 조약의 내용

① 전문 12개조로 구성

제 1조 조선국은 자주의 나라이며, 일본과의 평등한 권리를 가진다.

제 2조 조선국은 20개월 후에 수시로 사신을 일본 동경에 파견한다.

제 4조 조선국 부산의 초량항에는 일본 공관이 있어서, 옛부터 양국인민의 통상지였다. 종래의 관례 및 세견선에 관한 것을 개혁한다. 또한 조선국 정부는 제 5관에 기재하는 두 곳의 항구를 개항하고, 일본인이 왕래 통상함을 허가한다.

제 5조 경기, 충청, 전라, 경상, 함경 등 5도의 연안 중 통상에 편리한 항구 두 곳을 보고 고른 후, 지명을 지정하기로 한다.

제 7조 조선국 연안의 도서, 암초는 이전부터 자세히 조사하지 않으면 너무 위험하므로 일본국 항해자가 자유롭게 해안을 측량할 수 있도록 허용하고, 그 위치와 깊이를 조사하여 소상하게 밝히고 지도를 작성하여 양국 선객으로 하여금 위험을 피하고 안전하게 항해할 수 있도록 한다.

제 8조 개항장에는 일본 공관을 설치하여 거류민을 보호한다.

제 9조 양국이 이미 친밀한 교류를 하고 있으므로 서로 인민 각자의 의사에 맡겨 무역을 하도록 할 것. 양국 관리는 여기에 추호도 관여해서는 안된다. 또한 무역의 제한을 두거나 혹은 금지하지 않는다.

제 10조 일본국 인민이 조선국 지정의 각 항구에 머무르는 동안에 죄를 범한 것이 조선국 인민에게 관계되는 사건일 때는 모두 일본 관원이 심판할 것이다.

4) 조약의 성격

① 외국과 맺은 최초의 근대적 조약

② 제 1조는 조선에 대한 청나라의 종주권을 부인함으로써 일본의 조선 침략에 대한 청의 간섭을 배제하는데 불과

③ 제 5조는 부산 외 2개 항구(원산, 인천)를 개항하게 함으로써 통상업무 이외에 경제적, 군사적, 정치적 침략의도가 내포된 것

④ 제 7조는 조선연안 측량권을 얻음으로써 군사 작전시 상륙지점을

정탐하게 함

⑤ 제 10조는 치외법권을 인정한 불평등조약이라 할 수 있음

⑥ 이 조약은 조선인이 일본에서 누릴 권리는 거의 언급하지 않고 일
본인이 조선에서 누릴 권리만 상세하게 규정한 것으로 일본이 침략
하는 길을 열어준 불평등조약. 조선사회 내부에서 발전하고 있었던
자본주의적 관계를 파괴하여 일본에의 경제적 예속을 촉진

5) 조약의 결과

① 부산(1876), 원산(1880), 인천(1883)항이 차례로 개항됨.

② 일본공사관이 상주하게 됨

③ 강화도조약은 조선이 국제무대에 등장하여 서양의 근대적인 사상
과 문물제도를 수용하여 근대사회로 발전하는 계기가 되기도 하였
지만 불평등조약이었기에 일본의 식민주의적 침략의 시발점이 됨

④ 개항으로 국내에서는 이에 반대하고 전통문화를 옹호하는 위정척
사운동이 일어남

⑤ 강화도조약에 따른 후속조치로 조일수호조규부록(1876.7)과 조일
통상장정이 마련되어 일본 외교관의 여행자유, 개항장에서의 거주
지 설정과 일본화폐의 유통 등을 허용. 일본 상품에 대한 비과세 양
곡의 무제한 방출, 일본선박의 항세 면제, 관세의 무규제 등도 허용
하여 경제 침략의 발단을 제공한 셈이 되었으며, 조선은 국내산업
에 대한 보호조치를 거의 취할 수 없었음

⑥ 강화도조약은 다른 열강의 진출을 불러들이는 계기가 되어 미국
(1882), 영국(1883), 독일(1883), 러시아(1884), 이탈리아(1884), 프랑스
(1886) 등과 연이어 불평등조약 체결

제4장 위정척사사상(衛正斥邪思想)

1. 위정척사의 개념

1) 척(斥) : 물리칠 척

사邪 : 간사할, 사기 사

위衛 : 막을, 지킬, 호위할 위

정正 : 바를, 마땅할, 떳떳할 정

척사위정 : 사학邪學·이단을 물리치고, 정학·정도를 지킨다.

2) 배격·수호의 대상

배격의 내상

: 조선초기 : 이단인 불교, 도교, 양명학 등 주자학 이외의 모든 종교사상

천주교 전래 이후 : 서학(서양문화, 천주교)

1860년대(병인양요) : 서양침력세력

1870년대(개항기) : 서양세력, 일본세력

1880년대 초(개화운동 초기) : 서양, 일본, 개화파

수호의 대상

　: 조선초기 : 정학인 주자학(성리학)

　　천주교 전래 이후 : 주자학적 중화문화

　　1860년대 이후 : 조선왕조(중화문화의 마지막 보루), 중화문화

　※ 용어의 문제

・위정척사

: 물리칠 적(사, 邪)을 전제로 하는 척사의 측면과 함께 지켜야 할 것(정, 正)을 전제로 하는 위정의 측면을 아울러 강조하는 양면적 입장 즉 척사와 위정을 함께 강조

・척사위정

: 척斥은 외부의 충격에 의한 반작용으로 일어나며 위衛는 외부의 충격에 의한 반작용에 따라 저절로 이루어지는 것. 곧 외부의 충격이 없다면 위衛는 성립되지 않음.

　척양척왜斥洋斥倭가 그 핵심이었으므로 위衛는 종속의 개념

　조선후기 척사윤음斥邪倫音과 이항로 등도 척사위정이라 씀

ㄹ. 위정척사론의 형성과 전개

1) 형성배경

　대외적 위기 : 서구열강세력의 팽창 야욕

　대내적 모순 : 봉건지배질서의 붕괴. 민중의 저항

2) 사상적 기반

① 벽이숭정闢異崇正사상

: 이단을 물리치고(배격하고) (정통)유학을 높인다.

　이단 : 정통유학에 배치되는 것 – 양자楊子, 묵자墨子의 설. 양명

　학. 불교. 도교

　정통유학 : 공자 → 맹자 → 정자 → 주자의 줄기

② 존화양이尊華攘夷사상(존주론 (尊周論), 존왕양이尊王攘夷사상)

: 중국을 받들고 오랑캐를 물리친다.

　춘추시대에 주왕조가 쇠약한 틈을 타서 제후들이 쟁패를 벌이자

　공자는 주왕실을 높이 자고 주장 – 존주론

　한족漢族이 오랑캐라 일컫던 여진족의 금金에 밀려 송宋이 남쪽

　으로 쫓기자 주자는 존주사상을 존왕양이로 발전시킴.

3) 전개

① 한말이전

　조선초기 : 이단사상의 배척 – 벽불론闢佛論

　조선후기 : 존왕양이론 대두 – 병자호란시 척화론. 후의 북벌론 –

　청淸 배척

　천주교 전래 이후 : 천주교 탄압 – 서학배척

② 한말

　: 1860년대에 시작되어 1905년대까지 계속

　　1860년대 초 : 서양의 통상요구에 대응하여 양물금단론洋物禁斷

　　論, 양화배척론洋貨排斥論에 의한 통상반대운동 전개

　　병인양요(1866) 이후 : 서양의 무력침략에 대항하여 척화론斥和論

　　주장

　　– 척화주전론을 편 대원군의 쇄국정책을 뒷받침

　　이항로李恒老와 기정진奇正鎭이 척화를 주장하는 상소 올림 – 위정

　　척사사상의 선구 → 척사운동의 본격화

개항전후기 : 왜양일체론倭洋一體論, 개항불가론을 내세워 개항반
　대운동 전개

개항직전 최익현이 오불가소五不可疏를 올려 개항 반대

1880년대 : 정부의 개화정책에 반대하여 영남만인소嶺南萬人疏로
　대표되는 개혁 반대운동 전개

1890년대 이후: 일본의 침략정책에 반대하는 항일 의병운동 전개

을미사변(1895) 직후 유인석柳麟錫을 선두로 의병봉기

1905년 을사조약이후 다시 봉기(최익현 중심)

　· 위정척사론자의 계보系譜

: 이항로를 정점으로 하여 그의 제자인 유중교柳重敎, 유인석柳麟錫,
　김평묵金平黙, 최익현崔益鉉, 송병선宋秉璿 등 전통 유림세력에 의
　해 주도됨

3. 위정척사론의 내용

1) 병인척화론

(1) 이항로의 척화론

이항로(1792~1868)는 정조正祖조와 고종高宗조 초에 걸쳐 삶. 본관은 벽
진碧珍, 호는 화서華西로 경기도 양근楊根에서 출생. 1808년(순조 8) 복시覆
試에 합격하였으나 과기부정을 개탄하여 출사하지 않고 학문에만 선념.
1840년(헌종 6) 학행으로 천거되어 휘경원 참봉徽慶園 參奉이 내려졌으나
사퇴. 1864년(고종 1)에 천거로 장서원 별제掌署苑 別提, 전라도 도사, 지평
持平, 장령掌令 등을 역임. 병인양요 때인 1866년(고종 3)에 동부승지同副承
旨에 있었고, 이어 공조참판工曹參判 · 경연관經筵官에 제수됨.

그는 21세 때 이우신李友信에게 10여 년 수학. 이우신은 이단상李端相,
김창흡金昌翕, 김신겸金信謙, 김양행金亮行을 잇는 계통. 이들은 노론계열

의 유학자.

그는 성리학에 있어서 조선조 후기의 거목이었고, 별도로 하나의 연원을 지었으며 위정척사론의 이론적 정립을 기한 전통유림. 후기 위정척사론자 및 의병장이 대부분 그의 문하에서 배출됨.

① 병인년(고종3, 1866) 9월 공조참판 사직 상소

　그의 척화론은 구체적으로 다음과 같은 양물洋物 배척론으로 전개됨.

　㉠ 양물을 일상생활에서 사용하지도 말고 또 모든 양물은 밝혀 거두어낸 다음 불태워 버려야 한다.

　㉡ 우리에게서 양물이 소용없게 되면 교역이 필요 없게 되고 교역이 필요 없게 되면 저들의 기기음교奇技淫巧가 통할 수 없게 된다.

　－ 여기서 기기음교는 물론 서구의 2차 상품(사치품)들이 한민족의 경제질서에 미칠 해독을 의미하는 것으로서 그것의 내용은 결국 양물 배척과 통상 반대로 압축됨

② 병인년 10월 동지의금부사 사직 상소

　병인 10월에 다시 올린 이항로의 「사동의금소辭同義禁疏」에서는 척화론의 기반으로 그가 주장하였던 양물배척에 대하여 다음과 같이 정연한 경제적 논리를 내세워 설명

　「한 걸음 더 나아가 저들의 물건 만드는 일은 손에서 생산되어(수공업품) 일계日計로도 남음이 있지마는 우리의 물건 만드는 일은 땅에서 생산되어(농산품) 세계歲計로도 오히려 부족하다. 그러니 부족한 것을 가지고 넉넉한 것과 교역한다면 우리가 어찌 곤궁해지지 않겠으며 일계를 가지고서 우리의 세계를 접할 수 있다면 저들이 어찌 넉넉해지지 않겠는가? … 오늘에 이르러 그것이 국가의 큰 고질을 이루고 있다…」

(2) 기정진의 척화론

- 호 노사蘆沙, 1798(정조 22)~1876(고종13)
- 출생지 순창. 수십년 동안 집에서 공부. 1831(순조31) 사마시 급
  제. 천거로 참봉·주부에 임명되었으나 모두 사퇴. 호조판서
  에까지 제수됨. 조선성리학 6대가의 한 사람.
- 병인년에 올린 기정진의 척화론

「만일 교통의 길이 한번 열리게 되면 2~3년 이내에 전하의 적자
들은 서양화되지 않는 자가 거의 없을 것이므로, 결코 그들을
관대하게 취급하여서는 안됩니다. 근일에 호화, 경박하여 양물
洋物 모으기를 좋아하고 양포洋布 입기를 즐겨하여 아주 상스럽
지 못한 것이 해구海寇(서양) 동래할 징조라 하겠으니, 중외관에
명하여 저자에 쌓여진 양물을 거두어 내어 이를 거리에서 불태
우게 하고 그 후로 무래貿來하는 자에 대하여는 외구와 통상했
다는 형률로써 시행케 하십시오」

- 이 상소의 내용은 우선 서양과 한번 교통하게 될 때 그것은 서
  양에 대한 경제적인 예속으로 된다는 철저한 경제적 침략위기
  를 예상한 다음, 그렇기 때문에 척사의 근본적인 방법은 양물
  금단과 양물배척에 의한 자존이라고 역설하고 있음

2) 개항 직전의 위정척사론

(1) 최익현의 5불가소(五不可疏)

- 최익현은 대유 이항로의 제자로서 학자로서의 명망이 있고,
  또한 대원군의 전횡을 탄핵하여 대원군을 권좌에서 끌어내린
  논객. 그는 조약교섭이 행하여지고 있던 고종 13년(1876) 1월
  23일, 도끼를 메고 궁궐로 가서, 상소가 받아들여지지 않는다
  면 이 도끼로 목을 치라고 외치면서, 결사의 각오로 조약반대

를 표명

- 그는 반대의 논거로서 다음의 다섯 가지 점을 들었음.

① 일본의 무력적 위협에 굴복하여 화를 맺는다 하더라도 그것은 영 속성이 없다. 일본의 요구는 한정이 없으므로 장래의 한층 더 큰 난제를 불러일으킬 따름이다.

② 무역의 위험이다. 일본이 가져오는 것은 "음사기완淫邪奇玩으로 손에서 나서 무궁한 것"이지만 한국에서 나는 것은 "땅에서 나서 유한한 것"이다. 이러한 교역을 한다면 몇 해 안 가서 한국의 국토는 황폐하고 말 것이 틀림없다.

③ 기독교의 유입이다. 일본은 "명名은 왜인이지만 질質은 양적洋賊"인 것이다. 일본과 교제하면, '사학의 서書'나 '천주의 상像'이 교역품에 섞여 유입되어 한국인의 자랑스러운 인륜도덕을 파괴할 우려가 있다.

④ 일본인이 한국에 왕래, 거주하면 그들은 틀림없이 한국인의 재산이나 부녀자를 마음대로 약탈할 것이다.

⑤ 일찍이 청이 침입하였을 때 강화하여 그 뒤 평화가 유지된 예를 보고, 지금 일본과 화호和好를 해도 지장이 없다고 하는 자가 있으나, 청은 이적夷賊인데 반하여 양적인 일본은 금수禽獸이다. 이적은 사람이니까 교제할 수 있지만, 금수를 상대한다는 것은 위험하다.

3) 임오군란 직전의 위정척사론 (신사위정척사론, 1881)

(1) 영남만인소(嶺南萬人疏, 1881. 3, 이만손(李晩孫)을 대표자로 함)

- 영남 유생 이만손 등이 중심이 되어 올린 척사소斥邪疏의 내용은 대략 다음과 같다.

첫째, 중국은 조선이 그 번방藩邦으로서 2백년이 넘도록 그 신의信義를 지켜 왔는데 갑자기 황皇이니 짐朕이니 하는 칭호로 보내온 일본의 국서國書를 받는다면 만일 중국이 이를 가지고

문책하여 올 경우 조선은 그에 대하여 해명할 길이 없다.

둘째, 일본은 이미 우리의 수륙요충水陸要衝 지대를 점거하고 있어 그들이 우리의 허술함을 알고 충돌을 자행할 경우 이를 제지할 길이 없다.

셋째, 미국을 끌어들일 경우 만약 그들이 재물財物을 요구하고 우리의 약점을 알아차려 어려운 청을 하거나 과도한 경우를 떠맡긴다면 거기에 응할 도리가 없다.

넷째, 러시아는 우리와 혐의가 없는 바, 이제 공연히 남의 말만 들어 틈이 생기게 된다면 우리의 위신이 손상될 뿐만 아니라 만약 이를 구실로 그들이 침략해 온다면 이를 구제할 길이 없다.

· 이는 곧 러시아를 막기 위하여 <중국과 친하고, 일본과 힘을 합하며 미국과 손잡으라>(황준헌,『조선책략』)의 내용이 본질적으로나 현실적으로나 실현 불가능한 것임을 들어 반대하고 있는 것임. 즉 그것이 이루어질 수 없는 본질적인 이유로서는 원래 러·미·일 등은 모두 이족夷族들이기 때문에 그 어느 것에도 차이를 둘 수 없다는 문화적인 화이의식華夷意識이 여전히 그 기반을 이루고 있으며 또 그것이 이루어져서는 안될 현실적인 이유로서는 그들이 들어와 통상과 토지를 요구할 경우 조선은 빌붙일 곳이 없어지게 된다는 상토수호疆土守護 의지가 제시되고 있었음.

4. 위정척사론에 대한 평가

1) 긍정적 평가

① 위정척사론은 이질문화異質文化의 도전으로부터 정통문화正統文化

　　를 수호하려는 사상, 곧 새로운 변화에서 오는 민족의 자기상실自
　　己喪失을 막으려는 <사회보존론社會保存論>으로서 의미가 있음.
② 위정척사론은 민족의 자존·자주의식에 바탕을 둔 민족주의사상,
　　특히 민족주체의 보존을 위한 저항에 역점을 둔 저항민족주의사상.
③ 위정척사론은 침략이란 민족적 모순과 봉건이란 계급적 모순이 가
　　중된 개화기의 역사상황에서, 민족적 모순의 해결에 주력한 근대
　　한국 사상思想에서의 주체적 한 주류主流.
④ 요컨대 위정척사의 사상과 운동은 민족자주, 민족주체에 입각한
　　저항적 민족주의사상과 운동.

2) 부정적 평가

① 위정척사론은 서구적 과학문명과 근대적 제국주의의 본질을 파악
　　치 못하고, 중화적 자존 의식과 중세적 세계질서에 안주하려 한 시
　　대착오적時代錯誤的 사상.
② 위정척사론은 민중세계의 변화요구를 외면하고 오히려 전통체제
　　의 강화를 추구하여 양반 지배층의 기득권 유지의 이론에 그친 보
　　수반동적保守反動的 사상.
③ 위정척사론은 민족적 당위當爲의 추구보다 왕조적 체제의 유지에
　　역점을 두고, 국가·민족의 개별성 유지보다 본질적으로는 중화문
　　화中華文化의 가치 수호에 역점을 둔 중 세봉건적 사상.
④ 요컨대 척사사상은 민중적 차원의 근대적 자주성·주체성과는 구
　　별되는 문화권적 차원의 중세적 사상으로 근대 민족주의사상은 아
　　니었으며, 따라서 척사운동도 민족주의운동으로 볼 수 없고 오히
　　려 개화기의 역사발전을 가로막은 반역사적 운동.

3) 중립적 평가

① 위정척사사상과 쇄국양이정책은 시대역행이라는 비난을 면할 수
   없음. 마땅히 서양을 연구하고 유럽의 기器의 학문을 배워 부국강
   병을 꾀하면서 자주적인 개국·개화의 방책을 모색해야 했다. 그
   러나 위정척사사상이 자주적 개국·개화에 반대하는 보수적 성격
   의 것이었지만, 자본주의 열강의 침략에 반대하는 강력하고도 완
   강한 반침략적 성격과 몰주체적 서양화를 저지한 긍정적 성격은
   바르게 평가받아야 함.

② 위정척사사상은 화이의식에 입각하였으므로 한국을 자주적으로
   근대화함으로써 한국을 강화한다는 생각은 나올 수 없었음. 오로
   지 서양 및 서양화한 일본을 배격하고 전통적인 한국을 지킨다는
   것만 생각. 이 점에 있어서 그것이 강한 보수적 사상임은 명백하
   다. 그러나 그것을 일률적으로 고루한 시대착오적인 것이라고 만
   은 할 수 없음. 그 사상이 낡은 것이라고 하여 그것만으로 그것의
   역사적 역할을 부정할 수는 없음. 즉 나라의 독립·자주를 지키려
   는 의식이나 행동을 단순히 보수반동적인 것이라고 볼 수는 없음.
   위정척사사상은 낡은 전통사상에 입각하고 있으나 객관적으로 반
   제국주의 운동이며, 서양·일본의 위험성과 한국의 장래에 대한
   정확한 통찰을 보여주었음.

제5장 개화사상

1. 개화사상의 개념

1) 개화사상의 의미

① 넓은 의미 : 개항을 전후해서부터 20세기초 애국계몽운동기 까지
의 선각자들의 사상을 통칭.

② 좁은 의미 : 개화당이 형성되던 시기부터 독립협회 운동기 까지의
개화파의 사상.

2) 개화사상의 내용

① 정치적 : 전제군주제를 입헌군주제의 형태로 개혁하여 근대국민국
가의 방향으로 나아가는 것.

② 경제적 : 서양의 과학기술을 응용하여 근대산업개발을 이룩하는 것.

③ 사회적 : 양반제도를 폐지하고 국민의 자유·평등을 실현하는 것.

④ 문화·사상적 : 경서 중심의 교육을 개혁하여 근대의 합리적 과학
문화를 수립하는 것.

3) 개화사상의 성격

① 미신에서 과학으로, 전제정치에서 민주정치로, 부조리한 것으로부
터 합리적인 것으로 발전함으로써 근대사회로의 발전을 지향한 근
대화 사상.
② 당시 한국사회가 당면했던 민족적 시련을 극복할 수 있는 합리적
이고 과학적인 사상.
③ 개화사상의 두 지주 : 민족독립, 근대화.

ㄹ. 개화사상의 형성

1) 개화사상과 실학과의 연관(聯關)

(1) 초기의 개화사상가들은 실학의 영향을 받아 개화사상가로 변신.
초기 개화사상가들이 실학의 영향을 받았던 흔적을 많이 찾아볼
수 있음.
① 박규수朴珪壽
· 실학의 북학파와 개화파를 사상적으로 연결시킨 사람.
· 북학파의 거두인 박지원의 손자로 조부의 영향을 받고 개화사상
가가 됨.
·「오늘날 중국이 어디에 있는가. 저리 돌리면 외국이 중국이 되
고, 이리 돌리면 조선이 중국이 되니 어띤 나라도 가운데로 오
면 중국이 된다.」ー박규수가 김옥균에게 지구의를 빙빙 돌리면
서 한말.
· 이는 조부 박지원의 화이일야華夷一也적 세계관을 계승한 것.
「진실로 법이 좋고 아름다우면 비록 오랑캐라 할지라도 스승으
로 모셔야 한다.」
· 화이일야적 세계관은 개화사상이 실학사상으로부터 이어받은

사상적 핵.

② 신헌申櫶

· 고중학의 거두인 김정희의 제자. 1876년의 한일수호조약 체결
  시 한국측 전권대신으로 활약한 개화사상가.
· 병인양요 후 정약용의 『민보의』를 토대로 『민보집설』 편집 —
  실제로 민보民堡 설치.
· 청말 학자 위원魏源이 쓴 『해국도지』를 읽고 수뢰포水雷砲 제작.
· 양이洋夷가 군사상으로 우월하다는 것을 알고 실학을 개화사상
  으로 전환시킴.

③ 강위姜瑋

· 김정희의 제자
· 강화도 조약시 신헌의 비서로 조약 체결을 도움.
· 처음에는 실학자였으나 후에 개화사상가가 됨.
⇒결국 초기 개화사상가들은 처음에는 실학의 영향하에 있었으나 새
  로운 국제 환경에 부딪치자 개화사상가로 탈바꿈. 그러므로 개화사
  상은 실학사상(북학사상)을 계승하여 형성 됨.

2) 개화사상의 형성

· 양반 출신의 박규수와 중인 출신의 오경석吳慶錫·유대치劉大致
  등을 중심으로 실학사상을 토대로 하고 중국을 통한 서구 문화
  의 영향을 받아 형성되었음.
① 박규수 : 북학파 박지원朴趾源의 실학을 계승하고 서양에 관한 서적
  을 연구하여 개화사상 형성.
② 오경석 : 역관으로서 1853년 이래 북경·천진을 자주 왕래하며 세
  계적 견문과 중국에서 얻을 수 있었던 위원의 『해국도지海國圖志』
  ·『영환지략瀛環志略』 등을 들여와 유홍기 등에게 제공하여 연구를

도움. 한편 그 자신은 북학파 박제가의 실학을 바탕으로 하고 청에서 구입해온 『해국도지』·『영환지략』 등 세계대세와 서양문명에 관한 저서를 통해 개화사상 형성.

③ 유대치(유홍기) : 역관의 집안에서 태어나 의관으로 종사. 오경석이 전해준 서적을 연구하여 개화사상을 형성. 김옥균·박영효 등 개화파의 스승.

3. 개화파의 분화(分化)

1) 1880년대 초기 이후 김옥균 등의 급진개화파와 김윤식 등의 온건개화파로 분열.

2) 분열의 배경

① 자주독립의 중요성에 대한 강조 정도의 차이.
② 개화추진의 폭과 속도의 차이.
③ 개화정책을 단행하기 위한 권력장악 방법의 차이.
④ 청국에 대한 인식의 차이.
⑤ 수구파에 대한 입장의 차이.

3) 급진개화파(변법적 개화파, 개화당)

① 중요인물 : 김옥균·박영효·홍영식·서재필 등.
② 사상의 기반 : 양무洋務개화론에서 발전된 보다 진보적인 변법變法개화론.
③ 사상 형성의 배경
· 외인론 : 일본 문명개화론자들의 일정한 영향이 있었음.
· 내인론 : 오경석·유대치·이동인 등 중인 출신들의 강력한 영향

이 있었음.
④ 사상 : 청국으로부터 자주독립을 확립하고 일본의 명치유신을 모
   델로 하여 정치체제를 변혁하려는 급진적 개혁 추구 → 체제변혁
   론적 부국강병론(갑신정변의 주역)

  4) 온건개화파(동도서기파 ; 東道西器派, **점진적 개화파**)

① 중심인물 : 김윤식·어윤중·김홍집·박정양 등.
② 사상의 기반 : 북학 사상의 이용후생론利用厚生論에서 발전된 동도
   서기론적 양무개화론
③ 사상 : 청국에 대한 종속 관계를 인정하고 청국의 양무운동을 모델
   로 하여 전제군주체제를 유지시키면서 점진적 개량을 추구. 서양
   의 근대적 기술 문명만을 수용하려는 동도서기론적 부국강병론 →
   제한적 변혁론(갑오개혁의 주역)

제6장 갑신정변(甲申政變)

1. 경과

1) 1884년 12월 4일 : 개화파가 홍영식을 총판으로 하는 우정국 개설 연에 외국 공사와 조선 고관을 초대하여, 이웃집에 방화한 후 연회장에서 탈출하는 민영익을 찔러 상처를 입게 한 데서 시작.

   개화파는 왕과 왕비를 창덕궁에서 경운궁으로 옮기고 개화파를 따르는 50명의 사관생도와 200명의 일본군으로 호위케 한 뒤 궁궐에 들어오는 민씨 일파의 대신 등을 살해

 2) 12월 5일

정권을 장악한 개화파는 신정부를 조직.
- 급진 개화파를 주축으로 온건개화파, 온건수구파를 망라한 연합정부 구성

중요 직책은 개화파가 장악 - 의정부, 군사, 사법, 경찰, 외교, 민사, 재정 등

의정부 좌의정 : 홍영식.

호조참판 : 김옥균(재원조달의 책임이 중요하므로)

3) 12월 6일 : 14개조의 혁신정강 발표 (『갑신일록』)

① 흥선대원군을 송환하고 청국에 대한 조공을 폐지할 것
② 문벌을 폐지하여 인민의 평등권을 제정하고 재능에 의해 인재를 등
  용할 것
③ 지조법地租法을 개혁할 것
④ 내시부(內侍府, 환관제도)를 폐지할 것
⑤ 탐관오리를 처벌할 것
⑥ 환상미還上米를 영구히 면제할 것
⑦ 규장각奎章閣을 혁파할 것
⑧ 순사巡査제도를 설치할 것
⑨ 혜상공국(惠商公局, 보부상 관리부서)을 혁파할 것
⑩ 형벌받은 죄인을 재조사할 것
⑪ 4영을 1영으로 하고 근위대近衛隊를 설치할 것
⑫ 일체의 국가재정은 호조戶曹에서 관할할 것
⑬ 대신과 참찬參贊이 회의를 통해 정책을 심의, 집행할 것(고관회의)
⑭ 불필요한 관청을 폐지할 것

 4) 정강의 성격

① 청국에 대한 사대외교의 폐지와 자주권의 확립
② 봉건적 문벌제도의 폐지와 인민평등권의 확립
③ 봉건적 착취의 제한과 국민생활의 개선
④ 군사, 경찰제도의 개혁
⑤ 군주전제권의 폐지와 내각회의의 권한 확대
 ∴ 자주적이고 부강한 근대적 국민국가 건설 목표

5) 정변의 실패

① 6일 오후 3시 : 원세개가 지휘하는 1500명의 청국군이 공격을 개시
하자 개화파와 국왕을 호위하던 사관생도와 일본군이 숫적 열세로
패배

② 국왕을 수행한 홍영식·박영교 등 7명은 살해당함.

③ 김옥균과 박영효 등은 일본으로, 서광범과 서재필은 미국으로 망명.

④ 국내에 은신한 개화파는 거의 모두 체포되어 극형에 처해짐 - 가족
들 몰살

⑤ 김옥균 : 일본 정부에 의해 홋카이도(北海道) 등에 유폐되었다가,
1894년 3월 재기의 뜻을 품고 상해로 건너간 후 민씨일파가 파견한
자객 홍종우洪鍾宇에게 살해됨

6) 결과

① 개화파의 정변은 3일 천하天下로 끝남

② 조선정부의 청국에 대한 의존도 심화 - 조선에서의 청의 지위 강화

③ 일본과 한성조약漢城條約 체결(1885)

: 불타버린 공사관의 건축비와 희생자에 대한 보상금 지불 약속

④ 청·일간에 천진天津조약 체결(1885)

: 청일 양국 군대의 철수. 조선에 군대 파견시 사전에 서로 통고.

⑤ 급진적 개혁운동은 실패하였으나 개화사상은 그 후 독립협회, 만
민공동회, 애국계몽운동으로 계승됨

7) 실패원인

① 개혁운동을 뒷받침할 사회, 경제적인 기반의 미성숙

② 민중에 대한 개화사상의 미침투

③ 조선주둔 일본군대에 대한 과대평가. 청국군대에 대한 과소평가.

ㄹ. 갑신정변에 대한 평가

1) 사상적 동인(動因)

① 긍정적 평가 - 자율성 강조
  ㉠ 갑신정변 주도세력의 근대화 의지(즉 개화사상)가 동인 - 사상적
    자주성 강조
    자주적 사상에 기반을 둔 근대민족주의의 선구적 운동
  ㉡ 정강 분석을 통해 볼 때 갑신정변은 시민평등권, 봉건제 타파
    등의 주장을 발견할 수 있으므로 갑신정변은 부르주아 민주·
    민권운동
  ㉢ 갑신정변은 우리나라 정치·행정체제를 근대화시키기 위한 선
    구적 운동
  ㉣ 갑신정변은 부국강병富國强兵과 문명개화文明開化를 실현시키기
    위한 상황적 사고思考의 산물
② 부정적 평가 - 타율성 강조
  ㉠ 주도세력들이 확고한 사상적 기반과 근대국가 수립의 신념을
    가지고 정변을 일으킨 것이 아니고 일본의 침략정책의 일환으
    로 일어난 것
  ㉡ 주도세력의 사상은 근대의식의 특징으로 보기 어려움
③ 중립적 평가
: 개화파의 사상은 근대국가 수립의지를 보여주고 있지만, 그들의 국
  가관은 충군忠君사상의 한계성을 벗어나지 못하였음

2) 정변의 방법

① 긍정적 평가 : 근대국가 수립을 위한 위로부터의 개혁을 성공시키
기 위해 일본과의 결탁이 불가피.

② 부정적 평가

    ㉠ 자파의 정권욕을 달성시키기 위해 일본을 이용하려 하였으나
결과적으로 일본에 이용만 당함.

    ㉡ 민중의 지지기반이 결여(민중의 미성숙)된 상태에서 무리한 개혁
을 감행한 것은 결정적 착오

    ㉢ 정변의 준비가 미숙

3) 결과와 영향

① 긍정적 평가

    ㉠ 갑신정변의 결과로 한국사회의 나아갈 방향이 올바르게 명시됨

    ㉡ 근대개화운동사의 제1단계를 획하는 것으로서 그 후의 부르주
아 민주주의 운동에 커다란 영향을 끼침

② 부정적 평가

    ㉠ 정변의 결과로 외세의 갈등과 일본의 지배를 촉진

    ㉡ 정변의 실패로 보수세력의 장기집권이 가능해지고 그로 인해
개화운동의 맥이 끊기게 됨

3. 김옥균(金玉均)의 생애와 활동

1) 유년시절

① 자 : 백온伯溫 호 : 고우古愚 · 고균古筠

② 1851년 1월 23일 충남 공주 출생

③ 부 : 김병태金炳台 – 초기에는 고위관직에 오른 선조들이 많았으나 그 후 실세失勢하여 부친은 벼슬길에 오르지 못함.

④ 3세 때 : 부친은 생활곤란으로 천안으로 이사, 서당의 훈장을 함

⑤ 6세 때 : 부친이 달을 가리키면서 글을 지어보라고 하니 "月雖小照 天下(달은 비록 작으나 온 천하를 비춘다)"라고 지어 온 동네사람들을 경탄시킴 – 달리 총명

⑥ 그 해 가을 : 종숙從叔 김병기金炳基의 양자가 되어 서울로 올라감

⑦ 6세~11세 때 : 서울 양부의 집에서 글공부

⑧ 11세~16세 때 : 강릉부사로 임명된 양부를 따라 강릉으로 가서 수학. 명승고적을 두루 답사

 2) 청년시절

① 16세 때 : 양부와 함께 서울 북촌으로 돌아옴

② 뛰어난 인품, 굳은 지조로 인하여 그의 주위에 청년들이 모여 듦

③ 1870년경 유대치·오경석 등 개화사상가와 만남

④ 유대치는 그의 비범한 정치적 식견을 간파 – 자기가 뜻하는 바를 위탁할 수 있는 인물이라 봄 – 근대자본주의적 서적 모두 제공 – 김옥균은 이를 통해 당시의 세계대세와 조국의 나아가야 할 길을 판단

⑤ 세계정세 연구. 박규수의 사랑방에서 실학사상 연구

⑥ 자기의 뜻을 실현키 위해 정계에 진출
  ㉠ 1872년(22세) 문과에 장원급제
  ㉡ 홍문관 교리, 사간원 정언, 승정원 우부승지 등 역임
  ㉢ 30세 이전에 청년 정치가로서 두각을 나타냄

⑦ 1874년경 개화파를 형성하고 그 지도자가 됨 – 개화운동 시작

⑧ 국왕을 계몽시키려 노력 – 국왕과 빈번한 접촉, 정치개혁 강조

⑨ 개화파 세력의 확장에 노력

⑩ 1876년 개항이후(강화도조약체결) : 활동 적극화

⑪ 자기 수하인 이동인李東仁을 일본에 파견 – 정세연구

⑫ 1881년 12월 일본시찰

  ㉠ 자본주의 문명 도입과정, 개혁의 절차 등 연구

  ㉡ 일본의 정객들을 조선의 개혁에 이용하기 위한 활동 전개

⑬ 개화파의 성장과 그 노력으로 1880년 이후 관제개편, 신식군대(별기군) 창설 등이 이루어짐

⑭ 1882년 임오군란으로 개화운동이 중대한 시련에 봉착

 3) 갑신정변 시기

① 임오군란 후 개혁운동을 더욱 급진적으로 추진

② 1882년 8월~1883년 3월 일본에 체류

  ㉠ 수구파 정권타도, 중국세력 구축驅逐을 위해 일본을 이용할 가능성 타진

  ㉡ 개혁운동의 자금을 차관을 통해 해결키 위한 활동 진행 – 여의치 못함

③ 1883년 여름 3차 일본방문 : 차관 교섭 – 일본의 배신으로 실패

④ 개혁사업은 수구파 정권을 전복하고 개화파가 정권을 장악해야만 성공할 수 있다고 확신

⑤ 목적달성을 위한 노력

  ㉠ 국왕을 자기들 편으로 끌어들임

  ㉡ 신식군대의 양성 – 무력강화

  ㉢ 문화사업 강화 – 대중적 기반 확대

⑥ 보수파의 반발로 개혁사업이 어려움에 봉착

⑦ 개혁운동의 평화적 전개를 포기하고 수구파정권을 전복키 위한 무장정변 준비 시작

⑧ 1884년 9월~10월 : 정변의 준비에 전력

: 국왕을 끌어들이기 위한 공작 진행. 개화파 동지들과 빈번한 회합. 외국사신들과 잦은 접촉

⑨ 1884년 10월 17일(양 12월 4일), 우정국 낙성식 축하연을 계기로 정변 개시

 → 별궁 방화 실패 → 임기응변으로 국면 타개 → 국왕을 수중에 장악 → 정권 장악

⑩ 10월 18일 : 새정부 구성

⑪ 10월 19일 : 정강 발표

⑫ 일본의 원조 약속 위배. 청국군의 반격

⑬ 10월 19일(양 12월 6일) : 개화파 정권붕괴 → 갑신정변 실패 → 망명

4) 망명 시기

① 갑신정변 실패 후 무자비한 복수 전개

② 정변에 관계된 인사들을 대역부도죄인의 죄명을 씌워 처형

– 수많은 개화파 인사들이 형장의 이슬로 사라짐.

③ 김옥균의 생부·생모 등 일문일족이 희생당함

④ 일본 공사 다께조는 김옥균 일행의 인천의 일본 영사관으로의 피신 거절

 일본 기선 천세환에 타는 것도 거절

⑤ 선장의 인도적 조치로 겨우 일본으로 망명

⑥ 일본 망명 후 일본 정부는 김옥균의 정치적 활동을 봉쇄키 위해 박해, 천대

⑦ 1885년 : 일본 외무상 이노우에와 일본주재 청국 공사 서승조는 김옥균을 중국 상해 조계로 유인, 처단하려 음모 – 중단

⑧ 일본정부는 강제추방 결정 : 도쿄에서 추방 → 태평양의 절해고도

오가사하라도에 억류 → 홋카이도 벽지로 강제 이주

⑨ 조선정부에서는 그를 암살키 위해 자객을 파견

⑩ 망명 직후 『갑신일록』 저술 - 수구파의 반동적 행위, 일본 등의 배
신적 행위 폭로. 갑신정변의 정당성 천명

⑪ 1885년 : 개혁의 재거再舉계획을 공포 - 일본으로 망명한 것은 재거
를 준비하는데 유리한 곳이라 판단

⑫ 1890년대초 : 일본의 박해 가중. 침략 앞잡이로 이용하려 강요

⑬ 1894년 2월 : 일본을 떠나 중국 상해에 도착

⑭ 1894년 2월 22일(양, 3월 28일) : 상해의 여관 동화양행에서 자객 홍
종우의 손에 암살됨 - 44세를 일기로 최후 맞음

제7장 갑오개혁(甲午改革)

1. 갑오개혁의 뜻

① 넓은 의미 : 제2차 개혁, 즉 1894년 7월 군국기무처의 활동 이후 1896년 2월 아관파천으로 개혁파가 제거될 때까지 진행되었던 일련의 개혁운동을 지칭.

② 좁은 의미 : 제 1차 개혁(1894.7.27.~1894.12.17. 143일간)
   - 군국기무처를 중심으로 한 개혁

2. 개혁의 배경

1) 역사적 배경

① 갑신정변의 실패 : 1884년 개화파 주도하에 서양근대문명을 수용하여 부국강병을 모색. 위로부터의 정치적 개혁

② 동학농민혁명의 발생 : 대내적으로 내정개혁 요구. 대외적으로 외세의 침략에 저항. 밑으로부터의 혁명

③ 일본군대의 파견. 청일양국의 각축(청일전쟁) - 일본의 우세

2) 직접적 배경

① 동학농민군의 개혁 요구(내적 배경)

　－ 폐정 개혁안 : 실학・민란의 개혁 요구. 갑신정변 때의 개혁정책
　집약, 강화시킴 － 역사발전과 함께 당연히 이루어져야 할 과제

② 일본의 강요(외적 배경)

　: 조선의 내정개혁에 목적이 있었던 것이 아니라, 조선의 행정・사
　회・경제체제를 침략에 알맞게 개편하고 청과의 이권경쟁에서
　유리한 위치 확립.

3. 개혁의 추진경위

1) 일본 : 군대의 위협 하에 조선의 내정개혁 추진

　: 일본공사 오오도리 － 1894.6.1, 5개조의 내정개혁안 제시

2) 6. 6 : 내정개혁 세목 강령 제시

3) 조선정부는 내정간섭이라 하여 반대

4) 6. 21 : 일본군 1개 연대 왕궁 포위 점령, 민씨정권 타도

　대원군을 섭정의 자리에 앉힘

5) 김홍집을 수반으로 하는 친일계 인물과 중립적인 인물로 새 정부
　구성

6) 새 정부는 일본과 내정개혁을 위한 협상 진행

7) 일본은 청 세력을 몰아내기 위해 청일전쟁 도발

8) 6. 25 : 내정개혁 담당, 추진기구로 군국기무처 설치(12. 17 폐지)

① 조직 : 총재관 1명(김홍집), 부총재관 1명

　의원 20명 미만(실제 17명;, 박정양・김윤식・유길준 등 개화파 다수)

② 성격 : 국정을 심의 결정하는 합의제 최고정책결정기관

　－ 입법부의 기능 보유

③ 가결 : 다수결로 의결 – 가결된 안건은 국왕에게 아뢰어 재가 받음

④ 활동 : 4개월 여간에 40여 차의 회의를 통해 208건의 개혁안 의결

4. 개혁의 내용

1) 정치 개혁

① 개국 기원紀元 사용 – 청과의 종속관계에서 벗어났음을 나타냄.

② 의정부 · 궁내부 구별

   ㉠ 궁내부 : 왕실관계 여러 관부를 정리, 간소화

   ㉡ 의정부 : 총리대신. 8아문을 설치(6조 + 외무 · 농상)

   곧 의정부를 내각이라 고침. 그 밑에 7부를 둠(외, 내, 탁지, 법, 학, 농상공, 군부)

   부 밑에 국, 과 설치

③ 과거제 폐지 → 새로운 관리임용법 채용(보통시험, 특별시험)

④ 지방제도 개혁

   ㉠ 8도를 23부로 개편(곧 23부를 13도로 고침)

   ㉡ 지방관으로부터 사법권 · 군사권 박탈 – 근대 관료적 색채를 띰

⑤ 사법권 개혁

   ㉠ 사법권을 행정기구에서 분리, 독립시킴

   – 재판에 관한 사무는 재판소에서 담당케 함

   ㉡ 1심 재판소 : 지방재판소. 개항장재판소

   2심 재판소 : 고등재판소. 순회재판소

⑥ 경찰권 일원화

   ㉠ 서울에 경무청을 두어 수도의 치안 담당

   ㉡ 지방은 각도 관찰사 밑에 경무관을 두어 지방치안 담당

2) 경제 개혁

① 재정의 일원화 : 일체의 재정에 관한 사무를 탁지부에서 관장케 함
② 화폐제도 정리 : 은본위제 채택
③ 도량형 개정, 통일
④ 조세의 금납화

3) 사회 개혁

① 신분제도 철폐 : 귀천 불문하고 인재 등용
② 연좌법 폐지
③ 조혼 금지 : 남 20세, 여 16세 이후 결혼 가능
④ 과부의 재가 허용

5. 개혁의 의의

1) 우리민족이 당면한 문제를 해결하려는 의지가 내포된 근대화운동
 (봉건 사회를 근대화하기 위한 부르주아 개혁)
  － 개항 이후 나타난 개화정책, 갑신정변에서 표방된 개혁의지, 동
  학농민혁명에서 주장된 폐정개혁안의 내용이 반영됨
2) 개혁담당 정치세력의 내분, 성격차이, 일본의 간섭과 영향력이 작
 용했다는 한게를 지니고 있음.
3) 일본이 조선을 침략하려는 동기에서 출발했으므로 한국민족사의
 주체적 발전을 저해
4) 조선의 자본주의적 발전에 영향을 미쳤으며 애국계몽운동의 기반
 을 닦음.

6. 개혁의 성격

1) 타율성론(외인론)

① 1950년대까지 강조됨. 일본인들의 견해
② 일본이 무력을 가지고 지도와 원조를 하였고(일제의 역할을 지나치게 강조), 조선이 개혁을 받아들일 능력을 결여했기 때문에 실패했고, 그 결과 식민지에 이름

2) 자율성론(내인론)

① 1960년대 후반부터 강조
② 개화파가 위로부터 행한 개혁으로서, 조선의 내재적인 요구에 응한 것으로 합법칙적 발전이다.
③ 개혁은 개화파가 주체적·독자적으로 행한 것으로 일본의 침략적 내정 개혁과는 별개의 것

3) 절충론(제한적 자율성론)

① 1970년대 이후 등장
② 개혁이 전적으로 일본의 지도·간섭에 의해 추진되었다는 견해와 일본의 간섭없이 전적으로 조선 개화파에 의해 자율적으로 추진되었다는 견해 모두 비판
③ 개혁에 일본의 다소의 간섭이 존재했지만, 개혁 초기에는 일본의 방관주의 정책을 틈타 개화파가 밑으로부터의 민중의 요구와 위로부터의 개화사상을 바탕으로 조선의 내재적 요구에 부응하여 비교적 외부의 간섭없이 추진한 것

제8장 의병운동

(1) 의병운동의 시기구분

　　전기의병 : 을미의병(1895 을미사변 후)

　　후기의병 : 을사의병, 정미의병

　　　－ 시간의 원근에 의한 편의적 구분

* 최근의 새로운 주장 :

　㉠ 운동의 기점: 1894년 7월(1894.6.21, 갑오변란 － 일본군의 경복궁 침입

　　사건)

　　그 후의 개화정책, 청일전쟁 등에 반발해 일으킴 → 갑오의병

　　1894.7~9 : 안동의 서상철 중심

　㉡ 운동의 하한 : 1919년 2월(3·1운동 직전) : 의병전쟁의 연속선상

　　에서 3.1운동 전개(말기의병 : 5구분법 － 1915.8~1919.2)

(2) 의병운동의 주도세력

　① 양반유생 주도설(신석호·최창규) － 1950, 60년대 대두

　· 의병운동은 위정척사 사상을 지닌 양반유생 중심으로 전개

・의병운동은 위정척사 사상의 자기 발전
・위정척사 사상은 한국 근대민족주의의 맹아萌芽
② 평민 주도설
・1970년대부터 대두
　　㉠ 강재언 : 평민주도론 처음 제기
　　㉡ 김도형 : 민중적 성격 강조 - 전투에 참여한 농민, 도시빈
　　　민, 임노동자, 소상인, 화적 등의 민중계층의 역할 주목
③ 양반유생 및 평민 주도설(김의환・박성수 등)
・현재 남한 학계의 통설(일반적 견해)
・초기에는 양반 유생이 의병장 등 의병부대의 주요 직책을 거
　의 차지
　차차 평민의병장 등 평민이 주도하는 의병부대가 증가

(3) 의병운동의 성격
　① 김의환 : 반침략적(반제국주의) - 일제의 토지침탈, 이권침탈
　　반대 등
　　반봉건적 성격강조 - 지주경영, 납세, 소작료 거부. 악질양반
　　응징
　② 박성수 : 의병전쟁이라는 용어 처음 사용
　　의병전쟁은 복고적・보수적 성격 - 민족주의. 반개화주의
　③ 조동걸 : 민족주의적 성격 강조 - 한국민족운동의 대표적 전형
　④ 북한 : 초기의병 : 반침략적 - 일제에 대하여 자주와 독립을
　　지키기 위해 싸운 구국운동이자 반일애국운동
　　후기의병(1906년 이후) : 반봉건적 성격 강조

(4) 의병운동의 실패요인
① 김의환 : 처음으로 실패한 운동으로 규정
② 조동걸 : 독자적인 정치이론 결여(특히 민중의병)
③ 강재언 : ㉠사회발전 담당할 선진계급 결여
㉡대중의 에너지 동원할 수 있는 정치 슬로건 결여
㉢통일적 지도 결여
㉣국제적인 고립

1. 의병운동의 전개

1) 을미의병(1895.10~1896.5)

(1) 봉기의 원인
① 민비시해사건(1895.10)
㉠ 조선정부 내에 대일 불신이 고조되어 일본의 침략이 여의치 못
하고 미국·러시아 등에 의지하려는 기운이 높아지자 일본은
그 주모자를 민비라 생각하여 시해 계략 세움
㉡ 삼포오루三浦梧樓 공사의 지시에 의해 일본수비대·낭인 등이
10월 8일 새벽 왕궁에 침입하여 민비를 살해
② 단발령의 강제적 시행(1895.11)

· 이 두 사건으로 인해 반일감정에 불을 붙여 유생을 중심으로 의병
이 궐기

(2) 투쟁의 양상
① 의병의 구성 : 의병장 - 대부분 위정척사론자인 유생
기본세력 : 농민

② 대표적 의병장 : 이소응(춘천), 유인석(제천), 권세연(안동)

　　　　　　　　허위(선산), 노응규(진주), 기우만(장성)

　　　　　　　－ 대부분 저명한 유생으로서 한국유림의 중진
③ 이소응부대, 유인석 부대, 기우만 부대 등이 전투력을 발휘

　－ 단발령을 강행하려던 관찰사·군수 등 친일파와 일본인 처단

　(3) 해산
① 1896년 2월 아관파천에 따라 일본세력의 후퇴

　김홍집 내각 붕괴, 단발령 중지에 따라 존왕양이의 명분을 잃게 된

　의병장들이 점차 해산
② 대중들은 화적, 활빈당活貧黨, 영학당英學黨 등으로 전환하여 소규

　모적으로 투쟁 계속

　　㉠ 활빈당: 1900~1906 사이에 남한 각지에서 반봉건, 반제국주의

　　　의 기치를 들고 봉기했던 무장 민중집단. 13개조의 행동 강령 :

　　　빈부타파, 자연평등, 국가 혁신 등

　　㉡ 영학당 : 동학혁명 실패 후에 농민군의 일부가 전라도 홍덕, 고

　　　부, 태안, 부안 등지에서 이화삼을 중심으로 하여 반제, 반봉건

　　　투쟁을 계속하고 있던 조직

　　　군기軍器를 탈취하여 무력항쟁(본격적 무장 봉기는 1899년 5월에서 6

　　　월 사이 전개)
③ 해산 이유

　　㉠ 관군에 비해 의병의 전력 열세

　　㉡ 국왕의 선유宣諭에 대한 저항논리 궁핍
④ 을미의병장의 거취

　　㉠ 을사·정미 의병으로 재기再起

　　㉡ 은거

ⓒ 계몽주의자로 전환

ⓡ 관직에 천거됨

2) 을사의병(1905.4~1907.7)

 (1) 봉기의 원인
① 러일전쟁(1904~1905)
　　ⓖ 1904년 일본함대가 인천과 여순의 러시아 함대급습, 선전포고
　　ⓛ 8월 : 일본이 추천하는 재정·외교고문에 의한 정치 강요
　　ⓒ 일본의 승리로 끝남
　　ⓡ 이를 계기로 일본은 한국을 군사적으로 점령하고 식민지화하기
　　　위한 확고한 기반 확립
② 을사조약(1905.11, 한일협약)
　　ⓖ 이완용 등 을사오적을 동원해 강제로 체결
　　ⓛ 외교권 박탈, 통감부 설치, 모든 외국 공사관 철폐
　　　1906년 통감부 개청(이등박문; 伊藤博文이 초대통감으로 취임)
　　ⓒ 일본의 보호국으로 전락

 (2) 투쟁의 양상
① 을사조약 후 광범위한 대중적 기반 위에서 의병투쟁이 발전
② 을사조약에 반대하고 국권회복을 지향하는 투쟁으로 발전
③ 의병의 주체 : 유생·농민
④ 농민의병(신돌석 등) : 양반지주 공격 − 반봉건적 측면
⑤ 대표적 의병부대
　　ⓖ 민종식 부대 : 1906년 충남 정산에서 봉기
　　　충남 홍주성에서 일본군과 충돌, 패배
　　ⓛ 최익현부대 : 1906년 전라도 순창에서 봉기. 국왕의 명령에 의

해 해산

ⓒ 신돌석 부대 : 영남지방에서 평민출신 의병장의 지도하에 독자
적 활동

3) 정미의병(1907.8~1909.10)

(1) 봉기의 원인

① 헤이그 밀사사건(1907.6)

㉠ 네덜란드 헤이그에서 만국평화회의 개최

㉡ 고종은 국권회복을 각국에 호소키 위해 밀사파견

㉢ 이준·이상설·이위종

㉣ 조선은 외교권이 없다는 이유로 회의 참가 거부됨

㉤ 고종에 퇴위강요(1907.7.20)

② 정미7조약(한일신협약, 1907.7.14)

㉠ 조선정부에 대하여 일본통감이 전적으로 지배권을 확립: 법령
의 제정 및 중요한 행정처분에 대하여 그의 승인을 받는다.

㉡ 일본인 차관을 조선정부에 배치한다(차관정치).

㉢ 조선군의 해산(1907.8) : 이완용과 이등박문의 비밀각서에 의해
해산 단행

(2) 투쟁의 양상

① 해산군인들의 의병운동 합류로 침체에 빠져있던 의병운동이 새로
운 고조기를 맞음

② 해산군인의 합류 – 부대의 전투화 진전 노력, 전력·전술의 향상

③ 조직의 대부대화 → 연합작전 시도 → 의병전쟁으로 발전

④ 의병의 주체 : 유생·농민

⑤ 민긍호 부대, 김덕제 부대, 이강년 부대, 허위 부대 등 많은 의병들
이 전국적으로 투쟁

(3) 서울진공進攻계획 실패

① 관동의병 대장 이인영의 격문에 호응하여 전국의 의병이 양주에
집결, 13도 창의군倡義軍 결성(1907.2)

② 1908년 정월을 기해 서울로 진공할 작전계획에 따라 군사장 허위
가 300명의 선발대를 이끌고 서울 동대문 밖 30리 지점에 도착 -
계획을 사전에 탐지한 일본군의 선제공격 받고 패퇴敗退

③ 총대장 이인영이 부친의 부음을 듣고 귀가(허위에게 모든 것 위임)

④ 이에 따라 계획이 실패하고 각 의병장은 독자적 활동개시
- 그 후 분산적 지구전持久戰으로 이행

4) 퇴조 및 전환기 의병(1909.10~)

① 남한대토벌작전(1909.9~10)

　　㉠ 일본군에 의한 전라남북도 의병에 대한 대토벌 작전 전개

　　㉡ 잔학한 토벌 단행 : 살육・방화・약탈・폭행 등

　　㉢ 1909.9~10, 2개월간 전남에서 의병장 103명, 의병 4,138명이
처형 또는 체포됨

　　㉣ 토벌작전 이후 의병 활동 퇴조 : 산발적이고 소규모적인 활동만
남음

② 독립군으로의 전환

　　㉠ 1910년 8월, 주권이 완전히 박탈되자 의병의 잔존 세력은 유인
석의 북천지계北遷之計에 따라 중국 동북지방 및 연해주로 이동
하여 독립군으로 전환.
국내에서는 유격적 최후 항전(황해도 김정안 의병부대, 평남 채응언
의병부대)

　　㉡ 의병운동이 독립군운동으로 발전적으로 전환(퇴조로 끝난 것이 아
님 - 역사적 연속선)

제9장 3·1운동

1. 배경

① 민족주의의 성장

　　㉠ 국내외의 민족운동으로 국민의 항일의식 고조

　　㉡ 일제의 가혹한 무단통치와 경제적 수탈로 민족적 항쟁의식 팽창

② 미국 윌슨 대통령의 민족자결주의(1918년)

③ 러시아 혁명 → 반제국주의사상 고조

④ 고종의 독살설 → 국민의 분노 야기

⑤ 재일在日 유학생의 2·8 독립 선언－3·1운동의 도화선

2. 경과

1) 준비

① 천도교의 손병희孫秉熙, 기독교의 이승훈李昇薰, 불교의 한용운韓龍雲 등
　종교지도자들이 중심이 된 민족 대표 33인이 독립선언문 작성, 서명

② 무저항주의를 이념으로 평화적 시위를 거족적으로 전개할 것을 계획

③ 독립 선언서 : 독립국, 자주민임을 선언하고 민족자존自存과 공명
정대公明正大한 투쟁 선언

 2) 전개

① 민족대표 33인이 태화관泰和館에서 독립선언서 낭독
② 학생들은 탑골 공원에서 독립 선언 → 학생·상인·농민 등이 시
위 운동 전개
③ 지방으로 확대 - 218개군 중 211개 군에서 일어남
④ 만주·연해주 등의 해외에도 파급
⑤ 결국 3·1운동은 거족적 민족 운동으로 발전
⑥ 일제는 무차별 학살과 탄압 감행 - 사상 유례없는 피해
⑦ 수원 제암리堤岩里에서는 예배당에 주민을 감금하고 방화, 총격 학
살 만행

 3) 실패원인

① 조직력의 부족 - 민중의 힘을 집결, 영속화하지 못함
② 무저항주의 - 야만적 무력탄압에 대한 비폭력은 혁명 수단이 아니
었음
③ 일본의 전승 - 전승국의 식민지에는 민족자결주의 원칙이 적용 되
지 않음 → 청원주의가 통하지 않음
④ 지도층의 타협성

3. 의의

 1) 민족사적 의의

① 일제가 1910년 이후 닦아 놓은 헌병 경찰제에 의한 극악무도한 무
   단 통치와 민족 말살정책이 근복적으로 붕괴
② 한국민족 내부의 민족 독립 역량이 확고부동하게 강화되고 그 후
   의 독립 운동의 확고한 원동력이 형성·공급됨으로써, 한국민족
   스스로 독립 쟁취를 내부에서 확고하게 보장하게 됨
③ 상해에 대한민국 임시 정부가 수립됨－임시정부는 3·1운동의 아
   들로서 탄생. 우리 역사상 최초의 공화주의 정부
④ 만주와 노령 등 국외에서의 독립군의 무장 투쟁이 본격적으로 강
   화됨
⑤ 일제 헌병 경찰제의 극악무도한 식민지 무단 통치와 민족 말살 정
   책을 붕괴시키고, 문화정치를 실시케 하여 언론·출판·집회·결
   사의 최소의 자유를 쟁취하고, 민족문화운동과 민족실력 양성운동
   을 전개할 기틀 마련
⑥ 새로운 농민 운동·노동 운동·사회운동 등의 대두에 계기를 열어 줌
⑦ 한국 민족 스스로의 실력에 의하여 국제적으로 한국 민족의 독립
   을 보장받음
⑧ 외국의 지배에 저항하는 전민족적인 투쟁의지를 보여 줌으로써 우
   리 민족의 해방운동사에서 혁명적 전통을 수립

 2) 세계사적 의의

① 식민지·반식민지 약소민족이 분발하여 적극적으로 독립운동을
   일으키는 계기를 열어줌
② 맨손으로 식민지 백성이 독립혁명을 일으킴으로써 세계민족 혁명

사에 하나의 신기원을 이룩함

③ 중국의 5·4운동의 발발에 지대한 영향 미침 – 핵심 추진 세력인
학생 등에게 강력한 충격을 줌

④ 인도 국민회의당의 비폭력 독립운동이 급속히 고조됨

⑤ 인도차이나 반도와 필리핀·아랍의 독립운동에 영향 끼침

제10장 대한민국임시정부

1. 대한민국임시정부의 성격

1) 단일 통합 정부

(1) 의미

: 우리민족의 주권적 의지의 결집으로 수립

(2) 목표

: 상실된 국권을 회복하여 광복 후에 새로운 민족국가를 건설하는 것.

(3) 정책

① 대내적 : 국권회복의 확신을 국민들에게 심어 줌

② 대외적 : 민주 공화정에 기초한 신민주국가 건설

(4) 임시정부의 특징

① 법통法統 - 한성정부를 토대로 함

② 위치 – 상해
③ 상해의 대한민국 임시정부의 의정원 헌법과 선포문을 수용
④ 단일통합정부로서 법통성을 지니게 됨

  (5) 국호 – 대한민국大韓民國이라고 천명하고 민주공화국民主共和國
     을 표방하여 내외에 선포.

 2) 정부조직

  (1) 임시정부조직의 역사성
① 상해의 임시정부는 대한제국정부의 법통을 이어받고 있음.
② 대한제국정부의 군주제를 과감히 청산하고 민주공화제로 발전적
  계승
③ 의의 : 1948년 8월 이후 오늘날까지의 대한민국 정부의 정통성의
  기반이 되어 왔음.

  (2) 임시정부의 조직형태
① 국무원·의정원·사법부의 삼권분립형태
② 헌정을 기본으로 하여 민주공화제를 채택한 것은 민주국가로서 기
  능과 임무를 원활히 수행하기 위함

  (3) 의의
    : 한국현대사에서 헌정상의 새로운 지평을 엶

  (4) 1919년 9월 11일 전문과 8장 58조의 헌법을 공포, 대통령중심의
    지도체제를 채택

(5) 창설부서

① 대통령 직속 기관

: 대본관, 참모부, 군사참식회, 회계감사원

② 국무총리 산하 기관

: 내무부, 외무부, 군무부, 법무부, 학무부, 재무부, 교통부, 노동부

(6) 임시정부 - 국가형태인 국체國體를 공화국共和國으로, 정부형태인 정체正體를 민주정民主政으로 하는 민주공화국으로서 국내외의 독립운동을 통솔하고 대외적으로 우리나라를 대표하는 정통정부로서 출범하게 됨

(7) 임시정부의 지도체제의 특징

: 대통령중심제와 내각책임제의 절충 형태를 취하고 있다는 점

→ 표면상으로는 대통령중심제이지만 행정권은 내각인 국무원이 행사함을 의미

ㄹ. 대한민국임시정부의 활동

1) 교육·문화 활동

(1) 국내에서 일제식민정책이 강화되어 가자 민족정책과 민족교육을 통하여 민족정신을 고취시켜 국가의 광복을 이룩하고자 함

(2) 건국강령에 나타난 교육 내용

① 의무교육의 실시(6세~12세 : 초등교육. 12세 이상 : 고등기본교육)

② 학령 초과자에게 보습교육 실시

③ 교육기관의 설치 기준과 지역적 안배 도모

④ 교과서의 편찬과 공급은 정부가 담당

⑤ 각급 학교의 군사교육 실시

⑥ 교육기관의 국가 감독과 해외 교포 교육 실시

(3) 임시정부의 교육기관
　　· 초등 교육기관 : 인성학교와 그 외에 박달학원과 삼일 중학이 있
　　　었음(임정초기부터 1932년까지 존속)

2) 언론 · 홍보 활동

(1) 신문 · 잡지 · 단행본 등 대중매체를 통하여 일제침략의 부당성
과 민족의식 고취

(2) 신민주국가의 국민으로서의 정신자세를 확립시키는 데 주안점
을 둠

(3) 홍보활동
: 연통제와 교통국의 조직을 통하여 임시정부의 법령과 공시사
항 및 외교적 활동을 국내외로 전달

(4) 언론 매체
① 대내적 : '공보'를 비롯한 '독립신문(상해, 중경판)', '신한청년'
② 대외적 : '한국평론(Korea review)', '자유한국(La coree liber)'
－ 국제여론을 불러 일으키는데 크게 이바지

3) 임시정부의 민족사적 의의

  (1) 이데올로기를 초월하여 항일 독립 전쟁을 수행할 수 있는 정부
를 조직

  (2) 독립 후에 건설될 새로운 국가의 성격까지도 모색

  (3) 1942년 김원봉의 조선의용대를 광복군에 흡수 통합하여 민족 진
영과 좌파의 연합 전선이 실현됨

3. 한국광복군(韓國光復軍)

1) 창설

① 1940년 9월 대한민국 임시정부는 한국광복군사령부의 성립을 선포.

② 부서

  총사령 : 이청천李靑天, 참모장 : 이범석李範奭, 참모 : 이복원李復源
등 5명.

  부관장 : 황학수黃學秀, 부관 : 조시원趙時元, 주계장 : 안훈安勳, 주계
: 이달수李達洙 등

③ 대한민국 임시정부 임시 통수부 관제 제정, 공포(1940.11)

  : 통수부統帥府, 大元師府 설치

  주석 : 김구(광복군 최고 통수권자), 참모총장 : 유동설柳東說

  군무부장 : 조성환趙成煥, 내무부장 : 조완구趙琬九

④ 광복군총사령부 조직조례 제정, 공포

  : 총사령부에 비서처·참모처 등 10개 부서를 둠

2) 개편(1942.5.18)

① 조선의용대朝鮮義勇隊를 합편合編 → 제 1지대로 편성(지대장 : 김원봉)

② 1,2,3,5 지대 → 제2지대(지대장 : 이범석)

③ 제 3지대 창설(지대장 : 김학규)

 3) 활동

① 창설후의 당면 전략(1942.10) : 1년 후에 3개 사단을 편성하여 중·
  미·영 등의 연합군에 교전단체로 참여하여 전투한다는 등 4개항
  채택

② 당면 임무(1942.11) :

  ㉠ 사병의 모집 및 훈련

  ㉡ 선전과 정보수집

  ㉢ 적정 정찰

  ㉣ 유격전 수행

③ 1940년 11월, 광복군 총사령부를 중경에서 전선에 가까운 서안西安
  으로 이동

④ 창설 1년만에 300여 명의 병력을 확보하여 실제 활동에 들어갈 태
  세를 갖춤.

  일부는 활동 개시(중국의 비협조로 큰 진전 못 봄)

⑤ 1941.12.8, 태평양전쟁이 일어나자 임시정부는 이튿날 대일 선전
  포고를 함

⑥ 임시정부는 한영군사협정서(1943.6)에 따라 영어·일어에 능통한
  대원들을 선발하여 한국광복군 인도·버마 전구 공작대를 편성
  1943.9, 인도 영국군 동남아 전구 사령부 GSIK부대에 배속시킴.
  – 이들은 선전공작, 적정수집, 방송, 삐라 살포 등에서 많은 전과
    올림.

  임펄·랑군 등 상륙 작전에 참전 – 일본군에게 정신적 충격 가함

⑦ 1945.3, 임시정부는 한미군사합작합의사항에 합의

미국 OSS(미육군전략처)와 합작, 광복군에게 특수훈련시킴

⑧ 1945. 5, 중국정부에 의해 임시정부의 독립군으로 공식 인정받음

⑨ 임시정부는 「한미 양국간의 일본에 항거하는 비밀공작의 전개」를 약정, 국내 진입작전 본격화

⑩ 1945.8. 상순, 이범석(제2 지대장)을 총지휘관으로 국내 정진군 총지휘부을 편성하여 국내 진입 준비

　　· 8월 20일 안으로 진입하기로 함

　　- 일제의 항복이 빨라 실현되지는 못함

4) 의의

① 광복군이 온갖 어려운 조건에도 굴하지 않고 국내진입작전을 감행하려고 최후의 순간까지 무장독립투쟁을 전개한 사실은 높이 평가해야 함

② 임시정부의 정통성이 대한민국에 계승되었으므로 광복군의 정통성은 대한민국의 국군에게 계승되어야 함

제11장 대한민국

1. 해방 직후

1) 해방: 1945.8.15.

2) 미군정 : 1945.9.9.~1948.8.14.

3) 모스크바 삼상회의 : 1945.12. 미국, 영국, 소련의 외상 참여

　　　　　　결정 내용 – 신탁통치. 임시정부 건설. 미소공

　　　　　　동위원회 설치

4) 찬·반탁 분쟁 : 1946.2.

5) 제1차 미소공동위원회 : 1946.3.

　제2차 미소공동위원회 : 1947.5(그 해 10월 결렬)

6) 유엔 총회에서 한국에서의 총선 결의 : 1947. 11

7) 제주 4·3 사태 : 1948.4.3.

8) 제헌의회 선거(총선) : 1948.5.10.

　제헌의회 개원 : 1948.5.31.(7.1 : 국호를 대한민국으로 결정)

9) 대한민국 헌법 제정, 공포 : 1948.7.17(제헌절)

ㄹ. 제1공화국

1) 대한민국 정부 수립 : 1948.8.15. 제1공화국 출범. 초대 대통령 이승만

2) 북한 정권(조선민주주의인민공화국) 출범 : 1948.9.9 - 남북 완전 분단

3) 제1공화국의 통치이념 : 북진통일(건국 직후) → 반공(6·25전쟁 후).
   자유민주주의와 시장경제체제. 사회안녕과 질서확보

4) 여수·순천 반란사건 : 1948.10.

5) 유엔 총회에서 대한민국 승인 : 1948.12.12.

6) 이승만 정권

   발췌개헌 : 1952.5. 대통령 직선제 개헌안 강제 통과

   사사오입四捨五入개헌 : 1954.5. 초대 대통령에 한하여 3선 제한 철폐

7) 반민족행위특별조사위원회(반민특위)

   제헌의회에서의 반민족행위처벌법(반민법) 통과(1948.9)로 설치됨 :
   1948.11.

   1년 만에 해체 - 친일파 처리(청산) 실패

8) 6·25전쟁 발발(1950.6.25) → 유엔군 인천상륙작전(1950.9.15) → 중
   공군 참전(1950.10.25) → 1·4 후퇴(서울 빼앗김 1951.1.4) → 유엔군
   38선 돌파(1951.3.25) → 맥아더 사령관 해임(1951.4.11) → 휴전협정
   개시(1951.6.27) → 휴전협정 체결(1953.7.27)

9) 4·19 혁명(1960)

   배경 : 이승만 정권의 독재. 경제불황. 3.15부정선거(1960 제4대 정·
         부통령선거)

   주도세력 : 학생

   결과 : 이승만 정권 퇴진(4. 26 이승만 하야) → 제5대 국회의원 총선거
         (7.29) → 제2공화국(민주당 정권) 탄생(8.12 대통령 : 윤보선, 총리 :
         장면)

10) 이승만의 생애 : 황해도 출생(1875) → 배재학당 입학(1894) → 배재
학당 영어교사(1895) → 독립협회 가담(1896) → 투옥(종신형 선고.
1898) → 민영환의 주선으로 석방. 고종의 밀서를 가지고 미국으로
감(1904) → 조지 워싱턴대 입학(1905. 졸업(1907))→ 하버드대 졸업
(석사학위. 1908) → 프린스턴대 졸업(박사학위) → 대한민국임시정부
초대 국무총리 초대. 워싱턴에 구미위원회 설치(1919) → 상해에서
임정 대통령 취임(1920) 임정의 배척으로 미국으로 돌아감(1921)
11) 이승만(1875~1965)에 대한 평가 : 대한민국 건국의 주역. 대한민국
의 건국 대통령.

3. 제3공화국

1) 5 · 16 정변 : 1961.5.16.
2) 제1차 경제개발 5개년 계획 발표 : 1962.1(1962~1966)
3) 제5대 대통령 선거 실시 : 1963.10.15. − 15만 표 차로 박정희 당선.
윤보선 패배
4) 박정희 대통령 취임, 제3공화국 출범 : 1963.12.17.
5) 제3공화국의 국정지표 : 경제개발과 국가 근대화. 반공태세와 국가
안보 확립. 부패일소와 민생안정. 우방과의 협력 강화
6) 6 · 3시테 : 1964.6. 한일회담 반내운동
7) 한일협정 체결 : 1965.6.
8) 베트남 파병 : 1965.8.
9) 7 · 4 남북공동성명 발표 : 1972.7.4. 원칙 − 자주, 평화, 민족대단결
10) 유신체제(10월 유신)
박대통령 유신 선포(국회 해산. 1972.10.17) → 개헌 위한 국민투표 실
시(11.21) → 통일주체국민회의에서 제8대 대통령 박정희 선출

(12.23) → 유신헌법 공포. 박정희 제8대 대통령 취임. 제4공화국 출범

11) 10 · 26 사태 : 1979.10.26. 김재규 중앙정보부장의 박정희 대통령 시해

12) 박정희(1917~1979)에 대한 평가 : 고도의 경제성장을 이룩한 대통령. 민족중흥을 실현한 지도자

ㄴ. 제5공화국

1) 12 · 12 쿠테타 : 1979.12.12. 전두환 국군보안사령관의 정승화 계엄사령관 체포.
   신군부의 권력 장악

2) 제5공화국 출범 : 1981.2. 대통령 전두환

3) 6월 항쟁 : 1987.6. 전두환(5공화국)의 4 · 13호헌조치에 맞서 6 · 29 선언을 이끌어 냄 — 대통령 직선제 쟁취

4) 제6공화국(노태우 대통령. 1988.2~1993.2)

제12장 일본의 치외법권 행사

Ⅰ. 개항 후 일본인의 침투상황

동래에 왜관이 설치된 조선 후기 이래 일본인들이 한국에 들어왔지만, 그들의 본격적인 이주는 개항과 더불어 시작되었다. 조일수호조규에 의하여 1876년 최초로 개항한 부산에는 그 해 11월 경 해군 대군의大軍醫 시야의징矢野義徵과 대창조大倉組의 부전중오랑富田重五郎이 각기 그들의 처자를 데리고 들어왔다. 일본인은 그 후에도 계속 이주해 와서 그 해 말에 일본인 거류민 수는 54명에 이르게 되었다. 그 다음 해인 1877년 말에는 거류민이 345명으로 격증하였고, 1879년에는 다시 1,150명으로 증가하였다.

이렇게 시작된 일본인의 한국 이주는 원산이 개항하는 1880년 5월 이후에 급증하게 된다. 일본이 원산을 제2의 개항장으로 선택한 것은 다가올 러시아와의 전쟁에 대비하기 위한 것이었다. 원산 개항 초부터 일본 정부는 일본인의 원산 이주를 권장하여, 1880년 말에 원산항의 거류민은 235명에 이르게 되었고, 그 다음 해에는 다시 281명으로 증가하였다. 그러나 1882년 4월 원산 교외에서 일본인이 한국인에게 습격당한 사건과, 그 해 7월에 일어난 임오군란의 영향으로 거류민은 일시적으로 감소하였다. 인천은 1883년 1월에 개항하였는데, 같은 해 4월에 10여 명에 불과하던 거류민은 그 해 말에 영사관원을 제외하고 300여 명에 이르렀다.

한성의 경우, 1880년 4월에 일본 공사관이 설치되고, 그 해 12월 전권공사 화방의질花房義質 이하 30여 명의 관원館員이 입경하여 서대문 밖에 공사관을 설치하였다. 그러나 임오군란으로 일본 공사관이 습격당하여 신식군대 교관 굴본예조堀本禮造 등 13명이 살해되자, 공사관원들은 난을 피해 일시 귀국하였다. 이 때까지 한성에 일반인은 한 사람도 없었는데, 한성에 일반인의 거주가 허용된 것은 1883년 11월에 한영수호조약과 통상장정通商章程이 체결되어 한성이 개방되면서 부터이다. 한영조약이 맺어지자 일본은 최혜국대우의 적용을 받아 일반인이 한성에 거류할수 있게 된 것이다. 그리하여 한성 거주 일본인 수는 1884년 100명을 시작으로 하여, 1886년에는 215명으로 증가하였다.

이와 같이 일본인의 조선 이주는 임오군란이나 갑신정변 등 조선의 정치상황 등으로 일시적인 감소현상을 보이기도 하였지만 개항 이래 지속적으로 증가하는 양상을 띠었다.

한편, 개항 이후에 들어온 일본인들의 도항 사유를 보면, 이주자들 중에는 무역이나 행상 등의 상업적인 목적으로 들어온 자들이 가장 큰 비중을 차지하였으며, 그 다음에는 관리 등의 공용公用으로 들어온 자들이 많았다. 그밖에도 유학·고용·직공·어업 등의 목적으로 도래하였다. 상업적인 목적으로 들어온 경우에 남자는 중매인仲買人·잡화상·음식물행상, 여자는 음식점·재봉업 등에 종사하였다.

이주자들은 지리적으로 조선과 가까운 구주九州 지방의 장기長崎와 그 인근의 본토에 위치한 산구 등 일본 서부지방 출신이 많았다. 이들의 출신성분은 평민이 대부분이었지만, 사족士族 출신도 끼어 있었으며, 이들의 직업은 어민·목공·역부役夫의 비중이 높았다. 이와 같은 성분을 지닌 거류민들의 직업은 개항장에 따라 차이를 보였다. 부산의 경우는 무역과 관련된 직업이 주류를 이루고 있었고, 원산은 곡물중개상, 소매상, 직공 등이 많았다. 그리고 인천에는 1880년대 후반부터 대규모의 제조업자가 등장하기도 하였다. 또한 일본거류민들은 불평등조약으로 인한 조세관세권의 부인, 일본화폐의 유통, 영사재판권의 행사, 간행이정 확대 등을 통하여 경제활동의 폭을 넓혀나갔다.

일본인의 활동영역은 간행이정間行里程의 변천으로 확대되어 갔다. 조일수호조규 부록에서는 사방 10리의 간행이정을 설정하였으나, 1882년 조일수호조규 속약에서는 50리로, 1년 후부터는 다시 100리로 확대되었다. 1883년 이후에는 간행이정 사방 100리 이내 지역에서는 여행권을 소지하지 않고도 자유로이 통상할 수 있게 된 것이다.

이상과 같이 한일수호조규 체결 직후부터 개항장을 중심으로 이루어진 일본인의 침투와 활동은 그 후 일본 정부의 적극적인 장려정책과 간행이정의 확대 등을 통하여 전국적인 양상을 띠며 확대되어 갔다. 일본인의 침투는 개항장을 중심으로 한 내지에 국한되지 않고 통상장정과 통어장정 등을 근거로 하여 한국의 해안까지도 침범하였다. 이에 따라 육지와 바다에서 일본인과 한국인의 갈등이 고조되어 갔고, 아울러 일본인의 범죄도 증가하였다.

Ⅱ. 일본인 범죄사건의 양상과 특징

1. 범죄사건의 추이

개항 이후 진출하기 시작한 일본인들은 한국에서 각종 범죄를 저질렀다. 1876년 이후 청일전쟁이 일어난 1894년까지 일본인에 의한 범죄는 해마다 끊이지 않고 발생하였다. 갑신정변 이후 일본인에 의한 범죄가 본격적으로 나타나고 있는데, 이는 임오군란으로 인하여 일시적으로 후퇴했던 일본 세력이 다시 진출하고 이에 따라 일본인들의 이주도 증가한 데 연유한 것으로 보인다. 일본은 갑신정변 이후 정치적으로는 후퇴를 하지 않을 수 없었지만, 경제적으로는 적극적인 진출을 도모하였던 것이다.

갑신정변 직후 발생한 사건의 대부분이 사주私鑄, 채무침징債務侵徵, 어채漁採 등 경제 관련 사건이었던 점이 이같은 사실을 뒤받침하고 있다. 일본의 진출이 다시 활성화되는 1887년 이후 살인, 상해傷害 등 인신침해 人身危害 사건이 빈발하였는데, 이것은 일본의 정치적 침투가 심화함에 따라 일본인들의 발호도 증대되었음을 보여준다.

사건의 지역별 추이를 보면, 개항 후 일본인들에 의한 범죄는 전국에 걸쳐 발생하였다. 일본인들은 남쪽의 제주도에서부터 북쪽의 함경도까지, 그야말로 전국을 횡행하며 한국인을 대상으로 범죄행위를 자행하였던 것이다.

2. 범죄사건의 유형

한국에서 벌어진 일본인 범죄사건 가운데 가장 큰 비중을 차지하고 있었던 것은 잠상潛商·채무債務·어채漁採·잠벌潛伐·사주私鑄 등 경제 관련 사건이었다. 이는 조선에 대한 일본의 경제적 침탈 상황을 잘 보여주는 사례라고 하겠다. 잠상에는 잠삼潛蔘·방곡령위반防穀令違反 사건 등이 포함되어 있다.

잠삼은 홍삼紅蔘을 허가없이 제조해서 유통시키는 범법犯法행위를 말한다. 조선정부에서는 홍삼이 주요한 수입원이었으므로 조선후기, 특히 정조대부터 이것의 제조와 밀무역을 철저하게 통제하고 있었는데, 일본인들은 이러한 금제禁制를 비웃으며 불법을 자행하였다. 홍삼은 이윤이 많이 남았기 때문에 일본 거류민들은 홍삼을 밀조密造하거나 일본으로 밀수출하였다. 개항 이후 인천의 일본 상인들이 홍삼을 장기長崎로 밀수출하기 시작하였고, 뒤에 한성 거류민들도 밀수출에 나섰다. 홍삼의 밀수로 재미를 본 일인들은 드디어 수삼을 원료로 하여 홍삼을 제조하기에 이른다.

경제관련 사건 중에는, 채무를 무리하게 징수한다거나 족징族徵, 즉 채무자 본인이 아닌 가족이나 친척 등에게 채무의 변제를 요구하는 사건이 많았다. 이것은 일본인들이 조선에 와서 이자놀이 등을 하면서 물정物情에 어두운 한국인들을 경제적으로 착취하였음을 말해준다. 개항 이후 고리대는 일본인 거류민의 재산축적 수단으로 가장 중요시되었다. 거류민의 절반 이상이 이에 종사하였으며, 이자는 최고 10일에 1할에 달하였다. 고리대의 목적은 이자를 취하려는 것보다 돈을 갚지 못하는 사람으로부터 토지를 빼앗기 위한 것으로서 이는 개항 직후부터 일본 패전까지 일관된 특색이었다. 거류민 가운데는 고리대를 통하여 지주가 된 자들이 많았는데, 그들은 부채와 관련하여 한국인들을 가혹하게 다루었다. 한국인이 빌린 돈이나 상품 대금을 내지 않을 때는 그 한국인의 집문을 못으로 박기도 하였고, 그가 달아나려고 하면 집에 우리를 설치하고 그 안에 가두었다가 친척이나 友人이 돈을 갚은 뒤에야 풀어주기도 하였다.

그리고 일본 어민들에 의한 어채 문제도 커다란 골칫거리였다. 조일수호조규 체결 이후 일본어민은 비합법적이지만 우리 해안에 활발히 출어하기 시작하였으며, 그 후 1883년 '통상장정'과 '어채범죄조규' 등이 체결됨으로써 일본어민은 한국 해안에서 합법적으로 어채를 하게 되었다. 이에 따라 양국 어민의 갈등이 고조되어 남해안 일대의 곳곳에서 살인·구타 등 충돌사건이 벌어졌는데, 특히 고성固城·제주 지방에서의 갈등이 가장 심했다. 제주도민들은 일본정부의 어채금지를 조정에 진정하고 직접 상경하여 청원하기도 하였으나 조선정부에서는 이를 제지할 능력이 없었다. 그 후 1889년에 일본과의 사이에 통어장정이 체결되면서 연해안 각지에서는 일본어민과 더욱 심한 충돌이 벌어지고 드디어 제주도에서는 전체어민이 봉기하는 사태까지 이르게 된다.

일본인에 의한 범죄 가운데는 나무를 무단으로 벌목해서 배에 실어가는 잠벌潛伐사건도 빈번하게 일어났다. 잠벌은 주로 울릉도에서 일어났는데, 이 때문에 일본 정부는 1883년 3월 울릉도에의 도항금지령을 공포하기까지 하였다. 그리하여 수목樹木 도벌자盜伐者는 일본 형법 제 373조에 의거하여 처분하도록 규정하였다. 이렇게 한 것은 거류지로 인정받지 못한 이 섬에 다수의 일본인이 벌목과 어채에 종사하고 있는 것을 발견한 조선 정부가 일본 정부에 대하여 도항금지를 요구했기 때문이다. 일본 정부는 이에 따라 200여 명을 강제로 귀국시키고 재판에 회부하였으나 전원이 무죄 방면되었다. 이런 상황이었으므로 법을 어기고 도항하는 것이 끊이지 않아 거류민은 수백 명에 달하였다. 일본 정부에서 이렇게 울릉도 도항을 사실상 묵인한 것은 이 섬을 개척하여 러시아의 동방 경략經略에 대항하는 거점으로 삼으려 했기 때문이었다고 한다.

경제관련 사건 다음으로 빈번하게 발생한 사건은 살인·상해·구타 등의 살상 사건, 즉 인신人身 관련 사건이었다. 전체 사건 중 9건이 이같은 사건이다. 이것은 일본인들이 조선에 들어와서 일본측의 정치적·군사적 우위를 배경으로 하여 한국인들에게 많은 위해를 가하였음을 보여주고 있다. 특히 일본인들은 불법적인 어채나 상행위 등을 저지하는 한국인들을 구타하고 물품을 약탈하는 등의 행패를 일삼았다. 그 외에도 일본인들은 작폐作弊·사기詐欺·민가난입·내지잠행內地潛行·문서위조 등 다양한 범죄를 저질렀다.

조선시대에는 민사와 형사 사건 사이의 구별이 명확하지 않았지만, 일본인 범죄사건을 민사와 형사로 굳이 나누어보면, 대부분이 형사사건이고, 민사사건은 매우 적었다. 채무는 본래 민사사건에 해당되지만, 이와 관련된 사건도 대부분 침징侵徵이나 족징 등으로 인하여 분쟁이 야기된 사건으로서 형사사건으로 분류될 사건들이다.

Ⅲ. 일본의 치외법권 행사

1. 일본의 영사재판권 적용

1876년 2월에 체결된 조일수호조규에는 처음으로 영사재판권이 형사와 민사로 나뉘어 규정되었다. 형사에 관한 조항은 제10관에 규정되었는데, '일본국 인민이 조선국이 지정한 각 항구에 재류 중 만약 죄를 범하거나 조선국 인민에게 관계되는 사건은 모두 일본국 관원이 심의, 결단한다. 만약 조선국 인민이 죄를 범하고 일본국 인민에게 관계된 사건은 모두 조선국 관원이 수사, 판결한다.'라 하여 한국내 개항장에서 일어난 일본인 범죄는 일본국 관원이 재판하도록 되어 있었다. 이처럼 형사사건의 경우 재판관할권과 준거법이 모두 피고주의를 따르고 있다. 또한 제9관은 민사사건에 관하여 '만일 양국의 상민商民이 속여 팔거나 대차금貸借金을 갚지 않는 등의 일이 생겼을 경우 양국 관리는 엄히 그 빚진 상민을 체포하여 빚을 갚도록 한다. 단, 양국 정부는 이를 대신 갚지 않는다.'라고 규정하였다. 여기에서는 양국 관리가 상민으로 하여금 빚을 갚도록 한다고 되어 있지만, 실제로는 민사사건의 경우에도 최종적인 판단권은 피고의 국적국이 행사하였다. 민사사건에도 피고주의가 적용되었던 것이다. 조일수호조규상에는 그러나 영사재판의 기관이나 절차 등에 관하여 구체적으로 규정되지는 않고, 다만 영사재판기관과 관련하여 '일본관' 또는 '양국 관리'라고만 규정하고 있다. 따라서 영사재판기관이나 재판절차 등에 관한 구체적인 사항은 일본 국내법에 따라 결정되었다.

이러한 영사재판권은 다음과 같은 이유로 조선의 사법주권을 침탈함으로써 정치·경제·사회 각 부문에 심각한 악영향을 미치는 근본원인으로 작용하였다. 즉, 외국인의 특정 행위가 해당 국가의 법률에 범죄로 규정되지 않은 경우 그 외국인을 처벌할 수 없고, 영사가 자국의 이익을 배려할 수밖에 없기 때문에 외국인이 자국 영사관에서 재판을 받더라도 처벌이나 보상이 제대로 이루어질 가능성이 낮으며, 항소심 자체가 불가능하다는 점 등이다.

일본은 1888년에 영사재판규칙을 제정하여 시행하였는데, 같은 해 10월 칙령 제71호로 공포된 청국 및 조선국주재 영사재판규칙은 다음과 같다.

제1조 청국 및 조선국에 주재하는 일본제국 영사는 그 관할 내에 있는 일본 인민에 대한 민사소송 및 공소(公訴)·사소(私訴)로서 치안재판소·위경(違警)재판소·시심(始審)재판소·경죄(輕罪)재판소의 권한에 속하는 것을 심판하는 권한을 가진다. 단, 치안재판소·위경재판소의 권한에 속하는 소건(訴件) 중 영사가 행하는 재판은 종심(終審)의 재판으로 한다.

제2조 예심판사의 직무는 영사가 행하고, 검찰관의 직무는 부영사·경찰관 또는 영사관 서기생(書記生)이 행한다.

제3조 재판소 서기의 직무는 영사관 서기생 또는 다른 영사관원이 행한다.

제4조 경죄에 속하는 것은 예심을 행한다.

제5조 중죄에 관한 예심의 수속 및 예심종결의 언도에 대해서는 고장(故障)을 허용하지 않는다. 단, 예심종결의 언도에 대하여는 곧바로 上告할 수 있다.

제6조 치죄법(治罪法)에 정한 기피(忌避)·회피(回避)의 규칙을 적용한다.

제7조 민사소송 및 공소·사소의 재판에 대한 공소(控訴)는 장기(長崎)공소원에서, 중죄에 관계된 공판(公判)은 장기중죄재

판소에서 관할한다.

이처럼 영사재판규칙에서는 한국 주재 일본 영사가 민사소송 및 형사소송의 공소·사소를 심판하는 예심판사의 권한을 가지고, 부영사 등은 검찰관의 직무를 행하도록 규정하였다. 또한 영사재판소에는 치안재판소 등 4종류의 재판소가 설치되어 있었는데, 그 가운데 치안재판소와 위경재판소의 재판은 영사재판소의 재판이 종심終審이 되도록 하였다. 예심 후에는 공소控訴를 제기할 수 있도록 하였는데, 민사소송 및 공소·사소는 장기공소원에서 관할하고, 중죄는 장기중죄재판소에서 관할하도록 규정하고 있다.

영사관에는 감옥이 설치되어 있었는데, 부산 총영사관 감옥소의 경우 1885년 10월 현재 경부 1명, 순사 1명, 압정押丁 2명 등 모두 4명의 직원이 배치되어 있었다.

또한 영사재판의 결과 부과되는 형벌의 종류에는 1885년 현재 다음과 같은 것이 있었다.

금고(禁錮) (중(重) 5년 이상, 2년 이상, 11일 이상. 경(輕) 100원
이상, 2년 이상, 11일 이상)
벌금(罰金) (100원 이상, 20원 이상, 2원 이상)
구류(拘留)
과료(科料)
부가형(附加刑) (감시(監視)·벌금·몰수)

이와 같이 영사재판에서 부과하는 형벌에는 금고·벌금·구류·과료의 4가지가 있었고, 여기에 감시·몰수 등이 부가되었다. 금고형은 중금고와 경금고로 나뉘었고, 각기 11일 이상부터 5년 이상 까지의 형량을 부과하도록 되어 있었다. 벌금은 2원 이상부터 100원 이상까지로 규정

하였다.

이제, 일본인 범죄사건에 대하여 일본이 영사재판권을 실제로 어떻게 적용하였고, 이에 대하여 한국측에서는 어떻게 대응 내지 반응했는지를 사례를 통하여 검토하기로 하겠다.

일본인이 저지른 범죄사건이 발생하면 우선 한국이나 일본 어느 한 편의 요구에 따라 양국의 관원들이 영사관 등에 모여서 회심會審을 행하였다. 당시 한국에서는 회심을 청심과 같은 의미로 쓴 것으로 보이는데, 이를 회판會辦・회동심판會同審判・회동판리會同辦理・동위재판同爲裁判 등으로도 불렀다. 이것은 주한 일본 영사관 재판소에서 행하는 재판 과정 중이나, 그 이전에 양국 관원이 모여 사건을 논의, 처결하는 절차였다.

일본은 한영조약에 균점하여 회심국會審局을 개설하고 회동청심법會同聽審法, 즉 청심법을 1887년 1월부터 시행하였다. 이에 앞서 일본은 1886년 10월 한일교섭범죄사건에 관하여 일본의 재판에 불만족하여 한국이 이의신청을 하는 경우 대처방법을 강구하는 가운데, 처음에는 한국측의 재판관여를 우려하여 주저하였으나 결국 회의국會議局이라고도 부른 회심국을 설치하고 회동청심법을 만들게 되었다.

청심제도는 조일수호조규에는 규정되지 않았다가 조미수호통상조약에 처음으로 도입되었다. 청심은 교섭사건 재판에서 심판권을 행사하는 소속국가는 원고가 소속된 국가의 관리가 청심관으로서 재판에 참관하는 것과, 재판 과정에서 증인 소환이나 심문 등을 행할 수 있도록 보장해야 한다는 조항이다. 또 심판관의 결정이 부당하다고 생각될 때는 이에 이의를 제기할 수 있도록 하였다. 청심제도의 의도는 재판의 공정을 기하기 위한 것이었지만, 실제 운영에 있어서는 한국의 사법주권을 더욱 제약하는 작용을 하였다. 한국 정부가 법적 지식이나 세력에 있어 압도적으로 열세에 놓여 있었으므로 영사재판에서 청심제도를 효과적으로 이용하는 데 한계가 있었던 반면, 한국측이 재판권을 가지는 사안에 있어서는 오히려 상대국의 압력을 합법화하는 통로로 이용되었기 때문이다. 청심제도는 조영조약 등 대부분의 조약에 거의 그대로 채택되었다.

이처럼 청심은 본래 원고국의 관원이 영사재판 과정 중에 재판에 참석 내지 관여하도록 되어 있었지만, 실제로는 영사재판 이전에 한·일 양국 관원이 회동하여 사건에 대하여 논의가 이루어지기도 하였다. 재판 전 사전 회동은 주로 한국측에서 요구하고 있다. 또한 실제 사례를 통해서 볼 때, 회심에 참여하는 자격은 원칙적으로 한국측의 경우 각 개항장 감리서監理署의 감리監理였으나, 한성에서 일어난 사건이나 한성과 관련된 사건은 한성 부윤 내지 우윤이 참여하였다. 일본측에서는 개항장 영사재판소의 영사가 회심에 참여하였다. 회심에서는 한국과 일본의 사건 당사자들을 불러서 심문을 진행하기도 하였다.

재판 전에 행해진 회심에서 해결되지 않은 사건은 다시 일본 영사관에 설치된 재판소로 넘겨서 정식으로 영사재판을 실시하였다. 이와 같이 대부분의 사건은 회심을 하거나 영사재판을 행하였지만, 중죄重罪이거나 영사재판으로 해결하기 어려운 사건은 일본 국내의 재판소로 이송하여 재판을 하였다. 일본측에서는 범인을 비호하거나 빼돌릴 목적으로 범인이나 사건을 본국으로 이송기도 하였다. 일본 국내 재판소로 이송할 때는 영사재판을 거쳐서 이루어지는 경우도 있었고, 영사재판을 거치지 않고 곧바로 이송하는 경우도 있었다. 따라서 사례를 검토해 볼 때 한국인과 일본인 사이에 벌어진 범죄사건 중 일본인 피고 사건의 경우에 적용된 넓은 의미의 영사재판에는 회심, 주한 일본 영사재판소 재판, 일본 내지內地 재판소 이송의 세 가지가 있었고, 일본은 회심 → 영사재판소 재판 → 내지 재판소 이송의 순으로 그들의 영사재판권을 행사하였다고 하겠다. 그러나 이같은 도식적인 절차가 모든 영사재판에 일률적으로 적용된 것은 아니다.

일본인 범죄사건에 대한 일본측의 영사재판 처리 상황을 보면, 47건 가운데 조선측 관원과 일본 영사 사이의 회심이 7건으로 나타나고 있다. 그 다음으로는, 주한駐韓 일본 영사관재판소에서 재판한 사건이 3건이었다. 마지막으로는 일본 국내의 재판소로 이송移送시킨 사건을 들 수 있다. 이것을 좀 더 구체적으로 살펴보면, 장기중죄재판소長崎重罪裁判所 이송 5건, 송산경죄재판소宋山輕罪裁判所와 산구경죄재판소山口輕罪裁判所 이송이 각 1건이었다. 따라서 모두 7건의 사건이 일본 내지의 재판소로 이송된 것으로 보인다. 이렇게 볼 때 전체 범죄사건 47건 가운데 넓은 의미의 영사재판이 이루어진 사건은 모두 17건(36.2%)이었다고 하겠다. 일본인이 조선에서 저지른 범죄의 3할 가량만이 영사재판에 회부되었던 것이다. 그 나머지 사건은 대부분 일본측의 소극적인 대응으로 재판에 회부되지 않고 유야무야된 것으로 보인다.

또한 일본 본국으로의 이송은 1884년에 가장 많았고, 영사관 재판도 1885년과 1886년 사이에 집중되어 있다. 따라서 일본의 정치적 진출이 미약했던 초기에는 영사재판이 비교적 성의있게 진행되었으나, 그들의 세력이 강화되면서 부터는 영사재판이 간헐적으로 이루어졌고, 영사재판이 행하여지더라도 형식적인 재판으로 끝나는 것이 대부분이었다. 이와 같이 영사재판과 일본의 진출은 상호 표리관계를 이루고 있었다. 이것을 볼 때 영사재판이 일본인들의 범죄를 정당화하거나 그들의 침략을 강화시키는 방편으로 악용되었다고 하겠다.

다음은 일본인 범죄사건에 대한 영사관 재판소 재판, 국내 재판소 이송 등의 사례를 구체적으로 알아보도록 하겠다. 영사관 재판소 재판 사건의 사례로는 우선 일본인의 내지內地 잠행潛行 사건을 들 수 있다. 이것은 1886년 10월 조계 100리 밖인 경상도 김천 지방을 여행허가서인 호조護照없이 잠행하며, 작폐한 다구도선칠多久島善七 등 4명을 한국측에서 체포하여 일본의 인천영사관으로 이송한 사건이다. 이 때 인천영사관에서는 영사관원 염천일태랑鹽川一太郎과 순사 전중충정田中忠正을 김천에 파견하여 범인들을 호송하였다.

인천영사관에서는 인천항일본경죄재판소 주관으로 이들에 대한 재판을 개정開廷하여 간행이정間行里程 위반죄를 적용하여 체포하지 못한 1명을 제외한 3명에게 각기 벌금 10元을 구형하였다.

영사재판의 또 다른 사례로는 1887년 윤4월에 발생한 박문술朴文述 상해사건을 지적할 수 있다. 이 사건은 경상도 하동에서 일본인 고삼병조古森兵助가 엽총을 발사하여 박문술을 부상케 한 사건이다. 고삼古森은 장기현에 사는 39세의 평민 출신 중매상인데 미곡을 매입하러 전라도로부터 하동에 온 것이다. 그를 체포한 뒤 하동부 관아에서 심문을 하였는데, 심문조서에 의하면 그 동료 상인이 휴대한 엽총을 빌려서 소두小豆를 향하여 쏘았는데 소두의 알이 몇 개 튀어서 옆에서 일인의 물건을 구경하고 있던 박문술이 거기에 맞아 부상을 당했다고 진술하였다. 또 호신과 사냥을 위해서 엽총을 휴대한 것이라고 주장하였다. 고삼은 치료비 등을 조선측에 맡기고 그가 지니고 있던 미米 8표俵와 한전韓錢 25관문貫文을 내었다. 이에 대하여 일본 영사는 고삼이 실수로 박문술에게 총상을 입혔는데, 조선 관리가 고삼으로부터 전미錢米를 강취强取하고 50여 일간 유치留置하는 등 부당하고 가혹하게 처치를 하였다고 항의하였다. 그러나 나중에 하동부로부터 고삼을 인수한 부산영사관에서는 영사재판을 진행하여 형법 제 319조에 따라 그에게 벌금 10원을 언도하였다. 1885년 12월에 인천항에서 일어난 일선日船 잠미潛米 사건에 대해서도 영사재판이 이루어졌다. 이 사건은 인천영사관에서 재판하여 판결을 내렸는데, 해당 화주에게 벌금 은화 10원元 5각角을 선고하였다. 또한 1893년 5월 명보환明寶丸이라는 일본 선박에 소두小豆와 우피牛皮를 적재하고 있는 것을 적발한 한국측에서 배를 나포하고 거기에 실려 있던 화물을 압류하였는데, 일본측에서는 영사관에서 재판을 열어 명보환을 풀어주고 화물을 환급還給해 줄 것을 요구하였다. 이에 조선측에서는 영사재판 결과의 부당함을 주장하며 일본측의 요구를 거부하였다.

　이상의 네 가지 사건을 볼 때 영사재판소 재판은 잠상·상해·잠행(간행이정 위반) 등의 사건에 적용되었고, 재판 결과 벌금 등의 가벼운 형량이 구형되었음을 알 수 있다.

　일본측에서는 중죄에 해당되거나 영사재판으로 처리하기 어려운 사건은 일본 국내 재판소로 이송하여 재판을 진행하였다. 이제 이러한 사례를 살펴보면, 먼저 1884년 1월에 발생한 울릉도 잠벌潛伐 사건을 꼽을 수 있다. 개항 이후 일본인들은 울릉도에 무단으로 들어와서 목재를 몰래 베어서 배로 실어서 가져갔는데, 주일 동남개척사도 이를 인지하고 많은 목재가 배로 운송되고 있다고 보고하는 실정이었다. 이에 대하여 한국측에서는 통상通商이 금지된 곳에 월경越境하여 잠벌하는 것은 공례公例에 위반하는 것이라고 항의하면서 통상장정에 따라 범인을 처벌할 것을 일본측에 요구하였다. 울릉도에서 무단으로 나무를 베어 영사재판에 회부되었던 사건은 그 후 일본 국내의 송산경죄재판소로 이송되었다.

　이 사건의 피고는 평민인 촌상덕팔村上德八이었다. 그의 나이는 36세로 선승업에 종사하고 있었다. 송산경죄재판소에서는 다음과 같이 벌금형과 목재 공매公賣 대금의 반환을 선고하였다.

　　　　벌금 : 은화 162원 54전 9리(일본 제일은행권)
　　　　(한전 25만 문 － 몰수 규목 대금 50만 문의 2분의 1)
　　　　목재공매대금 : 전 445원 20전 9리(일본 제일은행권)
　　　　(몰수목재공매대금 총액 : 466원 80전
　　　　공제액 : 송금 및 환전 수수료 : 46전 6리
　　　　우편료 : 6전
　　　　목재보관비 및 공비용 : 21원 6전 5리)

　이같은 판결 후 목재공매대금은 현금으로 한국에 송금되었다.

일본 국내로 이송된 사건 가운데는 사도沙島 사주私鑄 사건도 있었다. 이 사건은 1884년 5월 인천 앞 바다 사도에서 일본인이 한국인과 공모하여 동전銅錢을 사사로이 주조한 범죄사건이다. 일본인 춘전작시春田作市(대판부(大阪府) 거주, 평민, 무직, 31세)와 역무가차랑力武嘉次郎(『외무성기록』의 재판언도서에는 산전가차랑山田嘉次郎이라고 나온다. 좌하현佐賀縣 거주, 평민, 잡업, 19세)이 한국인 손치범孫致凡) 등과 함께 배를 빌려서 남양南陽 지방의 화도진花島鎭 사도변沙島邊의 무인도에 배를 정박시킨 후 노로爐 등의 주전鑄錢기구를 설치하고 4일간에 걸쳐 400량(『외무성기록』의 재판언도서에는 5문으로 되어 있다)의 동전을 주조하였다. 이를 발견한 화도진 별파진別破陣인 최용석崔龍石과 주민 김일갑金日甲이 배에 올라 조사하려 하자 일본인들이 칼을 휘두르며 구타하여 최용석 등이 사경에 이를 정도로 부상을 입었다. 이에 급히 관원을 파견하여 그들을 체포하려 하였으나 일본인들은 주전鑄錢을 휴대하고 인천에 있는 그들의 상점으로 돌아갔다. 이 때 배에 남아있던 유경복柳景福과 황희용黃喜用 등 한국인 두 명은 체포되었다.

이 사건에 대하여 통서에서는 인천 지방관으로 하여금 일본인이 조선의 법을 위반하였지만 징판지법懲判之法이 조일수호조규 10조에 있는 만큼 일본영사관에 조회하여 조약에 따라 징판懲判하도록 요구하게 하였다. 그러자 일본 영사관에서는 일인들의 죄는 중죄이므로 자국의 법에 따라 처결處決하겠다는 회신을 보내었다. 일본에서는 조일수호조규부록 제7관 세2항에 '양국국민이 사사로이 전화錢貨를 주조하는 자가 있으면 각기 그 나라의 법률에 따라 처단한다'라는 조항에 의하여 한국화폐를 주조한 일본사람이 있다면 내국화폐 주조자와 다름없이 처분해야 한다는 입장을 보였다. 이에 따라 이 사건은 장기중죄재판소로 이송되어 그 해 11월에 구형이 이루어졌다.

장기재판소에서는 이들에게 내국통용의 화폐를 위조하여 행사한 자는 경징역輕懲役에 처한다는 일본 형법 제85조의 규정에 따라 피고인 춘전작시春田作市에게는 경징역 6년을 언도하고, 역무가차랑力武嘉次郎에게는 연령이 20세 미만이라는 이유로 형법 제 81조에 따라 1등을 감형減刑하여 금고禁錮 4년 6개월을 구형하였다. 특히 역무力武에게는 동법 제 191조에 의해 금고 외에 부가형으로 6월의 감시監視를 부과하고 그의 집에서 압수한 서류와 위조 동화銅貨 7관貫 135문文은 형법 제43조, 44조에 의하여 몰수하며, 재판비용은 형법 제45조에 의하여 그 전부를 피고인 두 사람이 연대하여 부담토록 하였다. 재판이 끝난 후 일본측에서는 판결문 초록을 조선측에 보냈는데, 조선의 독판교섭통상사무는 이를 보고 만족을 표하였다고 한다. 그러나 이러한 일본측의 구형량은 조선왕조의 처벌규정에 비하면 매우 약한 것이었다. 『대전회통大典會通』에 의하면, 사주를 한 자는 장인匠人은 물론, 조역인助役人도 참형斬刑에 처하도록 되어 있었다.

사주 사건은 인천의 팔미도八尾島에서도 발생하였는데, 이 사건 역시 일본 국내 재판소로 이송되어 처리되었다. 이 사건을 인지한 조선측에서는 조선인 범인 김용식金龍植 등 3명은 포도청에서 체포, 처벌하겠다고 하면서 일인 3명에 대해서는 조약에 따라 심판할 것을 요구하였다. 그리하여 사주私鑄 범인 적미지진마赤尾志津磨·산삼관태랑山森關太郎·암전중좌위문岩田重左衛門 등 3명에 대하여 인천영사관의 예심재판소가 개정開廷되었다. 그러나 조선인 공범 중 수범首犯이 도망하여 대심對審할 수 없게 되자, 인천영사관에서는 이 사건이 증거가 충분한 중죄라고 판단하여 장기중죄재판소로 이관하기로 결정하였는데, 그 재판결과는 알려지지 않고 있다.

그 다음 사례로는 모슬포 이만송李晩松 살해 사건을 들 수 있다. 이 사건은 1887년 7월에 일본 어선 6척이 제주도 모슬포에 정박한 후 일본 어민들이 민가에 난입하여 이만송을 살해하고 김성만金成萬 등 3명에게 상해를 입히면서 닭 162 마리, 개 3마리, 돼지 1마리 등의 가축을 약탈한 사건이다. 이 사건이 일어나자 통서에서 일본 공사관에 먼저 조회를 하였는데, 그러자 일본측에서는 부근 영사와 조선 관원이 회동하여 먼저 재판을 하되, 통서의 독판督判이 일본 공사와 더불어 청심聽審하여 판결함이 마땅하다고 회신하였다. 이러한 회신을 접수한 통서에서는 부산 감리에게 관칙關飭을 내려 부근 영사와 회동재판을 할 것을 지시하였다. 이처럼 일본측에서 회심을 하자고 먼저 제안하였으나, 그들은 이를 실행에 옮기지 않고 지체하였다. 그러자 한국측에서는 다시 영사재판이라도 속히 개정할 것을 요구하였다. 그 후 영사재판이 열렸는지는 불분명하지만, 이 사건은 그 후 장기시심재판소長崎始審裁判所로 이송되었다. 그러나 이 재판소에서는 일본인의 정당방위라는 결론을 내리고 사건을 종결짓고 말았다. 이만송 살해 사건에 이어 1890년 6월 제주도에서 일어난 또 다른 살인 사건인 양종신梁宗信 살해 사건도 장기재판소로 이송되었으나, 역시 정당방위로 처리되었다. 이 사건은 제주도 배영리盂슈里에 배를 정박시킨 일본 어민들이 마을에 난입하여 칼을 휘둘러 양종신을 살해한 사건이다. 이 사건에 대하여 일본측에서는 일본 어민들이 식수를 구하러 상륙하였을 때 제주도민과 쟁투가 일어난 것인데, 그 원인은 제주 목사가 급수汲水를 허가하지 않은 데 있다고 하면서 정당방위를 주장하였다.

이처럼 살인 사건의 경우에는 일본 국내 재판소로 이송되는 것이 원칙이었지만, 영사재판조차 열리지 못하는 살인사건도 있었다. 또 다른 살인 사건인 소수권蘇守權 살해 사건의 경우가 그런 사례이다. 이 사건의 경위를 보면, 1884년 윤5월에 일본인 5명이 어선에 타고 경상도 통영의 동당봉동東堂峰洞 굴양교掘樑橋 밑을 지나갈 때 교량 위에 있던 서너 명의 아이들이 이들을 희롱하자 일본인들이 분노하여 육지로 올라왔다. 그러자 구경하던 사람들이 모두 도망을 하였는데, 소수권만은 63세로 연로하여 멀리 달아나지 못하였다. 이에 일본인들은 노목櫓木을 휘둘러 맹타당한 소수권이 그 자리에서 치사하고 말았다. 그러자 일본인들은 놀라서 급히 배에 올라타고 동해로 빠져나갔다. 사건 후에 일본측에서는 범인들의 복제와 용모, 선박의 모양 등을 알려줄 것을 요청하였으나 나중에 결국 범인이 체포되지 않았다는 이유로 사건이 유야무야되고 말았다.

마지막으로, 성산포城山浦 살상殺傷 사건을 들 수 있다. 이 사건은 1892년 6월에 제주 성산포와 화북포禾北浦 지방에서 한국인에 대한 일본 어민들의 살상사건인데, 당시 오동표吳東杓는 총으로 피살되고 김두구金斗九 등 2명이 상해를 입었다. 이 사건의 범인 임초차랑林初次郎과 목촌구오랑木村久五郎에 대한 재판은 일본 법부法部 대신의 특명에 따라 장기재판소로 이송되었다. 그러나 장기재판소에서는 혐의嫌疑는 있으나 증거가 불명확하다는 판결을 내렸다. 이에 따라 조선 정부에서는 우방과의 관계를 고려하여 그동안 구금하고 있던 범인을 방면해야만 했다.

위에서 일본 국내 재판소 이송사건의 경과를 살펴보았는데, 이송된 사건은 살인 및 살상 사건이 3건, 사주 사건이 2건, 잠벌과 문서위조 사건이 각1건이었다. 즉, 살인과 같은 중죄는 물론, 잠벌이나 문서위조 등의 비교적 가벼운 사건도 이송시키고 있다. 또한 내지로 이송된 7건의 사건 가운데 확실하게 판결이 내려진 사건은 2건에 불과하다. 나머지 사건 가운데 1건은 증거불충분으로 무죄 판결이 나왔고, 2건은 정당방위로 처리되었다. 또 2건은 판결결과가 명확하게 나와 있지 않은 것으로 보아 아마도 최종적인 확정판결이 내려지지 않은 채 유야 무야 되지 않았을까 여겨진다. 판결 결과가 나온 것도 사주사건의 경우 징역 6년에 불과하였고, 잠벌사건은 벌금형에 그쳤다. 중죄라고 해서 국내로 이송시킨 사건의 재판이 그야말로 솜방망이 구형으로 나타난 것이다. 이는 영사재판이 일본인 보호 차원에서 이루어진 극히 불평등한 재판이었다는 것을 보여주는 좋은 증거라고 하겠다. 또한 이러한 재판결과에 대하여 한국측에서는 각종 조약이나 영사재판에 대한 이해의 부족 등으로 인하여 재판에 적절하게 대처하지 못하고 일방적으로 일본에 끌려가는 모습을 보였다.

제13장 개정 한국 근현대사

(『중학교 역사 교과서』 및 『고등학교 근현대사 교과서』 수정 내용)

Ⅰ. 새로운 중학교 역사교과서 집필기준

(교육과학기술부. 2011년 11월 확정)

(2013년부터 사용될 중학교 역사교과서(국사 등)에는 다음과 같은 사실(집필방향)이 서술, 표현되어야 함).

1. 유엔의 결의에 따른 총선거를 통해 대한민국정부가 수립되었고, 대한민국이 유엔으로부터 한반도의 유일한 합법정부로 승인받은 사실에 유의한다.

   : 대한민국의 유일성 · 정통성 · 합법성(유엔의 승인 관련) 강조.

   유엔 총회 결의 195호(1948.12.12) : '합법정부(대한민국)가 수립된 것을 선언한다. 그 정부는 코리아(한반도)에서 유일한 정부라는 것을 선언한다.'

2. 4 · 19혁명 이후 현재에 이르기까지 자유민주주의적 기본질서의 발

전 과정을 정치 변동과 민주화운동, 헌법상의 체제 변화와 그 특징 등 중요한 흐름을 중심으로 설명한다.

: '민주주의'란 용어로 충분하다며 '자유'를 빼자는 일부 의견이 있었지만, 헌법정신을 제대로 표현한다는 취지에서 '자유민주주의'라 표현(헌법재판소가 '자유민주주의'를 우리나라 헌법 질서의 최고 기본가치로 파악한다고 판결했고, 다수의 헌법학자들도 헌법의 '자유민주적 기본질서'가 '자유민주주의'를 의미한다는 견해를 보이고 있음).

3. 자유민주주의가 장기 집권 등에 따른 독재화로 시련을 겪기도 하였으나 이를 극복하였다. 역대 정부의 공과功過를 서술할 경우에는 균형있게 다루도록 유의한다.

: '독재'라는 표현을 빼자는 주장이 있었으나, 산업화와 민주화가 균형잡힌 교과서가 되기 어렵다는 지적을 수용.

Ⅱ. 고등학교 한국 근·현대사 교과서 서술 가이드 라인

(국사편찬위원회 및 교육과학기술부 제시. 2008년 10월)

* 기존 6종의 근현대사 교과서에서 대한민국 정통성 기술과 북한 정권 서술 등에 문제가 있다는 것을 인정하고, 다음과 같이 수정할 것을 권고.

1. 역사해석의 편향성을 피하고 타당성과 공정성을 높이도록 교과서가 서술되어야 한다.

2. 대한민국 정부가 대한제국 및 대한민국임시정부를 계승한 정통성

있는 국가임을 명확히 기술해야 한다.

3. 이승만 정부를 묘사할 때 대한민국 정부 수립에 기여한 긍정적인 면과 독재화와 관련된 부정적인 점을 객관적으로 묘사하도록 한다.

4. 대한민국이 성취한 민주주의와 경제발전이 깊은 상관관계가 있음을 교과서에 서술해야 한다.

5. 북한의 주체사상 및 수령 유일 체제의 문제점, 경제정책의 실패와 국제적 고립 등으로 인한 북한 주민의 인권 억압과 식량 부족 등도 서술해야 한다.

Ⅲ. 고등학교 한국 근·현대사 교과서 수정 요구 내용

(국사편찬위원회 수정 권고안. 교육부의 검토의견. 2008년 10월)

『금성출판사 교과서』

* 김일성 측은 이념적 명분을 가지고 있었으며, 대중의 지지를 받고 있었다.
북한 정권은 김일성 1인 체제를 강화하고, 김정일 후계체제를 확립해 갔다.
→ (김일성의 반대파 숙청에 명분이 있있다는 오해 있을 수 있음).
김일성이 반대파를 숙청할 수 있었던 요인은 김일성 세력이 더 강했기 때문.
북한의 주체사상 및 수령유일체제의 문제점, 경제정책과 실패, 주민의 인권억압, 식량부족 등 정치경제적으로 큰 어려움을 겪고 있다는 사실을 서술한다.

* 박정희는 헌법 위에 존재한 대통령.

→ 민족의 근대화에 기여한 대통령.

* 새마을운동은 박정희 정부의 독재를 정당화하는 데 이용되기도 했다.
  → 새마을운동은 민간의 자발적인 운동이었다. 오늘날 많은 나라들
    에 학습의 대상이 되고 있다.

* 일명 햇볕정책이 그것이다.
  → 그것은 일방적 대북지원이라는 비판으로부터 자유롭지 못했다.

* 1990년대 전반 북한이 핵무기를 개발하고 있다는 의혹이 국제사회
  에 제기되었다.
  → 북한의 핵무기 개발은 단순한 의혹이 아니라 사실이었음을 서술
    해야 한다.

『대한교과서 교과서』

* 1950년에 6·25전쟁이 일어났다.
  → 1950년에 북한의 김일성은 6·25전쟁을 일으켰다.
    6·25전쟁이 북한의 남침으로 시작되었다는 사실을 명확히 하라.

『법문사 교과서』

* 2000년 6월에 남북정상회담을 개최했다.
  → 하지만 남북정상회담은 방식이나 격식의 측면에서 북한에 끌려
    다니는 모습을 보여주었다.

『천재교육 교과서』

* 여운형을 중심으로 조선건국동맹이 결성되었다. 사회주의자뿐만 아
  니라 우익계열의 인사들도 적극 참여했다.
  → 조선건국동맹에는 일부 우익계열의 인사들이 참여했으므로 부정
    확한 서술이다

* 재벌중심의 경제구조에서 오는 많은 부작용이 나타났다.
  → 하지만 한국의 재벌 중심적 경제개발 전략은 다른 제3세계 나라
    들에 비해 매우 빠른 경제성장을 가능하게 했다.
  대한민국이 성취한 민주주의와 경제발전이 깊은 상관관계가 있음을
  서술한다.
* 1994년 우루과이라운드 협정이 타결되었다. 농민들의 거센 저항에
  도 불구하고 농산물 시장이 개방되면서 농업분야는 커다란 타격을
  입게 되었다.
  → 우루과이라운드 협정 타결에 따른 득실을 균형적으로 서술할 필
    요가 있다.
* 북한의 문화는 남한에 비해 상대적으로 전통문화의 영향을 그대로
  간직하고 있다.
  → 북한의 문화는 남한에 비해 개방되어 있지 않다.

『중앙교육 교과서』
* 이승만 정부는 남북 분단 상황을 이용해 독재정권을 유지했다.
  → 이승만 정부는 공산주의의 확산을 막는 데 최선을 다했다.
    이승만 또는 이승만 정부의 역할에 대해 대한민국 정부 수립에
    기여한 긍정적인 면과 독재화와 관련된 비판적인 점을 객관적으
    로 서술한다.

Ⅳ. 고등학교 한국 근·현대사 교과서 주요 수정·보완 내용

(금성출판사 판, 2008.12 − 모두 73부분 수정·보완)

* 광복을 공식 확인하는 역사적 순간은 자주 독립 위한 시련의 출발점

  → 자주 독립국가가 시작된 건 아니었지만, 광복을 공식 확인하는
    역사적 순간이었다.

* 연합군 승리 결과로 광복이 이루어진 것은 우리민족 스스로 원하는
  방향으로 새로운 국가를 건설하는 데 장애가 되었다(광복의 의미를 깎아
  내림).

  → 우리 힘으로 일본을 물리치지 못한 것은 통일민족국가 건설에 주
    도권을 행사하지 못하는 원인이 되었다.

* 남한에서 정부가 세워진다면 북한정부의 수립으로 이어질 것이 확
  실했다. 남북은 분단의 길로 치닫게 되었다(분단의 책임을 남한에 돌리는
  것으로 읽힐 수 있음).

  → 유엔 소총회의 결의로 마침내 우리 민족의 정부가 수립되었다.
    그러나 통일정부 수립의 희망은 이루어지지 못했다(광복의 의미를
    깎아내리거나 분단의 원인을 남한에만 전가하는 식의 서술이 대폭 수정 됨).

* 친일파 처벌이 거의 이루어지지 못해 민족정신에 토대를 둔 새로운
  나라의 출발은 수포로 돌아갔다

  → 민족정기를 바로잡기 위한 친일파 처벌은 이루어지지 않은 채 끝
    났다.

* 친일파를 제대로 청산하지 못한 과오는 우리 현대사를 옥죄는 굴레
  가 되었다.

  → 우리민족은 친일파 청산이라는 민족적 과제를 해결하지 못했다
    (이승만 정부에서 친일파 청산이 부진했던 데 대해 비판이 과도하다는 비판
    수용).

* 김일성 측은 이념적 명분을 가지고 있었으며, 대중의 지지를 받고
  있었다.

  북한 정권은 김일성 1인 체제를 강화하고, 김정일 후계체제를 확립

해 갔다.

→ 김일성 측은 반대파를 광범위하게 숙청하였다.

* 김일성 측은 사회주의 건설이라는 이념적 명분을 가지고 있었고 대중의 지지를 받았다(김일성 정권에 대해 지나치게 우호적으로 서술했다는 비판을 받음).

→ 김일성 정권은 이미 탄탄한 권력을 구축하고 있었다.

* 북한은 농지개혁으로 몰수한 토지는 고용농, 토지가 없는 농민, 토지가 적은 농민에게 나누어 주었다.

→ 분배된 토지는 매매, 소작, 저당이 금지되었고, 생산된 양곡의 1/4을 현물세로 납부했다(북한의 실상에 비하여 지나치게 긍정적으로 서술되었거나 남한과의 비교 서술에서 균형을 잃었다고 지적된 부분을 수정함).

* 조선 영토와 인민에 대한 통치의 모든 권한은 당분간 본관의 권한하에 시행한다(미군포고령 1호).

조선 인민들이여! 행복은 여러분들 수중에 있다. 붉은 군대는 조선 인민이 자유롭게 창조적 노력에 착수할 만한 모든 조건을 만들어 놓았다(소련군 포고문).

→ 미군의 포고령은 군정 설립이라는 현실적 상황에서 한국인들에게 주의사항을 전달한 것.

소련의 포고문은 이념 선전을 위해 고도의 미사여구를 구사한 선동 수단에 불과(설명 추가).

* 미국측 점령군 사령관 하지 중장, 소련측 대표 스티코프 대장

→ 미국측 위원 사령관 하지 중장, 소련측 대표 스티코프 대장(미군 및 미군정에 대한 부정적 표현 수정)

제3부
역설의 한국사

제1장 처용은 아라비아인이다

1. 아라비아의 유리

사우디아라비아를 비롯한 그 주변의 회교국가 주민에 대하여 우리가 알고 있는 것은 ≪아라비안 나이트≫, 아리비아 숫자, 또는 알코올 같은 증류술의 발달로 우리 서민층에 애음(愛飮, 즐겨 마심)되는 소주를 개척하였다는 정도의 지식이 고작이었다고 해도 과언은 아닐 것이다.

우리와는 직접적인 관련이 거의 없었던 것으로만 보이던 '아랍'세계가 양같이 온순하였던 그 옛탈을 벗고 천연자원인 석유를 무기화 하게 된 이후의 세계동태는 확실히 누구에게나 뜻하지 않았던 이변으로 손꼽지 않을 수 없다.

현대의 문명생활을 누리는 전인류의 숨통을 눌러 그 영향은 우리의 산간벽지의 생활에까지 미쳐 공포의 도가니 속에 몰아넣고 있는 까닭이다.

이와 같은 아랍세계에서도 그 세계권의 핵심인 아라비아와 함께 고대 아시아의 동서무역권을 쥐고 흔들었던 '페르시아Persia' 상인이 우리와 적지않은 관계를 맺고 있었다고 하면 선뜻 곧이 들리지 않을런지 모른다.

그러나 이러한 이야기가 실감나지 않는 사람은 작년에 발굴된 경주 황

남동 제115호 고분에서 출토된 신라시대의 유물만 살펴보아도 다소는 인식이 달라질 것이다.

그것은 우리를 놀라게 한 수많은 유물 중에 정교한 유리배(琉璃杯, 유리잔) 2점이 출토되고 있는 까닭이다.

이 유리는 서기전 15세기 무렵부터 이집트에서 제작되었던 것이다. 그리스와 로마시대를 거쳐 크게 발전하였으며, 고대에 있어서 페르시아는 로만 오리엔트(대진국)와 더불어 중요생산지를 이루고 있었던 것이 주지의 사실이다.

고대의 한민족漢民族이 이를 진중(珍重, 진귀하고 소중함)하게 여겨 '얼음이 천년 이상 녹지 않으면 유리로 변한다'는 속담까지 나와 수만금을 버리고 사들이기에 바빴던 것이다.

중국에서는 5세기 초에 북인도의 기술자를 불러 유리를 제조하게 되어 그 값이 싸게 되었다고 하나 12세기까지도 금·은·옥·상아·진주·문갑文甲 등과 더불어 이 유리를 칠보의 하나로 귀중히 생각했던 것은 그 까닭이 있었다. 그것은 습기에도 갈라지지 않고 기후의 격변에도 견딜 수 있는 일품(逸品, 아주 뛰어난 물건)에는 아라비아 특산의 남붕사(南鵬砂, 붕산나트륨의 결정체)를 넣어서 구어야 한다고 설명되어 있는 까닭이다.

임시보고의 형식으로 발표된 책자의 사진으로 미루어 보아 이 신라유물의 유리배가 중국산이 아닌 것이 거의 뚜렷하거니와 일반의 추정대로 고분에 묻힌 주인공이 5세기말부터 6세기 초의 인물이었다고 하는 의견을 따른다면 이 무렵에 이미 페르시아 상혼(商魂, 상인의 정신)의 끈질긴 판로에의 집념이 한반도에 밀어닥치고 있었던 모습을 엿볼 수 있을 것이다.

ㄹ. 동서무역

고대의 한반도에까지 파고 들어온 그들의 상품은 결코 유리만이 아니었다. 불교의 전래와 생활의 향상에 따라 새로운 필수품으로 된 유향乳香, 안식향安息香 등의 향료도 또 그 원산지가 아라비아가 아니면 페르시아 상인의 손을 거쳐 극동지역에 공급되었던 고가상품이었다.

즉 유향은 팔레스타인이 그 원산지이며 『서양잡조西陽雜俎』에 보이는 자바(Java, 인도네시아의 섬) 지방에서 산출되는 것과 다른 종류의 안식향은 아라비아반도의 남단, 시바에서 산출되는 특산품이었다.

이와 같은 상품이 직접 아랍상인에 의하여 거래된 것이 아니고, 상리商利에는 분수(分銖, 아주 적은 량)도 다투는 것으로 알려진 아랍 해동海東의 주민에 넘겨져 이른바 비단길이라는 동서 6천 리의 타클라마칸 사막에 점재(點在, 여기저기 흩어져 있음)하는 오아시스를 따라 전매(轉賣, 샀던 물건을 도로 다른 사람에게 팔아넘김)를 거듭하면서 중국에까지 판로가 연장되었던 것이다. 종교적 정열에 불타 이 비단길을 횡단하여 인도로 향하였던 법현(法顯, 4세기말~5세기 초)이 '하늘에는 비조(飛鳥, 날아다니는 새) 없고 땅위에는 주수(走獸, 기어다니는 짐승) 없으며' 오로지 사인死人의 고골(枯骨, 해골)을 표지삼아 여행하여야 하는 험난한 길이며, 현장玄奘도 또 거의 이와 같은 참경을 적어 남긴 이 죽음의 험로도 보다 좋은 삶을 희구하는 인간의 열망을 막을 수는 없었다. 인간의 생명까지 앗아가는 이 교통로를 '비단길'이라는 아명(雅名, 아담하고 운치있는 이름)을 붙인 것은 아득한 예부터 이들 대상(隊商, 사막이나 초원에서 먼 곳으로 다니며 특산물을 교역하는 상인)의 손을 거쳐 중국특산인 비단이 세계의 지붕 파미르고원을 뚫고 아랍상인에 의하여 서방세계에 퍼지게 되었던 까닭이었다.

서방의 물품이 처음 로만 오리엔트, 페르시아 등을 통하여 극동에 공급되었던 것이지만, 주로 아라비아상인을 통하여 받아들이게 된 것은 8세기의 후반부터였다.

즉 마호메트(기원후 570~632년)가 일으킨 신흥종교인 이슬람교를 정신적 바탕으로 하여 민족통일에 성공한 아라비아인들은 그들의 지배자였던 페르시아를 공략하여 동서교통로의 심장부를 누르고 바그다드에 도읍을 정하게 된 압바스왕조 이후부터의 무역활동은 실로 눈부신바 있었다. 페르시아만과, 동북의 아랍해 일대의 교통로뿐 아니라 15세기말 유럽인들이 동으로 그 항로를 개척하기까지는 남해무역도 또 그들의 손아귀에 들어 있었던 것이다.

당대唐代 이후의 중국이 이 아라비아를 '대식국大食國'이라고 부르게 된 것은 페르시아인들이 타아지 또는 타아직이라고 불렀던 것을 한음漢音으로 옮겼다는 것만 보더라도 처음에는 페르시아(波斯)인을 통하여 알려졌던 것이 확실하나, 그 후에 있어서의 대식상인의 활약은 왕년의 파사선波斯船보다 훨씬 눈부신 바 있었다.

남양南洋 무역의 편리를 위하여 이미 인도서해와 실론, 말레이반도, 자바에서 지금의 크메르(캄보디아), 월남 등 동남아지역에 이르기까지 많은 상업근거지를 마련한 이들은 중국의 각 항구에 많은 거류지를 이루었던 것이다. 광주(廣州, 지금의 광동廣東)과 복건福建의 천주泉州, 양자강 남쪽의 양주揚州는 그 대표적인 지역이며, 이밖에 내륙지방의 남창南昌에까지 그들의 발자취가 미치고 있었다.

번방蕃邦이라고 불린 이들의 거류지에서는 가장 덕망 높은 사람을 골라 중국정부에서 번장蕃長으로 임명하여 그들 본국의 법속(法俗, 법과 풍속)에 따르는 자치권이 보장되었고, 사생활에 있어서 중국정부로부터 간섭받지 않는 것을 원칙으로 하고 있었다.

3. 번방

특히 양주는 이들 외국상인들의 출입으로 당대唐代부터 그 부유와 번영에 있어서 천하제일이라는 뜻의 '양일揚一'이라는 이언(俚言, 민간에서 쓰는 속어)까지 나돌게 되었으며, 당시의 시인 최애崔涯도 이들 외상(外商, 외

국 상인)이 가지고 들어온 진기한 특종 외래품에 혼을 빼앗긴 여인이 10개
월만에 아이를 낳고 보니 혼혈아였다는 뜻의 '조기嘲妓'의 시를 통하여
국제적 가악경歌樂境인 이 국제항구의 모습을 흥미있게 그려 놓고 있다.
아라비아상인이 붐비던 이 양주는 계절풍을 이용하면 우리의 흑산도까
지 불과 4~5일이면 올 수 있는 곳이었다.

혹산도에서 예성강 입구까지 9일간이나 걸렸던 것과 비하면 그 거리
는 비교적 가까웠던 것을 알 수 있을 것이다. 신라 말에 잦았던 기근으로
한반도 서남부의 난민들이 이곳으로 옮겨 강소江蘇지방에 신라방 같은
집단거주지를 이루고 있었던 것도 그 항로가 짧고 비교적 안전하였던 까
닭이었던 것은 말할 것도 없다.

동양굴지의 국제무역항이었던 양주의 자유롭고 번화한 외인거류지역
에서 아라비아상인과 신라거류민과의 접촉은 충분히 상상되는 것이다.

통일이후의 신라가 이들 아라비아상인이 공급하는 진기한 물품으로
그 생활이 바뀌고 있던 모습은 『삼국사기』(권33) 「잡지雜志」에도 충분히
나타나고 있다.

즉 통일신라의 귀족생활이 허영과 사치에 들떠 걷잡을 수 없게 되자
신분계층에 따라 그 사용이 제한되었던 물품으로서 공작모(孔雀毛, 공작의
깃털), 비취모翡翠毛, 슬슬琵瑟, 탑등毾㲪, 구수毬𣰉, 자단(紫檀, 활엽수)을 비
롯한 유향목재乳香木材 등은 우리나라에서 생산되지 않았던 물품이었을
뿐 아니라, 중구의 역대왕조가 막대한 경제적 희생을 치르면서 비단길을
통해 로만 오리엔트, 페르시아 등에서 수입하였던 특종외래품이 대부분
이었다.

이와 같은 물품의 생산지 등을 여기서 일일이 설명할 순 없지마는, 몇
가지만 들어보면 슬슬은 보석인 에메랄드를 가리키는 이란어계의 '세세'
를 중국음으로 옮긴 것이며, 탑등은 중세 페르사아어의 '탑탄', 즉 '옷감
을 짠다'는 것을 중국음으로 옮긴 것으로서 구수와 더불어 양모羊毛를

주성분으로 한 고급모직물(담요 등)을 가리킨 외래어였다.

이밖에 공작모 같은 것도 인도나 아프리카에 서식하는 조류의 털로 고가의 사치품이었으나, 비취모는 캄보디아의 심산에서만 잡히는 조류인 비취조翡翠鳥의 털이며, 그 포획의 어려움으로 최고의 사치품으로 되어 있었다. 송대宋代의 부중(富中, 부잣집)에서도 사용이 금지되었던 이 비취모는 아라비아상인이 동남아의 상업근거지를 발판으로 당대 이후의 중국에 판매하던 이윤 높은 상품의 하나인 것이다.

4. 금 많은 나라

위에서 열거한 몇 가지만 보아도 신라의 귀족사회에서 군침을 삼키던 사치품들이 거의 모두 아랍상인의 손을 거쳐 중국에 판매되었다는 사실이 뚜렷하였던 것이나, 우리에게 더 흥미있는 것은 그 무렵 신라에 대한 아라비아인의 인식이라고 할 것이다.

즉 상술商術과 진취성에 있어서는 당시 그 어느 나라 보다 뛰어난 면을 지녔던 상인의 전문(傳聞, 다른 사람을 통해 전해 들음)이 적지 않은 부분을 차지하고 있었던 것으로 보이는 아라비아인의 기록에는 신라에 관하여 가공적인 기사도 적지는 않았던 것이나, 9세기말에 저술된 이븐 쿠르다드배Ibn Khurdadhbah의 『도리道里 및 군국지郡國誌』와 마우스디Mausdi의 『황금의 목장』에 보이는 신라에 관한 기사 같은 것은 매우 흥미있는 이야기꺼리가 될 만한 것이다.

> 중국을 지나면 저쪽에는 어떤 곳이 있는지는 알 길이 없으나, '칸투(양주揚州)'의 앞쪽에는 산맥이 높이 솟아있다. 이 산들은 금이 많은 '신라'의 나라에 있다. 이 나라를 찾는 이슬람교도는 이곳이 대단히 이익이 많은 곳이기에 흔히 정주하게 된다. 수출되는 생산품은 인삼 … 등이다.

이같은 이븐 쿠르다드배의 기사는 이미 외국학자 간에도 자주 검토되었던 기사이나, 거의 신빙성이 없는 것으로 알려진 이른바 『스레이만의 서書』라든가 『황금의 목장』 같은 것에서도 재검토되어야 할 점이 많다. 당나라에 대한 신라의 조공을 천자에 대한 관념적인 것으로 설명하고, 당대唐代 귀족이 즐기던 해동청골海東靑鶻(매)을 신라에서 사육되는 응류鷹類(매)로 소개한 『스레이만의 서』 같은 것도 가공적 기사로만 단정지을 수는 없는 것이지만, 마우스디의 『황금의 목장』에 보이는 신라에 관한 기사는 우리에게는 더 흥미있는 필치로 적혀있다.

> 그 곳(신라)을 찾는 이라크와 기타의 외국인들은 그곳의 공기
> 가 건강에 좋고 물이 투명하며 토지가 기름져 모든 것이 충족한
> 까닭에 되돌아가는 것을 모르게 되는 것이 보통이다.

는 거의 도원향(桃園鄕, 세속을 떠난 별천지 즉 신선이 산다는 무릉도원)에 가까운 이상향으로 설명되어 있는 마우스디의 기사는 이븐 쿠르다드배의 것과도 일맥상통하는 것이 있다.

이것은 12세기 중엽의 이드리시Edrisi 조차 '금이 너무 많아 국민들은 개의 쇠사슬조차 금으로 만드는 … 신라'라는 과장된 환상을 가졌던 것만 보더라도 신라는 당시에 있어서 아라비아상인에게는 군침을 삼키기에 충분한 곳이었던 짓은 틀림이 없었나.

신라는 그들의 상품판로에 자신이 있는 사치풍조로 들뜬 귀족층 고객이 많았을 뿐 아니라, 또 이와 같이 부유한 나라로 보였던 낙천지樂天地였다. 페르시아만에서 인도남단을 거쳐 동남아시아와 양자강 입구까지 그들의 무역권을 확장한 아라비아상인이 양주에서 불과 4~5일 밖에 걸리지 않는 이 황금항로를 중국인이나 신라거류민에만 맡겨 두었다고 보이지 않는다.

5. 심목·고비의 처용

위에서 밝힌 여러 가지 상황을 토대로 몇 해 전에 필자는 헌종왕憲宗王 때에 신라 제일의 국제항인 울산을 거쳐 경주에 들어와 벼슬하다가 국문학에 있어서는 이색적인 처용가를 남기고 사라진 의복과 용모가 괴이하였다는 처용과 그 일행을 '심목(深目, 우묵한 눈)·고비(高鼻, 높은 코)'의 아라비아상인으로 추정한 바 있었다. 결코 색다른 학설을 내세워 세상을 놀라게 하여 보려는 이상취미가 아니고 관계 사료를 면밀히 검토한 결과 얻게 된 필자의 학적 소신이었다. 하지만 처용의 가면假面이 그 후 오랫동안 악귀惡鬼를 물리치는 부주(符呪, 부적)로 쓰였던 까닭에 민속학에서 뿐 아니라, 외국인에게 관계(官階, 관리나 벼슬의 등급)를 주면서까지 그 능력을 이용한다는 것은 자주국가인 신라에서는 있을 수 없다는 민족감정에서의 색다른 반론을 받은 바도 있었다.

처용處容의 어원을 무격(巫覡, 무당과 박수)의 옛말인 제융 = 자충 = 중 등의 무리한 해석을 그대로 믿는 것 보다 '있는 곳이 허용許容된' 같은 우리말의 뜻을 한자로 줄인 것으로 보는 것이 더 합리적일뿐 아니라, 그 일행이 살게 되어 절을 짓게 된 것이 또 중국에서 그들의 거류지로 지정된 번방을 연상케 하는 신방사新坊寺였다는 점으로 보아도 필자의 학적신념에는 아직 변동이 없다. 또 차주환車柱環 박사도 일찍이 처용무處容舞의 대열隊列이 당唐에서 사방의 야만족이 모두 복속하는 것을 상징한 무곡舞曲인 채연무採蓮舞, 태청무太淸舞, 척기무拓技舞와 동일한 것으로 보았으니, 외국인이 입조(入朝, 조정에 들어옴)하여 신라왕의 성덕(盛德, 크고 훌륭한 덕)을 찬양한데서부터 비롯한 것으로 추단할 수 있다. 수수께끼에 쌓였던 처용일행을 아라비아상인의 입주(入住, 들어와 삶)로 보는 것이 올바른 견해라고 믿어 의심치 않는다.

6. 고려의 아랍상인

원래가 해상무역업자의 가문에서 태어나 집권한 고려왕조의 무역개방책으로 보아 당시 남해무역의 패권을 독점하고 있던 아라비아상인으로서는 고려는 그 뱃길을 돌릴만한 곳이었다.

우리의 정사正史인 『고려사』를 들쳐보면 현종顯宗 15년(1024) 9월에 약 1백 명의 아라비아상인들이 내항來航한데 이어, 이듬해인 16년 9월에는 다시 하라선夏羅銑 등 1백 명이 들어와 무역하였다. 그 후 정종靖宗 6년(1040) 11월에는 보나개保那蓋 등이 수은水銀, 용치(龍齒, 약품), 지금의 월남(베트남) 지방에서 생산되는 점성향占城香과 아라비아반도 남단의 특산품인 몰약(沒藥, 고급향료, 약재), 대소목(大蘇木, 약용 또는 염색재료) 등을 가지고 고려왕국의 국제항으로 송상(宋商, 송나라 상인)이 붐비던 예성강 하류의 벽란도碧瀾渡에 들어와 그 능숙한 상술을 남김없이 발휘한 바 있었다.

그러나 이와 같은 상인들의 출입과 상행위에 비하여 고려에서 영주永住하는 아랍세계의 국민들에게 보이게 된 것은 고려가 몽고족의 제국인 원元의 무력에 굴복하여 그 정치, 군사, 경제면의 간섭을 받지 않을 수 없게 된 데서 부터였다.

원래 북방초원의 기마騎馬 생활에서 얻은 민첩한 기동력을 살려 전쟁에는 강하나 통치기술과 실무에는 거의 경험이 없었던 몽고족이 사상최대를 자랑하는 그 영토내의 어러 이민족을 통지하는 데 있어서 항상 경계하였던 것은 그 인구는 물론이거니와 문화, 정치, 경제면에서 그들을 누르는 한민족漢民族이었다. 그 통치에 끊임없이 위협을 주는 이 한민족을 누르기 위하여 경제와 실무에 밝았던 아라비아인이나 그 종교적인 영향 밑에 있던 터키족 회골(回鶻, 위구르) 및 기타의 여러 비한민족계의 국민을 기용하는 것이 현책(賢策, 현명한 계책)으로 믿어졌던 것은 일면의 이유도 있었던 것이다. 원제국은 한민족식의 국가체제를 가지고 있었으나 정치, 경제에 있어서 이른바 색목인(色目人, 터키인, 아랍인, 이란인 등 서방계 사람들)이 준몽고족으로의 신분계층을 누리고 그 재능을 충분히 발휘할 수 있었던 기회가 주어졌던 것도 이 까닭이었다.

현재도 평택군에서 집단 거주하고 있는 덕수德水 장씨張氏의 조상 장순룡張舜龍만 하여도 몽고족의 고려정치간섭책으로 강요한 부마駙馬의 정략결혼으로 제국대장齊國大長 공주를 따라 들어온 회회(回回, 이슬람교인)인 것은 잘 알려지고 있다. 그는 소주韶州, 즉 오늘의 광동廣東 부근의 회회였다고 한 것으로 봐서 이 부근의 번방番坊 출신인 것이 거의 틀림없을 것이다. 『고려사』에 보이는 그의 엄청나게 호화스런 저택은 이상은李商隱의 잡찬雜纂에 보이는 「말같지 않은 일」이라는 제목으로 '가난한 페르시아인. 병자가 사람을 치료한다는 것. 여윈 사람의 씨름. 비대한 신부' 라고 광동지방의 아랍상인의 부귀富貴를 표현한 것은 되새기게 하는 것이 있다.

고려시대에 내왕한 회회는 결코 이에 그치지 않았다.

이라는 충렬왕忠烈王 때 만들어진 색목인의 정사情事에 얽힌 가요는 또 그 일례인 것이다.

ㄱ. 고선지의 패전

『고려사』에 아라비아인은 반드시 대식인大食人으로 명기되어 있고, 또 회회는 아라비아 뿐 아니라 이라크, 페르시아는 물론이거니와 아랍

해동海東의 소그드(Sogd, 속특粟特) 지방인도 포함하고 있어 장순룡의 출자 (出自, 출신지나 출신성분)나 쌍화점에 보이는 회회의 혈통은 아직 검토되어야 할 점이 남아 있는 것이지만, 적어도 그 문화면에 있어서는 아랍권내의 혈통이었다는 점에는 이견(異見, 다른 의견)이 없을 것이다.

이러한 면에서도 아라비아의 상인 문화가 우리의 고대와 중세사회에 미친 영향은 결코 적지 않았던 것이나, 세계사상 고구려 유예(遺裔, 후손)와 아라비아인이 이상한 운명의 장난으로 인류의 문화를 일변(一變, 크게 달라짐)시킨 야릇한 사건을 일으킨 일도 있었다.

그것은 고구려 유예로서 당제국의 비단길 경략(經略, 점령한 지역을 다스림)을 맡은 총사령관인 서역도호西域都護가 되어 일시는 멀리 북인도까지 경략하여 세계의 전사戰史에서도 유례드믄 용명(勇名, 용맹스러운 명성)을 날리던 고선지高仙芝가 아랍세계의 총사령관 지야드·이븐·샤리와의 결전인 서기 751년, 소령蘇領(소련 영토)이었던 '타라스' 전투의 고배(苦杯, 쓰라린 패배)가 기연(機緣, 어떤 기회를 통하여 맺어진 인연)이 되었던 것이다.

그것은 고선지의 부하장병 중에서 많은 제지공이 아라비아로 끌려가 그곳에도 새 제지공장이 세워져 그 종이가 서양지로 개량되었던 까닭이다. 종이의 사용량이 문화의 척도라고 하면 동서를 대표하는 이 두 장군이 인류문화에 이바지한 바는 그 누구보다도 컸다고 하겠다.

(이용범, 「처용가 속에 니타난 아랍인」, 『월간 중잉』 1974년 4월호)

제2장 첨성대는 천문관측기구가 아니다

1. 첨성대 구조의 문제점

이제 관측작업에 있어서 위와 같은 기초지식과 원가력元嘉曆을 사용하였다는 백제의 역법에서 신라도 동일한 역법曆法을 사용하였을 것이라는 추단(推斷, 미루어 짐작함)을 전제로 하고, 경주의 첨성대를 살펴보면 천문대로서는 석연치 못한 여러 가지 점을 찾아볼 수 있을 것이다.

첨성대의 구조와 규모에 대해서는 1904년 관야정 이후 화전웅치의 간략한 보고에 이어 1967년에는 엄밀한 실측에 의거한 홍사준씨의 보고가 발표된 바 있으나, 미터법으로 표시하여 일반에게 알기 쉽도록 그 대략(大略, 대강의 줄거리)을 요령있게 설명한 것으로는 전상운씨의 설명을 들 수 있다.

이제 전상운씨의 설명에서 미진한 점을 보충하여 그 구조와 규모를 살펴보면, '높이 9,108m의 이 천문대는 밑지름 4.93m이고, 윗지름이 2.85m이며, 대석(臺石, 받침돌)으로부터 높이 4.16m 되는 곳에 정남을 향하여 일변의 길이 약 1m의 정방형의 창문이 있고, (높이) 2척 6촌의 토대석 이중과 정상부에 정자형井字形으로 놓여진 2층의 석재를 제외하고 모두 27석층石層으로 된 상세하태(上細下太, 위는 작고 아래는 큼)의 병형(瓶形, 병모양) 건조물'이다.

이 첨성대가 천문관측대로서는 세계의 어느 곳에서도 유사한 예를 찾아볼 수 없는 형태일 뿐 아니라, 그 후 국내에서 축조되어 현재까지도 그 자취를 볼 수 있는 관상대觀象臺와 비교해도 유례없는 형태인 까닭에 그 명칭의 자의(字義, 글자의 뜻)와 관상대였다는 전승에 맞추어 그 형태의 해석과 관측방법에 대하여 구구한 논단(論斷, 논하여 판단이나 결론을 내림)이 내려진 것도 당연한 일이었다.

이와 같은 설명으로는 먼저 첨성대를 천문관측대라는 전승을 그대로 믿고 이에 따라 조사하여 1915년에 보고서를 낸 화전웅치의 견해를 들 수 있다.

즉 화전씨의 견해에 따르면, 첨성대 중간 부분에 있는 창구窓口 하부의 석면石面에는 좌우로 아주 작은 오목부가 있고 그 밑에는 다소의 찰과상이 있는 까닭에 돌층계가 있었던 것으로 보고, 창문으로 들어가서는 4m 가량 되는 정상부까지 나무 사다리 같은 것을 만들어 정상까지 오르내렸던 것으로 판단하고, 관측기계인 혼천의渾天儀는 '정井자형의 밑바닥을 형성하고 있는 세로 3척, 폭 1척 가량의 석판石板 위'에 두었을 것이라고 설명한 바 있다. 정상부의 정자형 석재石材의 '네 모퉁이에 기둥을 세웠던 것과 같은 흔적'이 있는 것으로 보아, 기계器械에 내리는 비나 이슬을 막을 정도의 집 같은 것이 있었던 것 까지 추단하고 있어 당시로서는 성의를 기울인 보고였다.

그러나 이 보고서에서 중간 부분의 창구까지 걸쳐 있었다는 돌층계는 전혀 집필자의 상상에 불과한 것이다. 또 탁월한 능력이 있더라도 비대한 역관曆官이라면 출입조차 불편한 1m의 정방형의 창문으로 들어가, 설사 나무 사다리가 있었다 하더라도 전상운씨의 표현을 빌린다면 '내부는 조잡한 자연석 그대로'의 4m 넘는 높이까지 수직으로 밖에 세울 수 없는

－계단이라고 하기보다 나무 사다리 같은－ 것을 통하여 정상까지 오르
내리며 촌각을 다투는 관측활동을 했다는 것은 불합리하기 짝이 없는 일
이었다.

이에 비하여 더 승복할 수 없는 것은 '세로 3척, 폭 1척 가량의 정상부
의 정자형 밑바닥 석판 위에 혼천의를 놓았을 것이라는 주장과, 이 석판
의 넓이로서 당시의 기계의 대소까지도 추측할 수 있을 것이라'는 주장
이다.

이제 남경의 중앙연구원 천문연구소에 옮겨 설치된 것으로, 송나라의
제도에 따라 명나라 정통正統 연간에 제조된 혼천의의 규모를 상복원常福
元의 ≪천문의기지략≫에서 살펴보면, 동으로 만들어진 받침은 각 면의
길이가 7척 2촌 6분이고, 그 위에 놓여진 혼천의는 제일 바깥쪽의 직경
이 5척 5촌 4분에 이른다.

따라서 이 혼천의의 원형이 당나라의 이순풍李淳風까지 거슬러 올라갈
수 있을 뿐 아니라, 위진남북조시대의 혼천의와도 관련지을 수 있다는
점에서 본다면, 신라의 혼천의가 아무리 작다고 하더라도 실용을 목적으
로 한다면, 세로 3척, 폭 1척 가량의 첨성대 정자부 석판 위에 설치할 수
는 없다.

이상과 같이 첨성대의 정상부의 장자형 부분이 혼천의를 설치하였을
것이라는 화전씨의 추론은 혼천의의 규모로나 출입승강 등의 관측활동
면에서 불합리하였던 것이다.

ㄹ. 첨성대 위치와 문헌상의 문제점

경주 첨성대에 대한 의견이 앞 장에서 본 바와 같이 충분한 설득력을
가지지 못하였지만, 그 위치와 관련 문헌상에 있어서도 이를 천문관측대
로 보기에는 많은 문제점을 지니고 있다.

먼저, 첨성대가 신라의 수도 경주에 축조되었다는 것부터가 개천설蓋天說의 우주관에서 본다면 마땅치 못한 점이 있다. 즉, 중국 최초의 관상대觀象臺로 알려진, 주나라 초기의 무왕武王의 동생 주공周公이 세웠다는 양성陽城의 소위 주공측경대周公測景臺가 수도 낙읍洛邑이 아니고 낙양洛陽 동남쪽의 고성진告成鎭에 위치하고 있다. 그 이유는 방형方形의 땅을 하늘이 개립(蓋笠, 삿갓)같이 덮여 있다는 '천원지방天圓地方'의 우주관에서는 개립의 정상부에서 직하(直下, 곧게 내려감)된 지면地面인 이른바 '지중地中'에서 관측활동을 해야 한다는 관념이 있었기 때문이다.

'지중'을 알기 위한 방법은 8척의 표를 세워 하지에 태양이 상자오선을 통과할 때의 일영(日影, 해가 비쳐서 생기는 그림자)이 1척 5촌이 되는 곳이야 한다고 믿었다. 그렇지만 『신당서』 천문지에 따르면 당나라의 개원開元 12년에 태사감인 남궁설南宮說이 하남 평지의 여러 곳에서 측정한 바 양성의 주공측경대의 일영은 1척 4촌 7분 8리였던 까닭에 양성은 이미 지중이 아닌 것으로 믿어져 개성부 준의浚儀의 악대嶽臺에도 관상대를 두게 되었던 것이다. 주희朱熹가 '지중'에 관심을 가졌던 것도 천문관측에는 행정중심부 보다도 관측 기점基點을 엄밀히 찾아야 한다는 것을 엿보여 주는 것이었다.

중국에서 행정 중심지에 관상대를 두게 되었던 것은 동일 위도상에서는 어디서나 영장(影長, 그림자의 길이)이 같다는 것이 알려진 원나라 때부터였다는 점에서 볼 때 중국 천문관측의 영향을 받았던 신라만이 행정의 중심지인 경주에 천문관측대를 두었다고는 믿어지지 않는다.

필자의 이와 같은 의문에 대하여 당시 신라가 양성이나 준의와 같은 위도인 북위 34도~35도간이 거의 영토밖에 있는 까닭에 부득이한 신라만의 특례로 볼 수 있다고 할는지 모른다.

그러나 천문역법이 중국에서 '제왕帝王의 학學'으로 믿어지고 있는 것은 '관상수시(觀象授時, 천체의 현상을 보아 농경생활에 필요한 절기를 정하던 일)'

가 천자의 특권인 동시에 의무였던 까닭이며, 왕실의 선정善政과 존엄을
과시하는 중요한 정치행위의 하나인 것을 되새겨 본다면, 신라가 그 필
요성을 절감하고 있었다면 위도상 약간의 차이는 있으나 양성, 준의와
근사한 위도인 통영이나 거제도에서 관측활동을 못할 바는 아니었다.

사실 준의의 악대도 개원 12년의 측정에서는 하지의 일영이 1척 5촌 3
분이어서 정확한 지중이 아니었던 것을 볼 때 신라가 그와 같은 의도만
있었다면 관측대를 경주 남쪽의 어떤 지점으로 선택할 수도 있었을 것이
다.

이와 같이 그 위치상으로 보아 경주의 첨성대가 역법의 절대적인 영향
을 받고 있던 중국의 예로 보아 천문관측대로 보기에는 부적당한 것이었
지만, 더 결정적으로 단정할 수 있는 것은 누각(漏刻, 물시계)이 처음 설치
된 연대에서 찾아볼 수 있다.

즉 천문관측에서는 정확한 시간측정이 빠져서는 안되기에 중국의 가
장 원시적인 관측설명서였던『주비산경』(하권)에 나오는, 북극의 대성大
星인 제성사유帝星四游를 관측하는 데 있어서 누각을 사용했다는 기사를
어느 정도까지 믿어야 할지 모르지만, 여하튼 고래로부터 관측의 3대 도
구의 하나였던 누각을 신라에서 처음 둔 것은『삼국사기』에 의하면 성
덕왕聖德王 17년(718) 6월로 되어 있다.『삼국사기』잡지 누각전조에 박사
博士 6인, 사史 1인이었다는 기사를 볼 때 신라에서 전문기술자 6인과 기
록자 1인으로 구성된 본격적인 누각전漏刻典을 둔 때는 첨성대가 축조되
었다는 선덕왕善德王 16년(647)보다 약 70년 후가 되는 것이다.

천문관측에서 누각이 지닌 기능을 이해한다면 첨성대를 천문관측대
로 단정하는 것을 주저치 않을 수 없으나, 이와 같은 의문은 다시 첨성대
에 관한 문헌에도 노출되어 있다.

즉 신라에서 누각을 두었다는 기사뿐 아니라 성덕왕 때의 천문박사가
뒤에는 사천박사司天博士로 바뀐 기록까지 있는『삼국사기』에 첨성대에

관한 기사가 전혀 보이지 않는 것부터가 석연치 않지만, 「별기別記」라는 출처불명의 기사를 인용하여 최초로 첨성대의 축조사실을 남긴 『삼국유사』에도 첨성대의 용도用途에 대해서는 따로 언급된 바 없다.

그 뒤 고려 말의 안축이 읊은 시에서 처음으로 첨성대가 천문관측대라는 당시의 속설이 밝혀졌지만, 『고려사』 지리지에는 대체로 『삼국유사』의 기사를 그대로 옮겨 '신라 선덕여왕이 축조하였다'는 기사밖에 남기지 않았던 것은 『고려사』의 편찬자가 이미 축조된 지 7세기나 지나서 퍼져 있는 항간의 속설을 그대로 믿기 어려운 점을 의식하고 신중을 기한 까닭이었던 것으로 보인다.

첨성대에 대한 고려 말의 속설이 천문관측대로서 누구나 승복할 수 있는 단정할 만한 이유를 밝히지 않은 것이 큰 결점이지만, 내부구조에 관심을 보이게 된 것은 『세종실록』 지리지 경주부에 그 형체와 규모를 설명한 이후 사람이 정상부에 올라갈 수 있다는 것이 설명된 데서 비롯된다.

『세종실록』 지리지의 편찬자도 첨성대의 층단부(層段部, 층계)를 통해서 정상부까지 오르내릴 수 있다는 가능성만 밝혔으나, 이것이 천문관측대로 단정된 것은 『동국여지승람』 경주 첨성대조에 『세종실록』 지리지의 설명을 요약하고, 이어서 '이후천문以候天文'이라는 간단한 설명을 첨부한 것에서 부터이다.

『동국여지승람』이 이렇게 첨성대를 천문관측대로 단정하게 된 깃은 『세종실록지리지』에 실린 안축의 시 외에 또 다른 자료가 있었기 때문은 아니었다. 성종 때의 조위曹偉가 이 속설을 그대로 믿고 읊은 시가 첨부된 것은 중종 25년에 『동국여지승람』을 증보할 때였다.

첨성대를 신라시대의 천문관측대로 단정한 『동경잡기』나 『증보문헌비고』가 모두 그 논거가 불충분한 『동국여지승람』을 그대로 옮긴 것에 지나지 않는 것이며, 이에 대한 기타의 기록들도 『동국여지승람』의 단정을 그대로 받아들여 표현을 바꾼 것뿐이다.

이제 첨성대에 관한 문헌을 냉정하게 비판하면, 처음에는 축조되었던 사실만 알려졌다가 고려 말에 천문관측대였다는 속설이 나돌고, 조선왕조 초기에는 겨우 그 내부를 통하여 정상까지 오르내릴 수 있다는 기사로 바뀌어지더니, 드디어는 천문관측대로 단정되기에 이르렀다. 이 과정을 살펴보면 시대가 내려옴에 따라 점진적으로 이와 같은 단정에 도달하였던 것을 간파할 수 있으며, 이를 입증할 뚜렷한 증거가 없는 단정이었다.

3. 첨성대의 실체

경주의 첨성대는 그 형태로나 위치가 개천설의 우주관을 믿는 사회에서는 천문관측에 적합하지 않을 뿐 아니라, 여러 문헌에 보이는 설명 역시 풀리지 않는 수수께끼에 쌓여 있다.

이와 같이 수수께끼에 쌓인 첨성대의 정체를 밝히기 위해서는 대담한 억단(臆斷, 근거없이 판단함)을 가하는 길밖에 없다.

이에 먼저 현존하는 신라의 고적古蹟 중에서 그 형태가 흡사한 것을 찾아본다면, 김유신金分信의 집이었다고 전해지고 있는 재매정再買井이 첨성대를 거꾸로 세운 것이라는 것을 누구나 느끼게 될 것이다. 첨성대의 형태가 하나의 풀리지 않는 수수께끼로 남아있는데, 다시 재매정이 또 그와 같은 형태의 것을 거꾸로 한 것이라고 하면 수수께끼에 또 하나의 수수께끼가 얽혀진다.

이 수수께끼를 푸는 실마리로 첨성대와 같은 형태를 가진 재매정의 소유자였던 김유신의 행적을 더듬어 보는 것도 하나의 방법일 것이다.

김유신이라고 하면 그 용맹과 지략, 탁월한 통솔력, 굳은 신념의 소유자로 삼국통일의 대업을 이룩하는데 있어서 주동적 인물이었던 것은 삼척동자에게까지 널리 알려지고 있으나, 그의 전기를 상세히 더듬어보면

타인이 가지지 못했던 이상한 신비력의 소유자였던 일면을 찾아 볼 수 있다.

즉, 그것은 그의 출생이 '아버지 서현舒玄이 경진일 밤에 형혹(熒惑, 화성)과 진성(鎭星, 토성) 두 별이 자기에게 내려오는 꿈을 꾸었을' 뿐 아니라, '17세 때 고구려·백제 등의 침입을 물리칠 결심을 하고 '혼자 중악中嶽의 석굴石窟에 들어가 재계齋戒하고 하늘에 고하여 맹세하여' 굴속에 나타난 정체모를 노인으로부터 비법秘法을 전수받았다는 것이다. 그 노인이 사라지는 장면이 또 '오직 산위에 오색과 같은 찬란한 빛이 나타났다'는 것부터 신비에 차 있었던 것이다.

그 후의 그의 행적에도 시종 신비적 요소가 뒤따른 것으로『삼국사기』에 적혀 있다. 즉, 건복建福 29년(612)에 이웃 적병賊兵의 압력이 격심하게 되자 '혼자서 보검寶劍을 들고 인박산 깊은 골짜기 속으로 들어가서' 향을 피우고 기도하였더니, '3일 되는 밤에 허숙虛宿·각숙角宿 두 별의 뻗친 빛이 환하게 내려와 닿으매 검劍이 흔들리는 것 같았다'라는 것이다. 또 고구려의 침공을 당하게 되었을 때 그가 음조(陰助, 넌지시 뒤에서 도와줌)를 빌리려고 여러 절에 단을 설치하고 기도하였더니 큰 별이 적의 진영에 떨어지고 뇌우雷雨가 내리는 천변(天變, 하늘에서 생기는 큰 변동)을 보게 되어 적이 스스로 물러갔다는 등이 그 저명한 예라 하겠다.

『삼국사기』 김유신전에는 또 '봄에 요성妖星이 나타나는' 천변으로 그의 죽음을 스스로 예상했다는 신비의 생애에 싸였던 그에 어울리는 기사를 남기고 있으나,『삼국유사』 김유신조에는 그의 생애가 더 윤색(潤色, 사실을 과장하거나 미화함)되어 '칠요(七曜, 일월日月과 오성五星)의 정기를 타고 났기 때문에 등에 일곱 별의 무늬가 있었고 신기하고 이상한 일이 많았다'라고 한 것은 그의 생애를 간단명료하게 표현한 것이라고 할 수 있다.

그렇다고 고구려에서 그의 점복(占卜, 점치는 일) 능력을 유명한 점복가 토추남土楸南의 재현再現이라고 표현할 만한 점복술과 기도祈禱로서 남다른 기적을 나타낸 김유신의 사적事蹟을 재매정과 연결지어 보려는 것이 얼핏 보아서는 황당무계한 억측으로 보이는 것을 모르는 바 아니다.

그러나 나정蘿井, 알영정閼英井, 금성정金城井, 추나정雛羅井 등이 모두 건국설화와 얽혀 있고, 용의 출현 등 많은 설화를 남기고 있는 정수(井水, 무물물)에 대한 신라인의 신앙적인 사유思惟 의식으로 미루어 보아 그 형태가 첨성대와 흡사한 재매정이 오로지 음료수로서의 효능만 있었던 것은 아니었던 것 같다.

백제와의 혈전을 각오한 출전出戰을 할 때 자기 집 문 앞을 지나다가 말을 멈추게 하고 '장수(漿水, 마실 물)를 집에서 가져오게 해서 마시며 우리 집 물이 아직도 예전 맛이 있다'라고 한 것에서도 잘 알려진 이 재매정이 오직 음료수로서 뿐 아니라 따로 종교적인 의의를 지니고 있다고 하는 것이 인정된다고 한다면, 이를 바로 세운 형태인 첨성대도 이러한 것과 관계지어 볼 때 문득 강화도의 참성단塹星壇이 머리에 떠오른다.

즉, 경주의 첨성대에 대해서는 그 존재사실만 적고 있는 『고려사』가 그 지리지 강화현조에 마니산에 대해서는 '산 정상에 참성단이 있는데, 세상에는 단군이 천단天壇에 제사를 지낸 것으로 전해지고 있다'라고 하여 단군이 하늘에 제사하던 단壇이라는 속설을 싣고 있기 때문이다.

물론 이와 같은 속전俗傳을 그대로 믿을 것은 못되지만, 『동국여지승람』에 그 축석법(築石法, 돌을 쌓는 법)이 얼핏보아 경주 첨성대의 형태를 연상케 하는 '상방하원(上方下圓, 위는 네모나고 아래는 둥근 것)'인 것도 흥미 있으나, '성星'자가 붙어 있다고 하며, 『동국여지승람』에도 초성처(醮星處, 별을 향해 제사 곳)로 명기되어 있는 이상 반드시 천체관측과 관련지을 수 없다는 하나의 예인 것만은 틀림없다.

이렇게 본다면 『세종실록』 지리지 평안도 평양조에 '성안에 9묘廟와 9지池가 있는데, 9묘는 9요曜가 날아서 들어가는 곳이다. 그 연못 옆에는 첨성대가 있다'라 하고, 『동국여지승람』에는 '유지(遺址, 첨성대의 터)가 부

(府, 평양)의 남쪽 3리에 있다'라 되어 있는 경주 첨성대가 아닌 평양 첨성대도 또한 천문관측과 관계없었던 것이 거의 확실하다.

『동국여지승람』의 편찬시 까지도 유지가 남아있었던 것으로 되어 있는 평양 첨성대의 현황은 전혀 알려지지 않고 있지만, 개천설의 우주관에서 볼 때 그 위치가 천문관측에 있어서는 위도상 경주보다 부적합할할 뿐 아니라, 정치상으로도 통일 이후의 평양에서 천문관측을 해야 할 필요성을 느낄 수 없기 때문이다.

그러나 평양 첨성대의 수수께끼를 푸는 열쇠는 결코 이러한 이유에만 있는 것은 아니다. 즉,『세종실록』지리지에는 평양 성내에 9묘9지가 있어, 9묘가 9요의 비입처飛入處이며, 그 연못 옆에 첨성대가 있다고 한 것은 9요의 출입처인 9묘와 첨성대가 불가분의 관계에 있었다는 점에 대하여 주의하여야 하겠다.

9요라고 하는 것은 범어梵語 navagraha를 말하는 것으로 9집執이라고도 하며, 인도의 천문학에서 일월오성日月五星 외에 태양이 통과하는 황도黃道와 달이 통과하는 백도白道의 승교점昇交點에 있는 나후羅睺(Raha)와 강교점降交點의 계도計都(Ketu)의 이은요二隱曜(星)가 있는 것으로 믿어 이를 합쳐 9요라고 하는 것은 잘 알려진 사실이다. 일식·월식의 현상이 이 황백이도黃白二道의 교점交點 가까운 곳에서 나타나는 까닭에 나후를 식신蝕神으로, 계도는 식신의 미부尾部에 있어 표미豹尾라고도 하는데, 인도 짐싱숲에서는 7요와 한께 이 이은요가 인간의 길흉화복을 지배하는 것으로 생각되어 왔다.

고려시대의 9요숭배는 돈독하여『고려사』에는 문종 36년 2월 계사조에 '9요당에서 비가 오기를 비는 제사를 지냈다'라는 기사를 비롯하여, 충숙왕 때에는 친초(親醮, 왕이 친히 제사를 지냄)의 기사도 보일 뿐 아니라 남송 장세남張世南의 『유환기문遊宦紀聞』에는 고려에 구집력九執曆이 사용된 예를 밝힌 것에서도 그 신앙의 일면을 엿볼 수 있다.

평양 첨성대가 9요 출입처인 9묘와 근접한 곳에 있다는 것은 또한 그것이 결코 천문관측대가 아니고 9요에 기복(祈福, 복을 빎)하는 구요당九曜堂과 같은 초성처로 볼 수밖에 없다.

이상과 같은 억단이 용인된다고 하면, 경주 첨성대도 반드시 '첨성瞻星'이라는 자의字意에 사로잡혀 천문관상에 뜻을 두고 축조되었다고만 단정지을 수 없다.

경주 첨성대를 중국의 천문관측에 비추어 과학면에서 보다 신앙면에서 다루는 것이 오히려 합리적이라고 한다면, 더 흥미로운 것은 천문관측대로서는 너무도 어울리지 않는 이 첨성대의 형태가 불교의 우주관인 수미산설須彌山說을 연상케 한다는 사실이다.

즉, 지구의 중심에 우뚝 서있어 그 높이가 8만 유순(由旬, 고대 인도의 거리 이수 단위)이며, 일월상성日月象星이 상하하며 그 반요半腰를 둘러싸고 있다는 수미산은 그 형태가 경주 첨성대와 흡사하다. 중앙은 제석천帝釋天이라 하며, 『대일경소大日經疏』에 의하면 33천을 주재하는 제석천환인의 희견성喜見城이 있다는 것이다.

목재나 금석金石으로 이 수미산의 형태를 만들어 제석천환인이 거주한다는 그 정상부에 불상을 안치하는 것이 수미좌須彌座이며, 초기의 수미좌가 꼭 경주의 첨성대와 같은 형태인 것은 누구도 부정할 수 없을 뿐 아니라 수미단須彌壇도 수미산을 본떴던 것이다.

따라서 경주 첨성대를 꼭 천체관측대와 관련시켜야 한다면 중국의 남북조시대에 널리 알려진 『마등가경摩登伽經』에 보이는 인도의 점성물천문학의 천체관측술의 연구에서 이 수수께끼가 풀릴 가능성도 없는 것이 아니다. 또 7요의 정기를 타고 태어났다는 신비에 싸인 생애의 김유신 집의 재매정도 그의 생애에 어울리는 형태였다고 할 수 있을 것이다.

그러나 평양의 첨성대가 천문관측을 위해 세워진 것이 아니고 초성대였을 뿐 아니라, 강화의 참성단도 단군이 하늘에 제사드린 제단祭壇이었다는 속설과 더불어 초성처로 알려진 것으로 볼 때 신라시대의 국가적인 제례祭禮였던 영묘사靈廟寺 남쪽의 성제(星祭, 별에게 드리는 제사) 같은 것이 이 첨성대에서 행하여졌을 것이라는 억측도 가능한 것이지만, 당시의 영묘사 터가 밝혀져 있지 않은 현재로서는 억측에 그칠 뿐이다.

이와 같이 경주 첨성대가 비록 천문관측과는 관계가 없는 초성처 같은 것이었다 하더라도 그 형태가 불상佛像을 안치하기 위한 수미좌를 본떴다고 하면 그 정상부에는 신앙의 대상이 될 수 있는 어떤 종교적인 상징물이 안치되어 있었다고 보는 것이 옳을 것이다. 정상부의 정자형 석재에 '입주(立柱, 기둥을 세움)'한 흔적이 있고, '그 밑 부분 반면半面이 된 석반(石盤, 석판, 세로 3척 폭 1척 정도)'이었다는 실측보고서 등은 그것이 천문기계를 설치하는데 적합지 않다는 필자의 견해가 용인된다고 하면 어떤 종교적 상징을 안치했던 흔적으로 볼 수밖에 없다.

(이용범, 「첨성대존의」, 『진단학보』 38, 1974.10)

제3장 붕당정치가 아니라 당쟁이다

당쟁에 관한 새로운 인식으로서 '붕당정치'란 새로운 용어를 쓰려면 그에 대한 명확한 개념규정이 있어야겠는데, 이것이 결여되어 있는 것도 '붕당정치'란 개념이 당쟁시대, 즉 선조 8년으로부터 영조 원년에 이르는 시대(분당分黨, 1575~탕평蕩平, 1725) 약 150년 전부를 커버할 수 없기 때문일 것이다.

변씨도 숙종대(1675~1720)에 들면서 당쟁은 붕당정치라 할 수 없을 만큼 변질 가열되어 상대세력의 존재를 인정하지 않은 추세가 형성되었다라고 하였는데, 숙종대야말로 당쟁의 전성시대요 서인과 남인의 혈전이 절정에 달한 당쟁사의 황금시대임을 용인한다면, 상대세력과의 공존을 필수로 하며 상호비판과 견제를 내용으로 하는 붕당정치라는 개념은 변씨 자신이 인정하듯이 여기에 적용될 수 없다. 전성기를 설명할 수 없는 개념이란 이론구성이 안 되는지, 요령있는 설명은 없고 이곳저곳에서 이미 지적한 논지, 즉 비판세력과의 공존에 의한 붕당정치, 학연學緣에 의한 정파니, 서로 비판 견제하는 것이란 내용만 산견(散見, 여기저기 눈에 띄어 볼 수 있음)되는 것은 변씨가 채용한 소장학자의 설인 이태진씨의 「당쟁을 어떻게 볼 것인가」에 있어서나, 이씨가 영향받은 석정수부石井壽夫

의 「후기이조당쟁사에 관한 일고찰」에 있어서나 마찬가지이다.

석정石井의 논문은 놀랍게 수발한(뛰어나게 훌륭함) 것이고, 또 '붕당정치'란 용어를 처음 사용하고 있음에도 불구하고 그 개념규정은 보이지 않는다. 석정은 당쟁사를 사화士禍－붕당朋黨－탕평蕩平－척족戚族의 네 시기로 나누고 있는데, 붕당시대에 해당하는 숙종·경종대가 이 개념으로 말할 수 없는 것은 전기한 바와 같은 것이다. 붕당시대 150년간을 삼분三分하면 숙종·경종대 50년은 맨 끝이라 탕평시대까지의 과도기라고 강변할는지 모르겠다. 그러면 당쟁의 태동기·과도기인 선조대에 있어서는 당쟁이 붕당정치적이어야 할 것이다. 그래야 붕당정치란 개념이 간신히 성립될 수 있을 텐데 선조 22년에 일어난 기축옥의 참상을 보면 비판과 견제, 양당의 공존같은 관념이 얼마나 사실과 동떨어진 미화美化된 공론空論인가를 통감하는 것이다.

당쟁이 곧 붕당정치라는 '새로운 이해'는 적절하지 못할 뿐 아니라, 국사에 대한 올바른 인식을 왜곡시킬 우려마저 있다. 당쟁에 대한 객관적이고도 적확(的確, 틀림없이 들어맞음)한 인식은 이미 250여 년 전에 제시된 성호星湖 이익李瀷의 붕당론(朋黨論, 곽우록)을 능가하는 것은 없을 것이다. 우리가 바라는 당쟁사에 대한 근본적이고도 명쾌한 대답은 이미 세상에 나온 지 오래인 것이다.

성호는 당쟁이 일어나는 원인을 다음과 같이 비유하고 있다.

> 지금 열 사람의 굶주린 사람들이 한 그릇의 밥을 같이 먹는다고 하자. 다 먹기도 전에 싸움이 일어날 것이다. 왜 싸우냐고 따지면 언사가 불손했다든가 태도가 건방지다든가 여러 가지로 말할 것이다. 그러나 싸움의 원인은 언사나 태도에 있는 것이 아니라 밥그릇이 하나라는 데 있는 것이다. 만약에 열 사람에게 한 상씩 대접한다면 점잖게 사이좋게 잘 먹고 일어날 것이 아니겠는가.

성호는 당쟁의 원인을 "벼슬자리도 없는데 자주 과거科擧를 보아 급제자만 많이 내게 하는 한정된 관직과, 되려고 하는 사람은 많은 모순에 있다(官員少而應調多)"라고 보았으며, 또 벼슬길에 오른 후 자주 자리를 바꾸고 빼앗는 데 있다고 본 것이다. 좋은 자리에서 이유도 없이 밀려나거나 떨어지면 불평을 품고 원망하게 된다.

> 무릇 이利가 하나고 사람이 둘이면 당파가 둘이 될 것이고, 이가 하나고 사람이 넷이면 당파는 넷이 될 것이다. 이利는 하나이고 사람이 많을수록 당파는 더욱 여러 개로 나누어질 것이다. 설사 모든 당파를 모두 물리치고 오직 한 당파에만 권세를 준다 하여도 그것도 쇠(鐵)나 금이 아닌 이상 어떤 계기에 또 삼분오열될 것이다. 왜냐하면 권세를 얻으면 일파를 마구 뽑아 요직에 앉히니 이것이 식당植黨(당을 키움)이요, 현우賢愚(현명한 사람과 어리석은 사람)를 불문하고 중책을 맡기는데 정승은 셋이요 판서는 여섯이요 정2품 이상은 열이요 홍문관 사헌부의 요직에 이르기까지 경망자競望者(다투어 희망하는 사람)는 10배 이상이니 도저히 좋은 벼슬자리가 골고루 돌아갈 수 없는 것이다. 그러므로 타당他黨에 대한 싸움이 줄어진다면 내홍內訌(내부에서 저희들끼리 일으키는 분쟁)이 은연중에 싹트고 자라는 것이다(요지).

자리는 적고 사람은 많은데 원칙없는 인사이동만 빈삭(頻數, 거듭되는 횟수가 매우 잦음)하여 사람들의 벼슬에 대한 욕심만 자극한 것이 당쟁의 근본 원인이란 성호의 진단은 당쟁의 성격을 한 마디로 갈파한 탁견이라고 생각된다.

석정(石井, 이시이)도 당쟁이 자리다툼이란 것을 인정하는 듯하다. "확실히 붕당은 이러한 (관원소이 응조다官員少而應調多)모순을 해결하기 위해 자연발생한 정치적·사회적 현상이었다. 이러한 당쟁의 배후에 숨어있는 공리적·물욕적 계기를 간과하는 것은 당쟁의 진상에 대한 통찰이 될 수 없다.” 그러나 17세기 성리학性理學 지상주의 전성기에는 이상주의적 의리義理가 지배한 시대였다. “최고절대의 권위는 왕이 아니라 가공적인 도道이기 때문에 의리에 합치하는 한 왕은 절대적이지만 만일 양자가 괴리될 때에는 의리義理지상의 입장이 대두하여 광해군의 경우와 같이 국왕이 폐위된다. 이와 같이 이 시대를 지배하는 정신은 성리학지상주의이며 붕당정치를 일관하는 절대적 권위는 성리학적 의리요 이법적理法的인 것이다.” “이법理法에 맞게 사는 것 자체가 동시에 공리적·물욕적 욕구를 만족시키는 방편이었으며, 사회적 활기가 넘치는 시대로 명분론名分論 위주의 성리학적 정치운용이 실천되던 시대였다. 따라서 17세기 초기 당쟁은 한층 긍정적 관찰이 가해져야 할 것이다.”라고 하였다. 당쟁에 있어서의 당인黨人들의 학문에 대한 정열 확신 등도 간과하여서는 안된다는 것이다.

안확安廓의 당쟁관은 한층 긍정적이다. “근대정치는 당파로 인하여 발달을 이루고, 오히려 당파가 진보치 못하고 두절함으로 말미암아 정치가 쇠하였다.”고 단언함을 주저치 않는다. 그리고 “당파가 상쟁상분(相爭相奮, 서로 다투고 성냄)하므로 인하여 정치는 무한한 파란을 일으켜 착란이 많으나 정치의 운행은 폐를 구하고 해害를 제濟하여 가부를 상토(相討, 서로 토론함)하는 중에서 중정(中正, 어느 한 쪽으로 치우치지 않고 곧고 올바름)의 도道를 얻어 결국 초월적 진보를 행한다.”고 보았다.

이시이가 지적한내로 17세기 조에는 특히 의리가 강조되던 시기였다. 그러나 이시이는 이 시대의 의리에 대한 표방(標榜, 주의나 주장을 내세움)을 과대평가한 것 같다. 17세기의 일정한 시기에 있어서 붕당정치적 경향이 있었다손 치더라도 광해군이 축출된 진인(眞因, 진짜 원인)은 의리보다도 그의 현명한 현실주의적 북방정책北方政策이 그의 정부 고관들, 죽 대북파大北派의 동조를 얻지 못하고 있던 틈을 탄 서인의 집권욕과 광해군의 궁중이 엄숙치 못한 점을 이용당했다는 정치역학적인 문제일 것이다.

양파가 절충 토론하여 중정의 길을 얻었다는 안확의 견해는 민족성운론으로서, 당쟁사를 부정적으로만 보는 일인 역사가에 대하여 적극적으로 안티테－제를 제시한 공로는 있으나 현대의 눈으로 보면 적절한 견해라고 볼 수 없는 것이다. '붕당'을 정당政黨과 동일시하여 그의『문명사』제84절을 "정당의 발달"이라고 이름한 점이나, 붕당정치의 움직임을 영국英國의 정당활동에 비교하는 등 입헌제立憲制 아래의 정당정치와 군주전제하의 붕당을 혼동하는 등 오해를 보이고 있는 것이다.

이태진은 당쟁관이 "안확류의 것에 의하여 광정(匡正, 잘못된 것을 바로잡아 고침)이 시급히 강구되어야 할 것"이라고 하였지만, 나는 성호의『곽우록藿憂錄』'붕당론'에 의한 이해가 표면의 복잡한 현상을 뚫고 본질적인 진상에 접하는 첩경이라 생각한다.

이시이는 다시 붕당의 출현도 그 전개도 왕권과 밀접히 관련된 것으로 파악하였다. 즉 조선시대는 귀족주의이면서도 국왕은 귀족의 독점적 정권장악을 꺼린다. 그렇게 되면 왕권은 공동화空洞化하고 권세는 권신에게 옮겨가기 때문이다. 그는 "사화시대는 귀족세력이 우월하여 왕권과 귀족세력 사이의 조화가 깨졌으므로 지방하층 귀족세력인 이학파理學派가 새로운 혁신세력으로 성장하여간 것은 바로 이러한 혼란을 수정한 것으로 붕당은 그 결실이다. 귀족간에는 대립적인 여러 세력이 형성되어 서로 각축하면서 저절로 일종의 세력균형이 이루어져 귀족세력과 왕권은 다시 이전의 조화를 되찾은 것은 아닐까."라 하였다.

당쟁의 메카니즘은 대립하는 양파 사이에선 절대적 심판자로서 왕권의 강화에 이바지 한다. 아니 국왕은 권력강화를 위하여 양파를 번갈아 집권케 하는 Divide and Control(분할통제)정책을 썼으니 크게 당쟁의 형세를 조장하였던 것이다. 당쟁은 국사를 위하여 양파가 '상쟁상분'한 곳에서 '초월적 진보'를 향한 것이 아니라 왕권을 위한 국왕의 조종에 의해서도 전개되었던 것이다.

그리고 이러한 조종을 위하여 소위 역옥逆獄이 흔히 이용되었다. 역옥에서의 처리가 철저할수록 혈원血怨은 심각하였고, 혈원이 심각할수록 당인의 눈에 국리민복이 끼어들 틈이 없게 된다. 우리는 임진왜란직전 일본에서 돌아온 동인 부사副使 김성일金誠一이 서인 정사正使 황윤길黃允吉에게 도저히 동조할 수 없어서 '병화兵禍는 없을 것이라'고 보고하여 왜란倭亂에 대비하는데 있어서 막심한 지장을 주었던 사실을 기억한다. 그것은 자고로 사가史家에 의해 '편당(偏黨, 한 당파에 치우침)'의 탓이라고 논평된다. 당파의 대립 때문이라는 것이다. 기축옥 후의 동인의 서인에 대한 감정은 국난을 눈앞에 두고도 공심(公心, 공평하여 사사로움이 없는 마음)을 잃었던 것이다.

이태진씨는 그의 「당쟁사를 어떻게 볼 것인가」에서 "조선왕조가 당쟁 때문에 망했다는 인식" "부정적인 인식이 온존되어" 오늘에 이르도록 "부정론 일변도의 상황"이라고 당쟁사에 대한 인식이 해방 후 40년이 지났는데도 부정일변도를 벗어나지 못하고 있다고 강조하였는데, 과연 그럴까. 21년 전에 동아일보에 쓴 나의 '당쟁의 효용效用'이란 글에도 다음과 같이 당쟁의 적극적 역활에 대하여 논하고 있다. 짧으니까 전문全文을 인용하기로 한다.

당파싸움 때문에 이조가 망하였다고 한다. 천부당한 말이다. 오히려 당쟁 때문에 조선왕조가 오래 시속되었다고 할 것이다. 당쟁은 물론 우리 정치사의 오점이요 허다한 비극의 원천이었다.

그러나 당쟁에도 적극적·유효적 의의가 있다. '당쟁이란 감투싸움이요 정권다툼이다.' 그런데 백중하는 두 세력이 싸울 때 각기 상대방에 약점을 잡히지 않으려고 조심하였으므로 부정부패가 크게 견제되었던 것이다. 그러므로 당쟁시대에는 정계政界라는 무대에 선 정치인들은 당쟁의 귀추에 따라 처참한 고배를 마시었지만 덕택으로 백성들은 비교적 편안하였던 것이다. 그

러나 당쟁의 형세는 당쟁의 영웅 송시열宋時烈의 출현으로 숙종
대를 절정으로 노론老論의 우세로 낙착되었다. 사색당파라고 하
지만 노론의 당중세대黨衆勢大는 결정적 형세였다.

('서사여화書舍余話', 65년 6월 자)

비록 단문短文이지만 당쟁의 효용, 즉 당쟁 때문에 왕권이 강화되고 부
정은 견제되고 왕조는 그 만큼이나마 유지되었음을 단적으로 강조하였
으며, 당쟁사가 주는 교훈과 오늘의 현실과도 관련시켜 고찰한 글로서
그 취지는 오히려 변씨가 주장하는 '붕당정치설'과 본질에 있어서 상통
하고 있다고 할 것이다. 차이점은 나는 당쟁의 명암양면明暗兩面, 즉 적극
적·긍정적 면도 인식하는 것이고, 붕당정치론자는 긍정적인 면만 확대
강조하며 부정적인 면을 과소평가 내지는 도외시하려는 균형을 잃은 관
찰에 있지 않나 생각한다.

(김용덕金龍德, 「'붕당정치론' 비판 — 조선시대 당쟁의 성격」, 『정신문
　화연구』 '86. 여름호, 1986.6)

제4장 조공은 경제적으로 불리하였다

1. 조공朝貢과 회사回賜

조공제도의 가장 중요한 기능의 하나는 조공사절이 중국으로 가서 조공을 바치고, 또 중국의 사절이 조선에 오며, 중국이 조선의 국왕에게 회사하는 일이다. 이제 조공품과 회사품에 관하여 검토하여 보겠다.

청대를 통하여 5차나 재편된 『대청회전大淸會典』, 『통문관지通文館志』 등을 보면, 조공품의 품목과 수량이 시대에 따라서 차이가 있으며, 청나라 초기에 요구되었던 많은 품목과 수량은 옹정제 때(1722~1735)가지 대폭 감소되었음을 알 수 있다.

순조 초기(1800넌내 초)의 세폐(歲幣, 매년 10월에 성기적으로 숭국에 보내던 공물)의 가치는 대략 전錢 8만량 정도였다. 참고로 숭덕제 초기의 세폐의 가치는 그 중에서 중요한 품목에 한하여 보아도 정조대에서 순조 초기에 걸친 시기의 물가로 표시하면 약 30만량이었다. 이것은 조선정권의 큰 부담이었으며, 국가경제에 미치는 영향은 지대하였을 것이다.

세폐의 품목에는 황금黃金·백은白銀·수우각궁면水牛角弓面·호대지好大紙·표피豹皮·수뢰피水瀨皮·녹피鹿皮·차茶·소목蘇木·호요도好

腰刀·잡채화석雜彩花席·백저포白苧布·백금주白錦紬·세목면細木棉·
세마포細麻布·미米 등 20여 가지가 넘었다.

세폐 이외에 모든 조공사행은 황제·황태후·황태자에게 방물方物을
진정進呈하였다. 황태후에 대한 방물은 황제에 대한 것과 품목에 약간 차
이가 있고, 수량도 약간 적었으며, 황후에 대한 것은 황태후와 같았다. 동
지사冬至使는 정조사正朝使·성절사聖節使의 양사를 겸하였기 때문에 동
지·정조·성절의 방물을 겸하여 가지고 갔다. 정조사와 성절사의 방물
도 각기 동지사의 방물과 그 품목과 수량이 대동소이하였다. 방물의 품
목은 저포苧布·면주綿紬·화석花席·백면지白綿紙 등 10여 종류였다.

조선의 청나라 사행은 청 초기부터 동치제 말기(1874)까지 238년간에
474차의 사행使行이 중국에 갔으며, 겸대兼帶를 합하면 연 870차가 된다.
이것은 연평균 3.6차가 된다. 그 중에 동지사(매년 1차)를 제외하면 기타가
632차로, 연평균 2.6차이다. 이들 동지사에 의한 삼절三節 방물이 약 4만
량이었고, 기타 사행이 1만량 정도의 방물을 진정하였다. 따라서 매년 중
국에 보낸 세폐 및 방물의 가치를 합하면 연평균 총 13만량에 달한다.

이와 같은 세폐와 방물에 대하여 중국의 황제가 조선의 국왕에게 회사
하는 물품은 극히 소량의 것이었다. 정조·순조 때의 매년 정기적인 회
사품은 채단綵緞·표피豹皮내장단內粧緞·안마鞍馬였고, 그 가치는 대략
전 7천량이었다. 이밖에 동지사행 이외의 경우에도 국왕 및 그 일족에 대
한 증여가 있었고, 중국의 칙사가 오는 경우에도 증여가 있었으나, 그 품
목과 가치는 아주 적은 것이었다. 따라서 중국의 황제가 조선의 국왕과
그 일족에게 증여한 물품의 가치는 조선이 중국에 보낸 세폐와 방물의
그것에 비하면 10분의 1에도 미달하는 것이었다.

ㄹ. 증여

중국의 황제는 조선의 사행, 즉 사신일행에게 물품을 주었다. 동지사행에 대한 증여 물품은 대단주大緞紬・소단주小緞紬・은銀・황견黃絹・안마鞍馬・청포靑布 등으로 그 가치는 순조 초기의 경우 약 전錢 2만 2천 량이었다. 이 동지사에 대한 증여는 동지・정조・성절・연공年貢의 4행을 합한 것이며, 따라서 기타의 사행의 경우에 있어서는 대체로 동지사행에 대한 4분의 1에 해당한 증여가 있었다.

조선의 사행에 대한 청나라의 증여에 비하여 청의 사행에 대한 조선측의 증여는 실로 막대한 액수에 이르는 것이었다. 지방에서의 증여는 제외하고 중앙에서의 증여만 보면,『통문관지』와 같은 제도사적인 문헌에 보이는 품목은 약 100종에 달하며,『칙사증급책勅使贈給册』에서 실례를 보면 칙사에 따라서는 수백 종의 품목이 기록되어 있다. 그 중에는 안마・일산日傘・은・면주・세마포・표피・호피虎皮・녹피鹿皮・수뢰피・백지白紙・유지油紙・화석・요도・은장도・환도環刀・궁弓・공작미孔雀尾・필筆 등이 있었다. 이같은 중앙에서의 증여물품의 가치는 대체로 전 4만량 이상이었다.

지방에서의 증여도 또한 막대하였는데, 중앙과 지방의 증여물품 중 은銀만을 최소한으로 계산하면, 약 2만량으로, 전 8만량에 해당한다. 이 액수는 연공年貢의 가치에 상당하는 섯이며, 소선의 연공사행에 대한 청측의 증여액수의 약 4배에 해당한다. 그밖에 음으로 양으로 청나라 사행에게 준 물품은 일일이 다 기록할 수 없을 정도였다.

ㅁ. 노비(路費)

조선의 연행사행燕行使行은 약 5개월간의 여정旅程에 막대한 노비, 즉 여비를 소모하였다. 중국 내에서의 여행과 북경의 체제기간 중의 숙식은 청나라에서 지급했으나, 300명가량의 일행의 노비는 물론, 수백 필의 말이 소모하는 마량馬糧도 상당한 것이었다.

한 번의 사행의 노비는 정조대의 경우, 전 1만 3천량에 달하였다. 이 금액은 사행원의 왕래에 필요한 역마·조공품 및 기타의 휴대품의 운반을 위한 비용이나 , 기타 지방에서의 경비는 포함되지 않은 것이다. 따라서 사행의 왕래에 수반된 물적·인적 및 기타의 소모가 조야朝野에 미치는 영향은 매우 컸을 것이다. 그밖에도 사행은 경유하는 각지의 관원과 북경의 관원들에게 예물禮物을 주어야 했다.

연행사행에 대한 노비가 조선측의 큰 부담이었음은 물론이지만, 조선을 그 보다도 훨씬 더 괴롭힌 것은 청의 칙사에 대한 지공支供이었다. 칙사가 서울로 왕래할 때 황해도에서만 쓴 비용이 전 약 4만 7천량이었으며, 한 칙사사행에 대한 각지의 총 지공액은 전 23만량을 훨씬 초과하였다. 이것은 조선왕조의 모든 중앙관아의 연간 총비용의 약 6분의 1에 해당하는 것이었다. 중국의 사행은 서울 체재 중과 지방 여행 중에 호사豪奢한 생활을 하고, 증여품으로 치부致富하였으나, 지공에 따르는 조선 조야의 물질적·정신적 부담은 실로 막대한 것이었다.

노비의 부담은 조선만이 아니라 중국측에도 국가재정상 적지 않은 부분을 차지하였다. 청나라는 1차의 조선의 사행에 대하여 전 4만량의 노비를 부담하였을 것으로 추산되며, 따라서 연평균 2차의 사행으로 전 약 8만량을 연행사행의 숙식을 위하여 소비하였다.

19세기에 청 중앙정부의 전부田賦의 총액이 은 3천량이었음에 비추어 연행사행에 대한 지공의 비용은 적은 것이라고 할 수 없다. 숙식의 지공이라고 하여도 음료와 시목柴木만을 포함한 것이므로 상기 8만량 이외에도 그 지공에 적지 않은 비용이 소비되었을 것이다. 또 칙사를 파송할 때의 노비도 상당한 액수에 이르렀을 것이다.

4. 교역(交易)

조선과 중국 사이의 교역은 사행의 왕래와 관련되어 행해지기도 하였고, 이와는 직접 관련없이 국경지방에서 행해지는 교역이 있었다. 이 양자는 공인된 무역이었는데, 사행에 의한 공인된 무역에는 공무역과 사무역이 있었다. 또 공인된 무역의 기회를 이용하여 공인되지 않은 무역, 즉 밀무역이 있었다. 이들 여러 가지 형태의 무역은 상호관련이 있어서 확연하게 분리할 수 없는 경우가 많다.

청대의 양국간의 교역에 있어서 첫째로 언급할 것은 팔포무역八包貿易이다. 이것은 사행원에 의하여 행해지는 공인된 사무역私貿易이다. 조선 초기에 연행사행원의 여비의 부족을 보충하고, 사적인 교역을 위하여 일정한 양의 인삼이나 은을 휴대하고 가는 것이 허용되었다. 그 후 그 품목이나 수량이 수차의 변동을 거쳐서 청 후기에는 사행원 각자가 팔포의 인삼(매 포 10근)을 휴대하는 것이 허용되었다.

인삼 1근은 은 25량으로 환산되었으니, 팔포, 즉 80근의 인삼은 은 2천량이었다. 당상관은 3천량의 은을 휴대하고 갈 수 있었으므로 정관正官 30명의 사행은 6만량 내지 7만량 정도의 은을 교역을 위하여 사용할 수 있었다. 사실 정조 11년(1787)의 동지사행은 합계 8만 3천량의 은을 휴대했는데, 그 중에서 상방(尙方, 상의원尙衣院)과 내국(內局, 내의원內醫院)의 공무公貿를 위한 8천 7백량과 관향管餉 등의 비용 8백냥을 제외한 7만 3천량이 사무私貿에 충당된 것이었다.

팔포무역은 상인商人들이 이용하는 바가 되어 팔포의 제한이 무시되는 일이 많았으므로 조정에서는 여러 가지 방법으로 팔포제에 따르는 폐해를 시정하려고 하였다. 팔포제의 본래의 목적은 사행원의 노비의 부족을 보충하고, 사행원의 노고에 대한 일종의 물질적 보상을 해주는 데 있었다. 이것은 부득이한 조치였으나, 이 기회를 이용하여 부수적으로 발생하는 폐단에 대하여 국가적으로 그 대책에 급급하였던 것이다.

따라서 팔포무역은 국가경제에 어떠한 직접적인 이득을 얻도록 하기 위하여 취해진 조치는 아니었다. 다만 조공제도라는 제약 속에서 그 제도에 따라서 파생되는 사행원의 물질적 부담을 완화하는 데 그 의의가 있었다. 국가적으로는 오히려 은과 인삼이 다량으로 유출되거나 기타의 금지품이 밀무역密貿易의 형식으로 교역되는 것에 대한 방지책에 고심하였다.

즉, 팔포제는 사행원에게 경제적 이득을 주고 또 어떤 형식으로 조선의 국민경제에 도움이 되었을지는 몰라도, 조공제도 자체가 청의 입장에서나 조선의 입장에서 국가경제의 직접적 이해에서 유지되었다고 볼 수는 없다.

팔포무역과 함께 연행사행에 의하여 행해진 교역에 관무역官貿易이 있었다. 이것은 주로 상방이나 내국의 소요품을 사오는 것이다. 그 물품은 왕실의 사치품이나 필요한 약재藥材 등이었으나, 정조·순조 때의 액수는 앞에 언급한 바와 같이 8천량 정도가 상례였다고 생각된다. 이 관무역을 위한 자금을 '별포別包'라고 하며, 팔포 이외의 것이었다.

사행에 의한 관무官貿와 사무는 사행원의 숙소였던 회동관會同館에서 행하여졌으며, 이 교역은 회동관개시開市라고 하여 청측에서도 공인한 것이었다. 그러나 회동관개시 뿐만 아니라 변경에 있어서의 개시에는 양측에 의한 여러 가지 제한과 금령禁令이 있었다. 그러한 제한과 금령의 이면에는 밀무역, 즉 후시後市의 가능성이 있음을 의미하는 것이며, 사실 여러 가지 문헌에는 그러한 기록이 산견散見된다.

연행사행과 관련된 밀무역의 기회는 두 번 더 있었다. 즉 책문후시柵門後市와 단련사후시團練使後市가 그것이다. 책문후시는 사행이 왕래하며 책문을 출입할 때 청측의 특허운송인 12명의 난두欄頭와 만상灣商과 송도상인들을 중심으로 이루어지는 후시로서 사행의 귀환시에 더욱 심하였다. 단련사후시는 문자 그대로 단련사와 관련된 것이다. 조선 초기에는 병마단련사라 하여 지방의 병권과 민사에 관련이 있는 관직이었으나, 뒤에는 주로 연행사행과 관련된 일을 맡았다. 연행사행은 세폐와 방물의 일부를 성경(盛京, 심양瀋陽)에 전달하고 청측이 이를 받아서 수송하였는데, 이것을 심양교부분납이라고 하였으며, 성경에서 짐을 부린 마필을 데리고 오는 것이 단련사의 임무였다. 운송의 비용을 보충해주기 위하여 조선측은 단련사에 대하여 약간의 교역을 허용하였는데, 이것이 악용되어 단련사후시가 발생하였다.

이들 후시의 수는 연 4, 5차로서 1차에 은 10만량이 소요되었으며, 사행의 팔포까지 합산하면 내면 중국으로 건너가는 은은 5, 6십만의 거액에 달하였다. 비록 상인은 이득을 취하였을지도 모르나 은의 유출은 국가경제에 대한 위협이 되었을 것이 분명하다. 이와 같은 추세의 후시는 도저히 근절될 수 없었으며, 청의 호부戶部는 조선에 대하여 민간의 호시互市를 허가하기를 청하였으며, 영조 30년(1754)에는 후시에서 교역될 잡물雜物의 수를 정하여 이를 공인하기까지 한 일도 있었다.

조선의 연행사행 뿐만 아니라 청의 칙사사행도 서울에서 물품을 구하는 일이 있었다. 여기에 관해서는 정례定例가 없었으며, 형식상으로는 매입하는 것이지만 사실상 토색討索에 지나지 않는 것이었으며, 칙사에 대해서는 대가를 지불하지 않는 증여가 거액이었기 때문에 대가를 지불하는 교역의 필요가 사실상 거의 없었던 것이다.

양국간의 교역은 변경지방에서도 행하여졌다. 즉, 중강·회령·경원 등 세 곳의 개시가 그것이다. 중강개시는 년 2차(처음에는 3월, 9월, 뒤에는 2월, 8월), 회령은 연 1차, 북관北關개시는 경원개시는 격년으로 행하여졌다. 이들 개시에서의 공급의 회례(回禮, 대가)로 청은 소청포小靑布와 녹피鹿皮 등을 지급하였는데, 특히 소청포는 질이 열악하여 소용이 거의 없는 것으로서 '이름은 비록 호시라고 하지만, 실은 들여오는 것이 없다.'라고 할 정도로 조선측의 손실이었다.

회령과 경원의 개시에 필요한 비용은 막대한 것이어서 매번의 개시를 위하여 회령개시에서는 전 약 3만량, 경원개시에서는 약 그 반의 비용이 들었으니, 변방에서의 개시가 조선에게 얼마나 불리한 것이었는가를 알 수 있다.

이상 여러 가지 형태의 교역을 종합하여 보면, 국가경제의 입장에서 행하여지는 것은 겨우 상방과 내국의 필요물품을 구입하는 교역이 있었으나, 이것은 은 1만량에 미달하는 액수의 것이었다. 그밖에 공용을 위하여 모자帽子를 매입하는 반관半官무역이 있었지만, 원활하게 시행되지 못했다. 팔포무역은 주로 사행원을 위한 것이었으며, 각종의 후시는 은의 유출로 국가경제에 큰 지장을 가져오는 것이었으며, 변경에서의 개시는 조선측의 손실이었음이 명백하다.

더구나 공인된 무역에는 많은 제약과 엄한 금령이 있었다. 그리하여 직접 조공사행에 부수附隨되거나 조공관계에 의하여 규제되는 개시에 의하여 조선이 이득을 취할 수 없었음이 명백하다. 또한 후시가 조선 위정자의 의도하는 것이었다고 할 수는 도저히 없으며, 따라서 조선의 입장에서 보아 조공관계 유지의 의의가 경제적인 면에 있었던 것이 아님은 명확한 일이다.

후시나 변경에서의 개시가 국가경제에 폐단과 손실을 끼쳤음이 분명하기 때문에 청과의 조공관계가 경제적으로 유리하였다고 가정假定할 수 있는 유일한 남은 근거는 팔포무역이다. 팔포무역이 막대한 이익을 가져오고 그것이 간접적으로 국가경제에 도움이 된다고 가정하자. 그러면 은 7만량의 팔포로 같은 금액의 순이익을 얻는다고 하면, 전 21만량의 이익으로서 이 액수는 조선의 부담을 보충할 수 있는지 모른다. 그러나 그것으로도 북관개시에 있어서의 여러 비용까지 보상할 수는 없다. 이러한 가정은 사실과는 먼 것이며, 공론空論에 가까운 것이다.

5. 경제적으로 본 조공관계의 성격

앞에서 우리는 전형적 조공관계가 조선측에 경제적 이득은커녕 막대한 손실을 초래하였음은 알 수 있었다. 조선의 사행에 대한 청의 증여는 적은 것은 아니었으나, 양차의 사행의 인원을 고려한다면, 사행원 각자의 이득이 큰 것이 아니었다. 더욱이 국가재정상으로는 연평균 전 20만 량 이상의 손실이며, 칙사사행이 있는 해에는 40만량에 가까운 손실을 감내하여야 했다.

그렇다고 청나라도 국가재정상 이득을 본 것이 아니었다. 조선 사행의 영접과 칙사 파송을 위한 제반 기구와 시설, 그밖의 준비에 대한 비용을 제외하더라도, 청의 국가적 부담은 그 소득(조선측에서 보낸 세폐와 방물)보다 많았다. 칙사사행의 소득을 합산하면 청이 약간의 이득을 얻은 것 같지만, 여러 비용을 고려하면 손실이 컸을 것이 분명하다.

국가가 사행원의 사적 이득까지 고려하여 조공제도와 같이 거창한 제도를 마련하고 유지할 이유는 없다. 사행원의 빈도가 많았어야 할 청 후기에 오히려 그 빈도가 뚜렷이 감소하였던 것이다. 요컨대 국가재정상의 이득이라는 점에서 볼 때 전형적 조공제도의 성립과 유지의 이의를 찾아볼 수 없다는 것은 명백한 사실이다.

조선이 조공관계로 명백한 경제적 손실을 감내堪耐하였을 뿐만 아니라, 청나라주차도 손실을 면치 못할 가능성이 농후하였음에도 불구하고, 일반적으로 조선이 이득을 본 것같이 논의되어온 까닭은 무엇일까. 이에 대해서는 몇 가지 원인을 생각해 볼 수가 있다.

첫째는, 조공국의 입장에서, 특히 그 지배자들이 정치적 열세를 무의식적 또는 의식적으로 엄폐掩蔽하려고 한 데서 유래하였을 것이다. 근래에 이 문제를 논한 학자들까지도 조공관계가 조선에 있어서 경제적으로 불리한 것이 아니었다고 논하고 있는 것은 이와 같은 입장에서였을 것이다. 둘째는, 중화주의에 입각한 중국인들의 표현이 후세의 사람들을 현혹시켰던 점이다. 예컨대 송나라의 소식蘇軾은 '고려 명위모화내조 기실위리高麗 名爲慕華來朝 其實爲利'라 하고, 원나라의 마단림馬端臨은 '모화풍이리세사이慕華風而利歲賜耳'라고 하였다(이 내용은 대략 '고려에서는 겉으로는 중국을 사모하여 조공을 바친다고 했지만, 사실은 이득을 얻기 위하여 한 것'이라는 것이다).

두 사람의 저술은 중국은 물론 우리나라에서도 고래古來로 널리 읽혀지고, 현재도 지대한 영향을 미치고 있다. '위리(爲利, 이득을 위함)'나 '이세사(利歲賜, 이득이 해마다 내려짐)'라고 한 사실의 진실성을 그대로 믿기 어렵지만, 이 문제에 대한 명확한 논단論斷은 용이한 일이 아니기 때문에 잠시 보류한다고 하더라도 청대의 조공관계에서 그것이 타당하지 않은 것만은 명백하다.

(전해종, 「청대 한중조공관계 종고綜考」, 『진단학보』, 29·30합집,
　　1966.12)

제5장 조선후기에 신분제가 붕괴되지 않았다

조선조 사회에 관한 필자의 견해 가운데에는 오래 동안 우리 한국 사학계에서 정설定說 또는 지배적인 견해로서 통용되어 온 기존의 학설을 정면으로 부정하는 것이 의외에도 많았다. 뿐만 아니라 필자의 견해는 그것을 받아들이는 측의 입장에 따라서는 이른바 민중의 힘에 의한 변화와 발전의 역사를 부인하고 조선조 사회의 정체성停滯性을 강조하는 것으로 해석될 우려마저 있는 것들이다.

예컨대 필자는, 조선조 사회의 신분계층 구조는 임진왜란을 고비로 붕괴되기 시작하여 18, 19세기가 되면 양반이니 평민이니 또는 천민이니 하는 차별이 거의 유명무실한 것으로 되어 버렸다든가, 또는 위와 같은 붕괴의 추세에 따라 후기에는 종전에 양반이 아니었던 많은 사람들이(심지어는 천민들까지도 포함하여) 대거 양반으로 진출하였고, 특히 돈만 있으면 아무라도 양반이 될 수 있었다든가 하는 등의 일반 통설에 대하여 이는 사실과 전혀 다른, 전적으로 잘못된 주장이라는 견해를 수차에 걸쳐 밝혔다. 조선시대의 양반제는 임진왜란과 같은 전란으로도 타격을 받지 않았으며(그것은 전쟁으로 인한 파괴와 타격이 경미하였기 때문이 아니라 한 사회제도로서의 양반의 뿌리가 그만큼 깊고 한 사회전통으로서의 그 생명력이 그만큼 강인하였기 때문이다), 그와 같은 전란은 오히려 양반제를 종전보다 훨씬 더 강화시키는 방향으로 작용하였고, 양반제가 사실상 붕괴된 시기라고 일반이 말하는 18, 19세기는 사실은 그 전성기였다는 것이 그간에 밝힌 필자의 견해였다.

그렇다면 임난이나 호란과 같은 전란으로도 양반제는 타격을 받지 않았다는 말은 구체적으로는 무슨 뜻인가. 또 어떻게 해서 그러한 전란은 오히려 양반제를 강화시키는 작용을 하였다는 것인가. 그리고 18, 19세기를 양반제의 전성기로 보는 근거는 어디에 있는가. 이제 이러한 문제들을 간단히 설명하겠다.

첫째는, 임난·호란과 양반과의 관계이다. 필자가 조선의 양반제는 임난·호란으로도 타격을 받지 않았다고 말한 것은 양반은 전란 중에도 하나도 다치지 않았으며, 그래서 임난 전에 양반이었던 사람들의 후손은 전란을 겪은 후에도 예외없이 다 양반이었다는 뜻은 아니다.

임난·호란, 특히 그 중에서도 임난을 겪는 과정에서 양반도 많이 죽었고, 그들이 입은 경제적인 타격도 매우 컸다. 강만길은 "임진왜란은 실제로 정부군도 양반군도 아닌 의병, 즉 농민군이 주로 담당하여 승리했다."고 말하여 마치 양반은 아예 어느 형태로의 참전도 하지 않았던 것처럼 말하고 있는데 이는 사실이 아니다. 우선 우리는 강만길의 주장이 형평성을 잃고 있다는 점을 지적하지 않을 수 없다. 물론 여기에서 그가 양반과 농민을 마치 서로 대립되는 두 개의 계층인 것처럼 말하는 데에도 문제가 있지만 아무튼 그의 주장은 사실과는 다르다.

물론 임난 중의 어느 전투에서나 그 전투에 실제로 참여한 인원 중의 대부분은 그의 말대로 농민군이었을 것이다. 그러나 그는 그가 전투의 주 담당자였다고 말하는 의병, 즉 농민군이 예외없이 다 양반 인사들의 자발적인 창의倡義에 의해서 모집 훈련되고 그들에 의해서 인솔되었다는 사실과, 그래서 양반 중의 많은 사람들이, 저 금산 싸움이나 진주성 싸움의 예에서 보는 바와 같이, 전선에서 농민군과 함께 목숨을 잃었다는 사실을 전혀 도외시하고 있다(굳이 말할 필요도 없지만, 임난 7년의 정국을 이끌어 간 사람들도 다 양반출신이었다. 그것은 그들의 성패成敗와 공죄功罪가 어떠한 것이었건 간에 그것과는 관계없이 엄연한 역사의 한 사실로서 우리는 인정하여야 한다).

아무튼 양반도 임난 중에 많이 죽었다. 그리고 특히 많은 양반 부녀자들이 왜적의 칼날 앞에서도 몸을 지키느라 목숨을 잃었다. 경제적인 피해도 물론 컸다. 그러나 한 사회계층으로서의 양반은 그러한 일부 구성원의 탈락이나 경제적인 피해에도 불구하고 건재하였다. 그것은 전쟁으로 인한 파괴와 타격이 적었기 때문이 아니라 한 사회제도로서의 양반의 뿌리가 그만큼 깊고 한 사회전통으로서의 그의 생명력이 그만큼 강인하였기 때문이다.

그와 같은 깊은 뿌리와 강인한 생명력을 가진 양반이 있었기에 조선왕조는 500이란 인류역사상 그 유례가 결코 많지 않은 장수를 비교적 평화로운 속에서 누릴 수가 있었고, 그러나 동시에 끊임없이 축적되는 숱한 병폐를 안고도 그 끈질긴 타성 때문에 단 한번의 개혁다운 개혁을 단행하지 못한 채 19세기 말에 밀어닥친 외세의 도전에 직면하게 되어 끝내 무릎을 꿇게 된 것이라고 필자는 보고 있다.

그런데 양반 내의 일부 구성원의 탈락현상이 유독 전란 중에만 있었던 것은 아니다. 평상시에도 그런 현상은 끊임없이 계속되었다. 평상시에도 가난, 실병 또는 불의의 재변災變이나 당쟁 등으로 인한 일부 구성원의 물리적 또는 사회적 쇠잔衰殘 내지 멸실滅失이 끊임없이 되풀이되었다. 다만 그 몰락의 정도나 범위가 양반제의 기반을 위협할 만큼 심각하고 큰 것은 아니었다. 조선조 500년 동안에는 그러한 일은 단 한 번도 없었다.

그래서 조선시대의 양반은 금세기에 들어와서도 그 명맥이 유지되었다. 36년간의 일제치하에서도 양반의 명맥은 끊어지지 않았다. 이것은 당시의 문학작품을 통해서도 생생하게 엿볼 수 있는 사실이지만, 그 시대를 살았던 사람들에게 있어서는 이론이 아니라 하나의 현실이었다.

그것은 첫째는 조선의 역사와 사회를 나름대로 연구하여 어떻게 하는 것이 보다 긴 안목에서 볼 때 이 문화민족에 대한 보다 슬기로운 통치책인가를 이미 터득하고 있던 저들 침략자들의 정책적인 보호가 있었기 때문이기도 하지만, 지금 그러한 보호가 없었다고 가정하더라도 조선의 양반이 일시에 그리고 전면적으로 없어졌으리라고는 생각하지 않는다. 자신들의 깊은 뿌리와 오랜 전통이 완전히 가시지 않는 한 그들 중의 누군가는 반드시 항쟁을, 작게는 가문을 지키고 나아가서는 군국君國을 지키기 위한 항쟁을 계속하였을 것이기 때문이다.

양반제는 임난과 호란을 겪은 후에도 건재하였다는 사실을 이번에는 남원지방의 양반을 예로 들어 설명하겠다. 여기에서 필자가 강조하려는 점은 다음의 한 가지이다. 그것은 남원지방의 양반으로서 그 기원이 임난 전으로 소급되지 않는 양반은 단 하나도 없다는 사실이다. 다시 말하면, 남원지방의 양반은 그 전부가 다 임난 훨씬 전부터 이미 양반이었던 사람들의 후손이라는 것이다. 그렇다고 해서 저들의 전부가 다 임난 전부터 남원지방에 살았다는 말은 아니다. 그 대부분은 그렇지만 개중에는 임난 후에 남원에 들어온 양반도 있다. 그러나 중요한 것은 남원에 들어오기 전의 선대先代가 어디에 살았던 어떠한 인물들인가를 모르는 그러한 양반은 단 하나도 없다는 사실이다.

물론 이 점은 남원지방에만 해당되는 얘기가 아니다. 사실은 우리나라의 어느 양반도 다 마찬가지이다. 임난 전에 살았던 자기들의 선대가 어떠한 인물들인지를 모르는 그런 양반은 일단 없다고 보아야 한다. 있을 수가 없다. 앞에서 필자가 양반의 자격요건을 설명하였는데, 그 설명에 잘못이 없다고 한다면 그러한 양반은 있을 수가 없다.

양반이란 현실적으로는 각각 자기들 나름대로의 유명한 선조先祖 또는 유명선조들을 받드는 사람들이요, 또 대개는 각각 자기들 나름대로의 일정한 명기名基를 택하여 그것을 중심으로 누대累代를 세거하면서 양반 가문으로서의 전통을 유지 강화하려는 노력을 계속한 사람들이다. 그렇기 때문에 양반이야말로 이 나라 종묘사직이 의지할 수 있는 최후의 보루라는 이념을 바탕으로 하여 존속하는 한, 그리고 양반은 으레 양반으로 대하는 것이 세상의 도리라는 것을 하나의 이론으로서가 아니라 생활로서 체득하고 살았던 당시 사람들의 의식구조상에 어떤 혁명적인 변화가 오지 않는 한, 그들의 지배층으로서의 세력기반은 연륜이 축적될수록 더욱 더 공고해질 수밖에 없었다.

전쟁, 가난, 질병, 기타의 물리적 충격으로 인한 개개 가문의 차원에서의 탈락현상은 간단없이 일어나고 있었지만, 양반계층은 건재하였고, 그들의 영향력은 시대가 내려올수록 더 하여 갔다.

조선의 양반제와 그 양반제를 주축으로 하였던 신분계층 구조가 조선후기에 오면서 전면적인 붕괴의 과정을 걸었다고 주장하는 사람들은 그 붕괴를 촉진한 결정적인 요인의 하나로서 의례 '하층민의 신분상승 현상이 대규모로 일어났다'고 강조한다. 즉, 그들은 임진왜란 후가 되면 종전에 양반이 아니었던 많은 사람들이 혹은 부富의 힘으로써 양반의 지위를 사고, 혹은 호적이나 족보와 같은 근거 기록을 위조함으로써 그것을 취득하였으며, 혹은 신분상승을 위한 일종의 항쟁을 통해서 그것을 쟁취하였다고 설명한다.

그러나 필자가 일고 있는 양반이란 현실적으로는, 선계先系가 분명하고, 그 선계 중에 세상이 알만한 현조顯祖, 즉 유명한 선조先朝가(이른바 시조 외에 또) 있어 그들이 현조 누구의(또는 현조 누구누구의) 후손이라는 것이 확실하며, 일정한 세거지世居地가 있고, 그 세거지를 무대로 하여 영위된 양반가문으로서의 역사와, 그 역사과정에서 축적된 양반가문으로서의 전통이 분명한 사람들이었다. 따라서 그러한 자격요건은 돈으로 산다거나 항쟁을 통해서 쟁취할 수 있는 성질의 것이 결코 아니었다. 이와 같은

요건을 갖추지 않은 사람을 양반으로 만든다는 것은 국왕의 권력이나 위신으로도 불가능 한 일이었다.

또 조선시대에는 효자·열녀·충신에 대해서는 그들의 신분에 관계없이(따라서 천인까지 포함하여) 나라에서 혹은 정려旌閭를 내려주고 혹은 공신으로 봉해주었다. 그러나 그러한 표창도 양반이 아니었던 사람을 양반으로 승격시켜주는 효력을 발휘하지는 못하였다. 천인은 여전히 천인이었고, 평민은 여전히 평민이었으며(이러한 현상은 당시의 읍지(邑誌) 기사만을 통해서도 알 수 있다), 어쩌다가 천인에게 면천免賤의 특전이 주어지는 정도였다.

호적이나 족보의 위조를 통해서 양반이 될 수 있었다는 것도 전혀 말이 안된다. 다산 정약용과 같은, 당시의 세태에 비판적이었던 인사들의 증언을 들어보면 '모칭유학(冒稱幼學, 거짓으로 유학을 칭함)', '환부역조(換父易祖, 조부를 바꾸어 양반행세를 함)', '인출위보(印出僞譜, 위조 족보를 인쇄하여 냄)'니 하는 수법으로 양반이 되는 사람이 그 당시 얼마든지 있었던 것처럼 해석되는 대목이 나온다. 그러나 그것이 결코 그렇게 말하는 사람들의 진의眞意였던 것도 아니지만, 무엇보다도 우리는 그 당시의 사회구조하에서는 그와 같은 위조양반의 설 자리가 전혀 없었다는 사실에 유의할 필요가 있다.

그 당시에는 어느 지역을 가더라도 그 지역에 사는 웬만한 사람들은 그 지역내의 주요 가문들 하나하나에 관하여 그들이 누구의 후손이며, 언제 어떤 경위로 그 지방에 들어왔고, 들어온 후로 그 집안에서 홍패紅牌와 백패白牌가 몇 장이 나왔으며, 관직자는 몇 명이 나왔고(그것도 대개의 경우는 좀 더 구체적으로, 한림(翰林, 예문관) 벼슬이 몇이요, 옥당(玉堂, 홍문관 관원)이 몇이며, 당상관이 몇이라는 식으로 말한다), 결혼은 주로 어디에 사는 어느 집안과 하고 있으며, '봉제사奉祭祀 접빈객接賓客' 등 양반으로서의 가풍은 어느 정도였다는 것을 소상하게 알고 있었다. 이것은 이른바 보학譜學

에 밝은 사람들 뿐 아니라 웬만한 지식인이면 다 하나의 교양으로서 가지고 있는 상식이었다. 그리고 그 지식은 단순히 해당 지역만을 대상으로 한 것이 아니라 필요에 따라 전국적인 규모로까지 확대되는 것이 상례였다. 그것은 결혼이라는 문제 한 가지만을 위해서도 필요한 상식이었기 때문이다.

위조양반의 문제와 관련하여 우리가 또 한 가지 유의해야 할 점은 그 당시에는 어느 지역을 가더라도 그 지역내의 모든 계층의 사람이 지연·혈연·척연戚緣 또는 그밖의 갖가지 인연으로 서로가 그물코처럼 겹겹이 얽혀있는 상태에서 평생을 함께 살았고(물론 혈연이니 척연이니 하는 것은 주로 양반에게 해당되는 것이었지만, 그렇다고 해서 그들이 별개의 공간에서 별개의 세계를 이루고 살았던 것은 전혀 아니다), 그렇게 하기를 먼 조상 때부터 하였으며, 따라서 서로가 서로를 너무도 잘 알고 있었다는 사실이다.

요컨대 조선조 사회는 그 사회 구성원 중의 어느 누가 어떠한 수법으로 호적이나 족보의 기록을 위조한다 하여도 그것을 알아야 할 사람이나 알만한 사람은 다 알 수 있게 되어 있었다. 따라서 그들 위조자가 양반이 될 수 있었다고 한다면 그것은 곧 기존 양반들이 그 위조라는 사실을 알면서도 그들과 혼인을 하고, 향안鄕案과 같은 조직에도 참여시키고 하였다는 것을 의미하며, 그렇게 함으로써 그들이 양반으로서의 자신들의 지위를 스스로 크게 격하시키거나 포기하고, 자신들의 가문과 사회와 그리고 국가의 기본체제를 스스로 부너뜨렸다는 것을 의미한다.

그러나 필자는 그러한 예를 찾지 못하였다. 물론 그러한 위조양반 출현의 현상이 전혀 없었다고는 생각하지 않는다. 그러나 그들로 인해서 해당 가문 내지 해당 지역의 기존 신분체제에 어떤 변동이 왔으리라는 것은 상상조차 못할 일이다.

조선조 사회에 관한 필자의 견해 중 기존 학설과 상반된 입장을 취하고 있는 부분은 이상에서 말한 것 외에도 많다. 예컨대 필자는, 조선초에는 한 사회계층으로서의 양반은(물론 상류 지배층으로서의 양반을 말한다) 아직 없었으며, 당시에는 모든 국민이 양인良人과 천인賤人으로 2분되어 있었고, 16세기에 들어와서야 비로소 양반이니 평민이니 또는 천민이니 하는 계층분화의 현상이 나타나기 시작하여 17세기에 그것이 확정된다는, 오랫동안 중고등학교의 국정교과서에까지 반영되었고, 아직도 그렇게 되어 있는 일부 논자들의 주장에 대해서도 그것이 전혀 잘못된 견해라는 것은 논문「조선양반고」를 통해서 밝혔다.

필자는 이 논문에서, 우리나라 역사상의 어느 시기에 있어서나 지배층으로서의 상류특권층이 있었으며, 다만 그들의 구성 기반 내지 기본 성격이 시기에 따라 달랐고, 그들에 대한 가장 보편적인 지칭이 역시 시기에 따라 약간씩 달랐을 뿐이라는 견해를 제시하였다. 저들 양천이분론자良賤二分論者들은 성종 17년 3월 23일에 있었던 조정에서의 한 논란에서 노사신이 '아국인물 비양즉천 지유이도이(我國人物 非良則賤 只有二途耳, 우리나라의 사람들은 양인이 아니면 천인이며, 이 두 가지만 있다)'라고 한 말을 유력한 증거의 하나로 내세우고 있다. 그러나 사실은 노사신의 그 말이야말로 조선초에도 양반은 엄연히 존재하였으며, 또 그 양반은 국가정책상으로도 으레 보호의 대상이 되었다는 것을 가장 웅변으로 입증하여 주는 것이다.

필자는 또 일부 논자들이 '역사의 주체는 민중이었다'는 전제하에 조선사에 있어서의 민중의 역할을 강조하려는 나머지 양반의 존재와 그들의 역할을 지나치게 부정적인 관점에서만 파악하려는 경향에 대해서도 반박한 바 있다. 양반이란 적어도 그것이 형성된 기원점에 소급해서 얘기한다면, 그리고 어느 시기에 있어서나 적어도 이론상으로는, 국가 및 사회의 각급 지도자로서 응분의 공헌을 한 사람들과 그들의 일정 범위내의 가족 및 후손들로서 구성된 계층이다. 따라서 비록 그들 중에는 이른바 민중에 대한 억압자 내지 수탈자로서 또는 그 이상의 악인으로서 비난을 받아 마땅한 사람이 얼마든지 있었던 것도 사실이나 그렇다고 해서 그들을 단순히 양반이었다는 그 이유만으로써 죄악시한다는 것은 동시대의 역사에 대한 올바른 이해를 위해서도 지극히 불행한 일이라고 생각한다.

뿐만 아니라 저들 민중논자들이 양반을 그러한 관점에서 다룬다는 것은 그들 스스로 이론상의 모순을 범하고 있다는 얘기가 된다. 왜냐하면 저들이 가장 역점을 두고 주장하고 있는 것 중의 하나가, 조선후기가 되면 민중이 대거 양반으로 진출하였다는 것인데, 그렇다면 필자는 그러한 주장 자체가 전혀 잘못된 것이라고 생각하지만 지금 그 문제는 논외로 치더라도, 그것은 곧 저들 민중이 양반이라고 하는 죄악집단으로 대거 진출하였다는 것을 강조하는 결과가 되기 때문이다.

이상에서 필자는 조선조 사회에 관하여 그간에 발표한 필자의 견해 가운데에는 기존의 학설과 정면으로 상반되는 부분이 많다는 것을 몇 개의 예를 들어 설명하였다. 그리고 그와 같은 견해차가 생기된 원인에 관해서도 이제까지의 설명과정에서 비록 단편적으로나마 언급하였다.

(송준호, 『조선사회사연구』, 일조각, 1987.11)

제4부
우리를 둘러싼 세계의 역사와 문화

제1장 중국 고대

1. 중화주의, 상고주의의 형성 배경: 지리적, 역사적 환경 – 고립된 공간

2. 중국 신석기문화 : 앙소문화(채도, 彩陶) → 용산문화(흑도, 黑陶)

3. 하夏왕조의 존재 가능성 :『상서』(서경),『사기』등 문헌. 이리두 유적(하남성, B.C 1900년경, 궁성터 발굴)

4. 상(商, 은) 문화의 특색 : 갑골문자(거북등, 짐승뼈의 글씨), 신권정치(제정일치), 읍제국가(도시국가, 성읍국가)

5. 서주문화의 특징 : 종법제(동일 혈족의 결속, 통제제도), 봉건제도(혈연관계, 제후의 봉토통치), 예禮문화, 씨족공동체, 연맹체 국가(읍제邑制국가연합), 세습적 신분제, 천명天命사상 등장, 중화사상 발생

6. 춘추시대(패자의 시대)의 특징 : 봉서세도 붕괴, 주왕실 약화, 패자(강력한 세력의 제후)의 출현, 영토국가 성립, 약육강식 풍조, 현의 등장

7. 전국시대의 특징

　① 정치적 : 부국강병 추구, 하극상 풍조 만연, 실력주의 시대, 국가 간의 전쟁 빈발, 개혁착수(재원 확대, 군사력 증강, 군주권 강화)

　② 사회적 : 신분질서의 재편성, 씨족공동체 해체(가족단위로 전환)

　③ 경제적 : 철기보급, 농업 생산력 증대(관개 치수사업, 비료 가축이용),

자작농 출현, 상공업 발전, 화폐등장

8. 상앙의 개혁(변법, 變法)정책 : 대가족제 분해(소가족제로 전환), 신분질
   서 구축(군공, 軍功 이 기준), 현제縣制확대, 중앙집권적통치방식, 연좌
   제(상호감시), 강력한 신상필벌信賞必罰

9. 제자백가의 공통적 특징 : 현실문제에 집중, 인간중심, 이상적 사회
   나 정치질서 추구, 형이상학적 문제에 소홀

10. 제자백가諸子百家의 사상

    ① 유가

       ㉠ 공자 : 유가창시, 명분중시, 효孝사상 강조, 복고주의, 인본주의

       ㉡ 맹자 : 성선설性善說, 덕치德治주의, 왕도王道사상

       ㉢ 순자 : 성악설性惡說, 예禮 강조

    ② 법가 : 법치주의, 군주중심

    ③ 도가 : 무위자연無爲自然

    ④ 묵가 : 공리주의, 겸애

11. 진秦의 정책: 황제지배체제 확립, 군현제 실시, 법가에 의한 통일,
    유가탄압(분서갱유), 법령 문자 화폐 등 통일

12. 한漢의 제도 : 군국제(봉건제+군현제)

13. 한 무제武帝 : 중앙집권적 통치체제 확립(군현제 확대). 동서교통로
    (비단길) 개척. 유교의 국교화. 대규모의 대외원정(흉노트벌, 월남 요동
    진출, 한사군 설치) 지방에 감찰관(자사)파견

14. 호족성장의 원인 : 천거제도(향거이선제)

15. 한 대의 사학史學

    ① 사기 : 사마천, 기전체紀傳體

    ② 한서 : 반고, 전한前漢의 역사, 기전체

16. 대외관계

    ① 흉노 : 고대 중국과 대립

    ② 장건 : 한 무제 때 비단길 개척

제2장 중국 중세

1. 남북조 시대의 역사적 의의 : 한족漢族문화와 북방민족문화의 융합, 강남(양자강 이남)개발 촉진, 불교수용(북조), 도교유행, 균전제 실시 (북조)
2. 관리등용제도 : 위魏~남북조 … 구품관인법(지방호족의 귀족화 촉진) 수隋 … 구품관인법 폐지 → 과거제 실시
3. 왕조멸망의 원인 : 수 … 대토목 공사, 대회원정 실패. 당 … 절도사(지방군벌)의 횡포, 균전제 붕괴
4. 당의 제도 : 3성 6부제(정치제도), 과거제(관리등용제도), 균전제(토지제도), 조용조(租庸調,소세 세도), 부병제(府兵制,군사제도)
5. 당의 수도 : 장안(현재의 서안) … 국제적 도시
6. 도교의 발전 : 장릉의 오두미교가 모체, 북위의 구겸지가 발전시킴, 북위 태무제 때 국교화, 당唐대에 통일적 교단 확립(노자 : 당 왕조의 시조로 추앙)
7. 불교의 발전 : 남조 … 귀족 중심으로 발전. 북조 … 국가보호로 발전
8. 역사편찬 : 삼국지 … 진수. 사통史通 … 유지기, 사학 비평 및 이론서
9. 당의 시인 : 이백, 두보, 왕유, 백거이

10. 북조의 특징 : 한화漢化정책(북위 효문제), 도교의 국교화, 불교의 수용.

11. 정관貞觀의 치治 : 당 태종의 정치, 통치제도 정비, 정권안정 – 전제
    왕조의 모범

12. 개원開元의 치治 : 당 현종의 정치, 정권안정, 당의 절정기

13. 무측천(武則天, 측천무후) : 고종의 왕후, 중국유일의 여황제

14. 당의 율령체제 : 율(律, 형법) 영(令, 행정법규) 격(格, 보충규정) 식(式, 시
    행세칙)

15. 당 말기의 변화 : 절도사의 횡포, 안사(안록산, 사사명)의 난, 균전제
    붕괴, 장원제(대토지 소유제) 유행, 양세법(토지크기에 따라 과세, 하세,
    동세), 모병제 실시

제3장 중국 근세

1. 당말 5대 사회의 변화 : 문벌귀족과 농민몰락, 형세호·전호출현
2. 송宋태조의 정책 : 황제독재체제, 절도사 권한 축소, 문치주의, 군대
   의 황제직속화, 과거제 강화(관료임명권 장악)
3. 왕안석의 개혁정책
   ① 배경 : 재정난, 빈부의 차 해결
   ② 부국책富國策 : 균수법 ··· 물자의 가격이 쌀 때 사두었다가 비쌀
   　　　　　　　　　　　때 팜 − 물가조절.
   　　　　　　　청묘법 ··· 백성들에게 곡식 대여
   　　　　　　　시역법 ··· 소상인의 물건 구입, 저리로 자금 대여
   　　　　　　　모역법 ··· 부역 대신 돈을 내도록 하여 실업자를
   　　　　　　　　　　　임금주고 고용
   ③ 강병책強兵策 : 보갑법 ··· 민병제도, 농한기 훈련, 평시는 지방경
   　　　　　　　　　　　찰 임무
   　　　　　　　보마법 ··· 백성에게 관마官馬를 사육토록 함, 평
   　　　　　　　　　　　시는 농경, 전시戰時는 군마軍馬로 사
   　　　　　　　　　　　용

4. 송의 사회 경제적 특징 : 사대부·서민사회 발달, 형세호 전호체제 발달, 농업 수공업 상업발달, 동업조합 발달(행(行):상인조합. 작(作): 수공업자조합)

5. 송 문화의 특징 : 국수적(國粹的, 자기나라의 우수성 강조, 남의 것 배척). 서민적, 내성적 - 중국문화만 고집

6. 송학宋學 : 주자학(성리학, 정주학). 남송의 주희(주자)가 완성

　　　　　우주의 구성요소(이(理)·기(氣) - 이기이원론)

7. 송의 발명품 : 활판 인쇄 - 점토(粘土, 흙), 11세기, 필승, 구텐베르크 것보다 400년 앞섬. 화약(11세기 초), 나침반(12세기, 항해에 이용) → 중국의 4대 발명품 : 제지법(후한, 채윤)포함.

8. 금金의 이중통치체제 : 여진족은 고유의 정치조직인 맹안모극제·발극렬로 통치.

　한족은 중국식의 주현제 실시.

　→ 맹안모극제 … 여진족 고유의 군사 조직.

　발극렬Bobile … 여진어, 관인의 뜻, 황족이나 부족장을 임명.

9. 원元의 통치제도

　① 몽고지상주의(철저한 민족차별주의) :

　　　제1계급 … 몽고인, 요직독점

　　　제2계급 … 색목인(色目人, 서아시아인(이슬람인)), 경제담당

　　　제3계급 … 화북 한족(금치하의 유민)

　　　제4계급 - 남송유민, 만자蠻子로 불림, 천대받음.

　② 역참驛站제도 : 넓은 영토 통치, 질서유지 목적 → 역 … 역말을 갈아타는 곳. 참…역로에서 쉬던 곳

10. 원 문화의 특징 : 서민문화 발달(연극, 희곡, 소설 등 발달 - 통속적)

11. 원의 4대 기서奇書 : 서상기(희곡, 왕실보 또는 관한경), 비파기(희곡, 고명), 수호전(장편소설, 시내암 또는 나관중), 삼국지연의(장편소설, 나관중)

12. 명明태조의 전제정치

　　① 황제독재체제 : 재상제 폐지, 6부를 황제직속화 함.

　　② 향촌통제 : 어린도책(토지대장) 부역황책(조세대장)작성, 이갑제(촌
　　　　락조직, 부역제도)

　　③ 유교진흥 : 주자학을 관학官學으로 삼음, 과거제 부활.

13. 명의 일조편법 : 토지세 인두세 부역을 통합해 은으로 납부케 한
　　조세제도.

14. 명의 신사紳士계층 : 지방의 지주층으로서 교양·학식을 지닌 지
　　식인. 송의 사대부士大夫와 같은 성격

15. 명 문화의 특징 : 민족주의적·복고주의적·서민적, 실학과 자연
　　과학 발달, 독창성 결여.

16. 양명학 : 명 중기 왕수인(왕양명)이 주창, 지행합일知行合一

17. 실학實學 : 제도의 틀을 벗어나 실實을 구하자는 사상. 실용주의적
　　경세사상. 명말에 유행. 대표적 학자 : 고염무, 황종희(고증학의 선구
　　자), 서광계, 왕부지

18. 네르친스크조약(1688) : 청 강희제 때 체결. 중국 최초의 국제조약.
　　러시아의 남진南進 저지.

19. 캬흐타조약(1727) : 외몽고 방면 러시아와의 경계 확정.

20. 청淸의 중국통치정채 : 강압책과 회유책 병행(강압책 … 변발·호복강
　　요, 금서령(반만, 反蠻 서적금지), 회유책…한족등용, 한문화 존중)

21. 청의 향촌통제정책 : 보갑제(지방의 치안유지 제도)

22. 청의 사회·경제적 특징

　　① 지주·전호제

　　② 관료·신사·평민의 신분질서.

　　③ 팔기제八旗制 : 만주족 특유의 사회 행정조직.

　　④ 지정은제地丁銀制 : 인두세(人頭稅 － 정세, 丁稅)를 폐지하고 토지를

기준으로 지세地稅를 징수.

　⑤ 농업생산력 증가 : 상품작물 다양화.

23. 고증학의 특징 : 실사구시實事求是의 학풍 … ㉠ 사실에 토대하여
　　진리를 탐구. ㉡ 문헌학적인 고증考證의 정확을 중시하는 과학적·
　　객관주의적 학문태도.

24. 사고전서四庫全書

　① 중국역사상 가장 규모가 큰 편찬사업.

　② 청 건륭제 때 완성.

　③ 방대한 서적(17만여 권)을 경經 사史 자子 집集의 4부로 나누어 분
　　류 정리.

제4장 중국 근·현대

1. 광동무역체제 : 청과 서양의 무역관계, 광주에서만 무역가능(1757년 개항) 13공행(公行, 특허상인)의 무역, 외교업무 관장, 아편전쟁의 원인.

2. 아편전쟁(1839, 제 1차 청·영 전쟁)

   ① 원인 : 영국 동인도 회사의 무역적자 → 영국의 아편수출 → 중국의 은銀 유출 → 중국의 경기 침체.

   ② 결과 : 남경조약(1842) 체결…중국 최초의 불평등 조약, 공행무역 폐지, 5개항(광주, 복주, 하문, 영파, 상해) 개항, 홍콩 할양, 적정 관세 부과.

   호문추가소약(1843) … 영시재판권 인정, 최혜국 대우 약속

3. 제 2차 청·영 전쟁(1856)

   ① 원인(배경) : 남경조약 개정의 필요성, 애로우호 사건(영국국기 모욕사건)

   ② 결과 : 천진조약(1858) … 평등외교, 기독교 포교의 자유, 북부항구 개항

   북경조약(1860) … 천진조약 비준, 천진 개항, 구룡반도 할양.

4. 태평천국운동(1850~1864) : 홍수전을 중심으로 한 배상제회(拜上帝會,

민중종교+기독교, 비밀결사)의 반란사건.

① 원인 : 재정수입감소, 실업자 증가, 사회의 혼란, 권력의 공백상태, 위기감 고조.

② 주장(특징) : 천조전무제도(대동세계의 실현, 모든 인간의 평등, 토지의 균등분배, 공산적 사회체제), 장발장려, 유교사상 배격, 멸만흥한滅滿興漢

③ 의의 : 사회·경제적 모순의 개선노력, 민족주의의 고양, 반제국주의 운동.

5. 자강운동(自强運動, 1860년 이후) : 국가 부강富强운동. 두가지 방향(양무운동, 변법운동), 권위주의적 방식으로 진행. 중체서용(中體西用, 전통사상인 유학을 중심으로 근대 서양문명을 수용)이 이념적 바탕.

① 양무운동: 서양의 군사·과학기술을 받아들이자는 초보적 자강운동, 조선소·병기 공장 설립, 신식군대 설치, 서양의 학문 언어 습득.

② 변법운동(變法運動, 무술戊戌개혁, 1898년) : 제도개혁을 통한 강력한 주권국가 건설 목표.

입헌군주제 추구.

의회제도 개설. 과거제도 폐지.

상공업 진흥.

관제와 법제의 개혁. 반대파의 쿠테타로 실패.

6. 의화단운동(1900)

① 성격 : 반기독교적 민족운동. 반제국주의 운동.

② 구호 : 부청멸양(扶淸滅洋, 청나라를 돕고 서양을 물리침)

③ 결과 : 신축조약(1901) 체결(책임자 처벌, 외국군 주둔 허용, 배상금 지불, 새 통상조약 체결)

④ 의의 : 제국주의의 중국 과분(瓜分, 분할)방지. 청 왕조의 기반 약화.

7. 삼민주의三民主義 : 중국 혁명동맹회(1905)의 이념. 민족·민생·민
   권주의. 손문이 주도.

8. 신해혁명(1911.10.10) : 청 왕조의 멸망. 공화제 정부(중화민국, 1912.1.1.)
   출범. 원세개의 황제제도 부활 시도. 군벌정치(1916~1927)의 시작.

9. 5·4운동(1919년)

   ① 시작(발단) : 신문화 운동(진독수의 신청년 잡지 창간으로 시작)

   ② 전개 : 베르사유 강화조약 반대. 매국노 처벌·반군벌·반제국
      주의·일화배척 등 주장.

   ③ 영향 : 중국 공산당 창당(1921). 중국 국민당 개편(공산당원 가입시
      킴, 제 1차 국공합작). 국민혁명이 실천단계로 접어듦.

10. 국민정부의 성립(1927) : 남경이 수도, 삼민주의에 입각, 삼권분립
    (입법원·사법원·행정원)

11. 국민정부의 개혁정치

    ① 경제·재정개혁 : 은행의 설립, 관세 자주권 회복, 관세수입 증
       대, 화폐개혁.

    ② 농촌 부흥정책 : 수리시설 설치, 농업기술 개량, 구제금융 지원,
       소작료와 지세 인하.

    ③ 교육개혁 : 고등교육기관 확충, 중앙연구원(연구기관)설립－국학
       연구

12. 제2차 국공합작(1937) : 서안사건(장학량의 장개석 감금사건)이 계기.
    항일연합전선 형성. 전면적 항일운동 개시.

13. 중화소비에트정부 수립(1931) : 모택동 중심의 공산혁명 시작(1927).
    강서성 서금瑞金에 중화소비에트정부 수립.

14. 중화인민공화국 성립(1949.10.1) : 북경이 수도. 패배한 국민당 정부
    는 대만으로 옮김.

제5장 일본

1. 죠몬繩文시대(1만년전) : 신석기시대, 새끼줄무늬 토기 사용. 일본인의 직접적 조상.

   야요이彌生시대 : B.C 3세기~A.D 3세기…청동기·철기시대, 한반도 이주민의 영향.

2. 야마토大和정권 성립 : 4세기~5세기 후반에 성립. 나라奈良와 오사카阪大의 수장들이 조직.

   전방후원분前方後圓墳 조영.

   유력호족이 중요직책 세습. 6세기전반까지 서부 일본의 요지장악. 고대국가로 발전.

   백제의 영향(한자, 불교, 유교, 의학전파)

3. 아스카飛鳥문화(6세기 후반~7세기 전반) : 불교 중심의 문화. 백제의 영향 큼. 호류지法隆寺 건립.

4. 나라奈良시대(710~794) : 헤이죠코(平城京, 奈良)로 천도. 견당사 파견. 후지와라(藤原)씨가 집권. 귀족문화, 도다이지(東大寺) 건립. 고지키(古事記)·니혼쇼키(日本書紀)·만요슈(万葉集) 편찬.

5. 다이카개신(大化改新) : 645, 천황중심의 중앙집권국가 목표. 수·당

의 율령국가체제 모방.

6. 셋칸정치(攝關政治, 헤이안(平安)시대) : 천황을 보좌하는 셋쇼(攝政)와 칸바쿠(關白)에 의한 정치.

   11세기 초에 극성. 장원확대.

   대무사단 형성. 다이라(平)씨 집권.

7. 국풍문화國風文化 : 894년 견당사遣唐使 폐지 후 만들어진 일본적인 문화. 가나(仮名)문학 유행. 일본적인 건축 · 회화 발생. 불교(천태종 · 진언종 · 정토종) 융성.

8. 막부幕府체제 : 무사의 우두머리가 천황으로부터 쇼군(將軍)직을 수여받아 전국의 치안 · 토지 관리 · 징세권을 차지하여 실질적인 통치자가 된 체제.

9. 카마쿠라(鎌倉)막부(1192~1333) : 미나모토(源)씨 집권. 가신을 슈코 · 지토로 파견(치안유지 · 연공징수).

   최초의 봉건제도에 의한 무가武家정권(장군과 가신은 주종(主從)관계).

   원元의 침입(元寇, 겐코).

10. 무로마치(室町)막부(1336~1573) : 남북조시대(南北朝時代 … 1336~1392, 두명의 천황이 병존) 경과.

    아시카가(足利)씨 집권.

    강력한 영주인 슈고다이묘(守護大名) 등장.

    응인應人의 난(1467~1477, 전국의 슈고다이묘들이 동 · 서로 나뉘어 싸움).

    이후 100여 년간 센코쿠(戰國)시대 계속(전국의 무사들이 할거).

11. 막번幕藩체제 : 쇼군과 다이묘가 인민과 토지를 지배하는 체제.

    · 다이묘(大名) : 쇼군(將軍)의 부하무사. 1만석 이상의 영지(藩)를 수여받음.

12. 오다 노부나가(織田信長) : 1573년 무로막치 막부를 멸망시킴. 통일에 힘씀. 부하의 배반으로 자살(1582).

13. 도요토미 히데요시(豐臣秀吉) : 오다 노부나가의 후계자. 통일 완수, 토지조사 실시, 농민무기 몰수, 기독교 금지(선교사 추방), 조선침략, 향락문화 발달(성곽 건축에 반영)

14. 에도(江戶)막부 : 도쿠가와 이에야스(德川家康)가 지배권 확립(1600). 에도(도쿄)막부 개막(1603), 막번체제(중앙집권적 봉건체제) 확립, 엄격한 신분제도 확립(사(무사)·농·공·상과 천민), 쇄국정책 실시(서양에만 적용, 나카사기(長崎)만을 네덜란드에 개방), 문민정치 실시(유학에 바탕), 쵸닌의 대두(상공업종사 계층, 상업자본 축적, 근대화의 터전 닦음).

15. 메이지유신(明治維新, 1868) : 1867년 반막부파가 막부의 폐지, 신정부의 성립 선언. 왕정복고 공표.

① 정치이념 : 천황 친정親政, 개국화친開國和親

② 성격 : 중앙집권화 추진, 근대화의 길을 엶

③ 개혁의 내용 :

㉠ 중앙집권제 확립(봉건제 폐지, 행정구역 개편 - 폐번치현廢藩置縣)

㉡ 토지·조세제도 개혁, 근대산업 육성

㉢ 신분제도 개혁(사민평등 정책 - 황족·화족·사족(무사)·평민(천민을 해방, 평민에 편입))

㉣ 군제개혁(징병제 실시, 국민군대 창설, 군수공장 건립)

㉤ 신식교육 실시(소학교·국립대학·사범학교·여학교·산업학교 설립)

㉥ 우편제도 실시

㉦ 서구화 정책(태양력 채용, 카톨릭 금지 해제, 서구 근대사상 유행)

㉧ 대외정책(대만출병, 조선과 수호조약 체결, 러시아와 영토 관세조약 체결)

16. 자유민권운동 : 1874년 의회개설 요구운동 확대. 1890년 국회개설 약속, 정당결성, 1889년 대 일본제국 헌법 제정(주권은 천황에게 귀속 - 천황권의 확대), 1890년 제국의회 개설(귀족원, 중의원의 이원제).

17. 청일전쟁(1894~1895) : 청국에 승리. 요동반도와 대만 할양받음(삼국
    간섭 <독일·프랑스·러시아>으로 요동반도 반환), 배상금 받음(금본위
    제 확립).

18. 러일전쟁(1904~1905) : 러시아에 승리. 포츠머드 강화조약 체결, 여
    순과 대련의 조차권 획득, 장춘과 여순 간의 철도부설권 획득, 사
    할린 남부 할양받음.

19. 제 1차 세계대전(1914~1918) : 독일에 선전포고. 21개조 요구를 중
    국에 강요(1915, 산동·만주에서의 일본의 이권승인 등), 경제의 비약적
    발전.

20. 정당정치의 발달 : 다이쇼(大正)정변(정당정치를 확립하려는 헌정옹호운
    동으로 내각타도(1913)), 1차대전 후 민주주의가 크게 발달하여 정당
    정치 시작(의회의 다수당이 내각구성).

21. 만주사변(1931) : 남만주 철도폭파 후 만주 점령. 만주국 수립(1932,
    괴뢰정부, 부의를 추대), 거국일치 내각 조직(군부, 관료출신 등용), 국제
    연맹 탈퇴(1933, 만주철수 권고안에 반발, 군비확장)

22. 중일전쟁(1937~1945) : 노구교 사건(1937, 북경 서남쪽 다리, 중국군의 발
    포를 핑계로 일본군이 점령)이 계기. 중국과 전면전 개시, 남경에서
    20~30만 중국인 학살, 중국은 국공합작의 민족통일전선 형성.

23. 태평양 전쟁(1941~1945) : 일본의 진주만 기습이 발단. 포츠담 선언
    에서 일본의 무조건 항복 요구(1945.7), 히로시마 나가사키의 원폭
    투하로 항복.

제6장 중동

1. 수메르문명(B.C 3000년경) : 도시국가 형성. 최초의 문명생활 시작.

2. 바빌로니아왕국 : 아무르인들이 세움. 함무라비 왕 때 전성기(B.C 18
   세기경, 성문법전 남김)

3. 아시리아 : 최초로 오리엔트 전지역 통일(B.C 700년경). B.C 612년 멸
   망(메디아 · 리디아 · 이집트 · 신바빌로니아로 분열).

4. 페르시아제국 : 이집트 정복, 오리엔트 재통일(B.C 525), 페르시아 전
   쟁에서 그리스에게 패배(B.C 492~480), 마케도니아의 알렉산더 대왕
   에게 멸망(B.C 331).

5. 이슬람교
   ① 7세기초 아라비아 반도의 정세 : 다신교 · 협의체 의사결정방식
      행함, 메카(대상(隊商)교역중심 도시), 빈부의 갈등, 우상숭배 만연,
      도덕과 윤리의 타락.
   ② 창시 : 마호메트가 창시(612년). 계급과 우상숭배 타파, 보편적 사
      상 주장(혈연 · 인종 · 문화 초월)
   ③ 사상 :
      ㉠ 일원론적 유일신 사상 … 알라(절대적 유일신)에 대한 절대적 복

종, 마호메트는 예수 이후의 마지막 예언자, 신격화 부정.

    ⓛ (신앞에)만민평등사상 … 신과 인간 사이의 중개자 부정.

    ⓒ 내세來世사상 … 최후의 날, 신의 심판 - 천국의 구원, 지옥의 응징.

    ⓓ 정명定命사상 … 모든 것은 신의 정해진 법칙에 따라 움직임.

    ⓜ 금기사항 … 도박, 마약, 고리대금, 술, 돼지, 도살되지 않은 육류.

    ⓗ 혼인제도…일부다처제.

④ 신앙 의례 :

    ㉠ 5주(五柱, 5대 의무) … 신앙고백, 예배(하루 5번), 구빈세(救貧稅, 자선목적), 단식(라마단 : 이슬람력 9월 한달의 해있는 동안), 메카순례(평생 1회)

    ㉡ 6신(六信 6대 믿음) … 알라신, 코란(경전), 예언자(마호메트), 내세, 대명(우주의 모든 현상이 알라신의 뜻에 따름)

⑤ 헤지라(Hegira, 聖遷, 622) : 메카의 배척 피해 마호메드가 메디나로 이주. 이슬람력의 원년元年.

6. 정통 칼리프시대(631~661) : 합의제로 선출된 칼리프가 정교의 최고 통치자.

7. 아바스왕조(750~1258) : 이슬람 제국, 수도 바그다드, 아랍계와 비아랍계 모슬렘(이슬람 교도)의 융합 도모, 이슬람 문화의 전성기, 오늘날의 아랍권 형성계기.

8. 이슬람 문화

① 특징 : 융합문화(아랍의 전통문화에 기반, 오리엔트・그리스・로마・란・인도문화 흡수)

② 과학 : 수학(아라비아 숫자, 0의 개념 확립), 천문학(경도・위도・자오선의 길이 측정, 지구구체설球體說 증명)

③ 문학 : 궁정문학 발달. 아라비안 나이트(千一夜話, 융합문명 대표)

④ 의의 : 중세 유럽문화에 큰 영향. 르네상스와 근대과학의 진보에
   결정적 기여.

9. 셀주크 투르크 왕조(1037~1242) : 이슬람세계 재통일. 술탄(Sultan, 王
   의 뜻)의 칭호를 받음, 대제국 건설, 십자군전쟁(1096~1291)유발(이슬
   람 세계와 기독교 세계의 싸움).

10. 오스만제국(1299~1922) : 1922년까지 서아시아 이슬람 세계 지배.
    콘스탄티노플 점령(1453, 비잔틴 제국 멸망, 이스탄불로 개명改名).
    의의 … 근대시작의 기점. 르네상스 시작, 지리상의 발견(대항해시대
       도래).

11. 탄지마트 대개혁(1839~1876) : 근대화 운동. 공개재판제도, 군현제도
    실시, 정치개혁, 은행설립 → 실패(보수세력의 반대, 러시아와 오스트리아
    의 간섭)

12. 와하비운동 : 18세기 중엽태동. 민족운동, 코란의 가르침으로 돌아
    가자는 종교적 열정에서 출발, 와하비 왕국 탄생시킴, 아랍인의 각
    성 촉구(아랍제국 독립의 정신적 바탕 제공).

13. 청년 투르크당의 근대화 투쟁 : 청년장교와 젊은 지식인들이 비밀
    조직인 연합진보회 조직(反政활동), 헌법 부활시킴, 혁명성공(1908, 정
    권장악).

14. 터키공화국 창설(1923) : 무스타파 케말이 독립전쟁 수행. 칼리프제
    와 왕정폐지(오스만 제국 멸망 − 아랍이 분열(20여 개국)

제7장 인도

1. 인더스문명(하라파문명) : 도시문화, 하라파·모헨조다로(대표적 도시), 농업상회, 교역활발, 다산多産 숭배, B.C 2750~1500.

2. 카스트제도 : 아리아인들의 엄격한 신분제도 →

   브라만 … 지배계급, 제사주관.

   크샤트리아 … 정치·군사장악.

   바이샤 … 평민.

   수드라 … 천민.

3. 자이나교 : 바르다마나 마하비라가 창시(B.C 6세기). 카스트 제도 비판, 아트만(자아·영)부정, 불살생, 무소유 주장, 고행중시, 지나교라고도 함.

4. 아소카왕(마우리아 왕조) : 문화정복정책 실시(다르마(법)에 의한 정치) 소승불교의 기초마련, 평화사상, 불교전파.

5. 카니슈카왕(쿠샤나 왕조) : 대승불교(마하야나) 보호·전파.

6. 굽타시대(320~6세기 초)의 문화 : 고대문화 융성. 귀족문화 발달, 힌두교 융성, 불교 쇠퇴.

7. 무굴제국(1526~1857) : 바바르(중앙아시아 티무르 제국 출신)가 창건. 악바르 대제(본격적 영토 확장정책, 힌두교와 이슬람교의 종교융합정책 실시),

샤자한(인도 거의 통일, 최고 전성기, 타지마할 완공), 18세기말 근대화 개혁 실패.

8. 플라시전투(1757) : 벵골(프랑스 지원)과 영국 동인도 회사와의 전쟁. 영국승리, 인도 식민통치의 시작.

9. 세포이항쟁(1857~1859) : 영국군 세포이(용병)의 폭동. 전국적 반영反英 투쟁으로 확산, 무력 진압으로 실패.

10. 인도국민회의 : 1885년 지식인·지주·실업가들이 결성. 반영운동 전개, 온건파와 급진파로 분열, 스와라즈 운동(자치운동) 전개.

11. 간디(1869~1948) : 완전자치를 주장. 비폭력 투쟁, 시민 불복종운동 전개.

제8장 동남아시아

1. 인도네시아 : 7세기에 스리비자야 왕국(수마트라 팔렘방 중심) 건국.

   사이렌트라 왕국 : 보로부드르 사원을 남김.

2. 각국의 문명

   ① 베트남 : 중국문명의 영향.

   ② 미얀마, 타이, 캄보디아, 라오스, 서인도네시아 : 인도문명의 영향.

   ③ 동인도네시아 : 이슬람의 영향.

   ④ 필리핀 : 기독교의 영향. 동남아 유일의 카톨릭 국가.

   ⑤ 말레이시아 : 인도문명의 영향(초기). 이슬림의 영향(후기).

3. 타이 : 동남아 유일의 독립유시 국가.

4. 라오스 : 소승불교국가

5. 식민지

   ① 프랑스의 식민지 : 베트남, 캄보디아, 라오스

   ② 영국의 식민지 : 미얀마, 말레이시아, 싱가포르

   ③ 인도네시아 : 네덜란드가 지배.

   ④ 필리핀 : 에스파냐가 지배하다가 미국의 식민지로 됨.

6. 독립운동

    ① 미얀마 : 타킨운동, 아웅산의 독립운동.

    ② 베트남 : 인도차이나 공산당 창설(호치민, 1930).

    ③인도네시아 : 이슬람동맹 조직(1912).

제9장 서양 고대

1. 크레타 문명 : B.C 3000년경 성립 지중해 최초의 고대문명. 청동기 문명, 1900년 에반스가 유적(크노소스 궁전)발굴.

2. 미케네 문명 : B.C 2000년경 성립. 최초의 그리스인이 건설한 문명. 전사적戰士的 성격. 1876년 슐리만이 미케네 성터 발굴.

3. 폴리스(polis)의 성립 : B.C 8세기 성립. 군사적 공동체에서 비롯. 시민 공동체 국가.

4. 폴리스의 특징

　① 소규모(제주도보다 작음. 인구 5천명 정도)

　② 독립적(스스로 의사결정, 정책집행)

　③ 자유인(시민)만이 국정에 참여.

　④ 권위적인 왕王이 없었음.

　⑤ 자유시민들의 인적人的 공동체(관리는 시민들이 선출, 시민의 모임인 민회가 핵심 권력기관)

5. 스파르타와 아테네의 차이

	스파르타	아테네
주　민	도리아인	이오니아인
정　체	과두제(군국주의)	민주제
국가형태	육군국가·농업국가	해상국가·상업국가

6. 스파르타의 국가적 목표 : 훌륭한 전사戰士의 양성.

7. 스파르타 주민의 신분

   ① 시민(호모이오이, 동등한 사람들, 상류층, 자유민, 전사, 국정책임)

   ② 반半예속민(페리오이코이, 주변 주민들, 납세·군사의무, 농상공업 종사, 참정권 없음)

   ③ 예속민(헤일로타이, 노예, 농업종사, 수확량 바침, 통제받음)

8. 스파르타의 정체政體

   ① 왕 : 실권 없음

   ② 감찰관 : 행정상의 실권장악

   ③ 원로회 : 유력자의 모임, 국정주도, 법안 제출권, 재판권 보유

   ④ 민회 : 전체 시민모임, 정책 결정권 보유, 독자적 권리 보장안됨

9. 아테네 민주정 발전의 배경

   ① 부유한 농민·상인·수공업자의 등장 – 발언권·책임증대.

   ② 군사 전술상의 변화(기병중심 전술 → 중갑보병 전술 <사각 밀집대형인 팔랑크스 중심>)

10. 아테네 정체의 변화 : 귀족정(초기) → 금권정 → 참주정 → 민주정

11. 솔론solon의 개혁정치

   ① 금권金權정치 실시(재산의 등급에 따라 참정권 차등부여).

   ② 빈곤한 시민의 부채 말소 – 경제적 예속방지.

③ 400인 협의회 창설.

④ 사법개혁 – 법제의 바탕 마련.

⑤ 한계 : 소극적 개혁 – 귀족의 수탈방지 치중. 큰 호응 얻지 못함.

12. 페이시스트라토스의 참주정

① 귀족세력 견제.

② 빈농에게 토지·영농자금 지급.

③ 상업장려.

④ 아테네 시민의 동질성 확보(대규모 건축공사, 대제전 거행).

⑤ 공헌 : 민주제 발전과 문화발전에 기여.

⑥ 한계 : 제도적인 개혁에 바탕을 두지 않음(개인적 권력과 자질에 의거).

13. 클레이스테네스의 개혁정치

① 민주제를 위한 개혁.

② 부족제(귀족의 권력기반) 개편(혈연부족 → 지연부족)

③ 500인 협의회 설치.

④ 민회 활성화.

⑤ 중갑보병층(중간층)이 혜택입음.

⑥ 도편추방법 제정(ostracism, 독재자(참주)의 출현을 방지하기 위한 시민
투표, 6000표 이상 받은 자는 10년간 추방).

⑦ 민주제의 바탕 마련.

14. 페리클레스 : 아테네 민주정의 대명사. 민주정의 완성. 아테네의
황금기에 등장.

15. 아테네 민주제의 특징

① 직접 민주제(입법·행정·사법업무가 시민들의 직접적인 참여로 이루어짐)

② 노예와 아테네 제국이 민주제를 가능케 함(시간적 여유, 경제적 역
량 제공)

③ 시민(특권층)만이 자유를 누림(여성, 노예, 외국인 제외)

16. 그리스 문화의 특징 :

　① 합리주의적

　② 인간중심적

　③ 폴리스 생활에서 발생.

17. 소크라테스 : 보편적·절대적 진리추구.

　플라톤 : 이데아(영원불변의 진리)·이상국가 제시.

　아리스토텔레스 : 그리스 철학의 완성자. 실재론(사물의 본질은 실제적 경험적인 물질세계 속에 있음) 주장.

18. 폴리스 쇠퇴의 원인

　① 끊임없는 전쟁 - 국력약화.

　② 빈부격차의 심화 - 시민의 분열.

　③ 강대국의 간섭(페르시아 제국, 마케도니아 왕국)

19. 헬레니즘 문화의 특징

　① 동서문화의 융합(그리스 문화 + 동방문화)

　② 개인주의

　③ 세계시민주의

　④ 그리스 문화의 국제화

　⑤ 자연과학의 발전.

20. 로마 평민의 신분투쟁 과정 : 트리부스 평민회(평민만의 집회) → 십이표법 → 리키니우스 - 섹스티우스법(평민콘술(집정관) 선출) → 호르텐시우스법

21. 십이표법 : 로마 최초의 성문법. B.C 449년, 귀족들의 자의적인 법 운용 방지.

22. 호르텐시우스법 : 로마 평민권 신장의 절정. B.C 287년, 평민과 귀족의 형식적 평등권리 확보.

23. 로마팽창의 결과

　　① 그리스 문화와 본격적인 교류

　　② 막대한 부의 획득

　　③ 농민의 기반 약화(무산자로 전락)

　　④ 대토지 농장(라티푼디움, 노예 노동력 이용)

24. 로마 공화정의 붕괴과정 : 그락쿠스 형제의 개혁 → 내전시작(평민
　　대 귀족) → 마리우스의 병제개혁(군대의 사병화 초래) → 군인 정치가
　　난립(제1차 삼두정치 : 폼페이우스·케사르·크랏수스. 제2차 삼두정치 : 옥
　　타비아누스·안토니우스·레피두스)

25. 로마 제정帝政의 수립 : B.C 27년, 옥타비아누스가 아우구스투스(존
　　엄자) 칭호받고 권력장악. 프린켑스(제일 시민) 자칭.
　　프린키파툼(원수정, 元首政, 프린켑스의 지배) 표방.

26. 로마의 평화(Pax Romana) : B.C 27~A.D 180(옥타비아누스~마르쿠스
　　아우렐리우스), 통제된 평화(군사력, 물질적 풍요, 행정력에 의함), **빵과 서
　　커스 정책**(곡물배급, 오락제공 − 현재의 고통·불만 망각)

27. 로마문화의 특징

　　① 실용적

　　② 외형적

　　③ 그리스 문화에 기반(수용)

　　④ 법률, 언어, 건축, 도로 발달.

28. 로마법의 발전 : 12표법(공화정 시대 시민법) → 만민법(제정시대, 세계
　　법) → 로마법 대전(동로마 제국, 유스티니아누스 황제)

29. 기독교 공인 : 313년, 밀라노 칙령. 콘스탄티누스 황제.
　　기독교의 국교화 : 392년, 테오도시우스 황제, 세계 종교화의 계기.

30. 로마 몰락(멸망)의 원인

　　① 황제계승 정쟁

② 노예제 쇠퇴

③ 인구감소

④ 경제침체

⑤ 군사력 약화

31. 로마역사의 의의

① 고대문화의 종합(그리스 문화 → 헬레니즘 문화 → 로마문화)

② 헬레니즘 전통과 헤브라이즘 전통의 합류.

③ 기독교의 세계 종교화.

제10장 서양 중세

1. 게르만족의 종사제從士制 : 자유민(전사)의 결합조직. 군사지도자와 그를 따르는 종사들 간의 사적인 결합.

   군사지도자는 종사들을 부양·보호, 종사는 전쟁·충성 의무.

2. 게르만족의 대이동 : 훈족의 압박으로 원주지(스칸디나반도 남부, 독일 북부 해안)에서 이동. 4세기 후반부터 200여 년간 동로마 제국 영토 침입. 여러 왕국 건설.

3. 프랑크 왕국의 흥성 이유

   ① 원주지를 거점으로 삼아 확대 — 인력, 물자의 지속적 보급.

   ② 비잔틴 제국, 이슬람 교도의 침입으로부터 안전지역에 거주.

   ③ 피정복민의 문화와 쉽게 융합.

4. 클로비스 : 메로빙 왕조(481~751) 창시. 프랑크족 통합. 갈리아지방 정복. 로마 카톨릭으로 개종. 프랑크 왕국 발전의 기틀마련.

5. 찰스 마르텔 : 메로빙 왕조의 궁재宮宰, 이슬람교도 격퇴 — 기독교세계 보호.

6. 피핀 : 카롤링 왕조(751~987) 창시. 로마교회와 프랑크 왕국의 제휴 이룸. 이탈리아 중부를 로마 교황에게 기증(754년, 로마 교황령의 시초).

7. 샤를마뉴(찰스대제) : 영토의 통합·확장(프랑스, 독일, 이탈리아 포괄).
   안정적 정치체제 구축(지방에 감찰관 파견).
   카롤링 르네상스 실현(문화부흥 사업, 궁정학교 설립, 성서번역, 고대문헌
   보존작업, 기독교적 성격우세). 교황 레오 3세로부터 서로마 제국의 황
   제관을 수여받음(800년, 서로마 제국의 부활, 세속국가와 기독교의 제휴, 기
   독교가 로마카톨릭(서유럽)과 그리스 정교(비잔틴 제국)로 양분되는 분기점).
8. 프랑크 왕국의 분열 : 베르덩 조약(843), 메르센 조약(870) − 동프랑크
   (독일), 서프랑크(프랑스), 이탈리아로 3분
9. 봉건제 성립의 배경 : 강력한 중앙집권적 국가가 없었음(무질서, 중앙
   통제 약화, 이민족 침입) − 생명, 재산을 보호하기 위해 스스로 무력을
   갖추거나 무력을 가진 자(기사)에게 의존.
10. 봉건제의 특징 : 주종제(군사적), 지방분권제(정치적), 장원제(농노제,
    경제적)
11. 주종제主從制
    ① 봉토封土를 매개로 한 주군主君과 봉신封臣간의 군사적 유대관계.
    ② 기원 : 게르만족의 종사제. 로마의 피호제被護制
    ③ 주군의 의무 : 봉신에게 봉토부여(생계보장). 봉신에 대한 법적·
       군사적 보호.
    ④ 봉신의 의무 : 주군에 대한 충성, 군사적 봉사와 조언, 부조扶助
    ⑤ 특징 :
       ㉠ 쌍무적 계약관계(대등한 입장, 파기가능)
       ㉡ 사적인 관계(두 당사자들만 대상)
12. 장원제莊園制
    ① 봉신의 봉토는 모두 장원으로 구성.
    ② 장원은 영주들의 수입원, 경제적 기반.
    ③ 영주가 농민에게 토지 빌려주고 농민들은 노동력 제공.

④ 영주 직영지, 농민보유지로 구분(농민 경작지는 개방 경작지).

13. 농노農奴

　　① 영주에게 예속된 농민

　　② 영주와 농노의 관계는 지배·예속의 불평등 관계.

　　③ 농노는 영주에게 부역·공납·세금 부담, 거주이전의 자유없음(인신예속).

　　④ 로마말기의 콜로누스의 후손, 몰락한 게르만족의 자유민.

　　⑤ 고대 노예와 다름 : 결혼, 독립가정, 자기생계 유지가능.

14. 지방분권제 : 모든 봉신은 자신의 봉토안에서의 영주로서 상급자나 왕의 간섭을 받지 않고 배타적인 통치권 행사(불입권, 不入權)－각 지역마다 분산적으로 통치권 행사.

15. 카놋사의 굴욕 : 밀라노 주교의 서임권敍任權을 놓고 교황 그레고리 7세와 신성로마제국 황제 하인리히 4세와의 투쟁. 교황이 황제를 파문하자 황제가 승복. 1077년.

16. 보름스 협약 : 서임권 투쟁 일단락, 주교 선임권을 교회에 부여. 그 대신 주교가 왕에게 봉신으로서 서약하기로 함. 교권敎權의 신장을 의미. 1122년.

17. 교황 이노센트 3세 : 교황이 기독교 세계의 중심임을 선언. 국내문제 개입 천명. 교황권의 절 징기, 재위 1198~1216, 라테란 종교회의(1215, 성직자에 대한 과세금지, 교회법에 위반되는 법의 무효화 표냉)

18. 십자군十字軍 전쟁

　　① 배경 :

　　　　㉠ 중세 안정기의 축적된 인적·물적자원

　　　　㉡ 중세인의 열렬한 신앙심

　　　　㉢ 교회 지도자들의 동서교회의 통합과 교세회력의 발전주도 의지.

ⓔ 명예와 전리품 확보하려는 기사들의 욕구.

ⓜ 새로운 시장을 확보하려는 상인들의 입장.

② 직접적 발단 : 셀주크 투르크의 예루살렘 점령과 비잔틴 제국
(동로마) 황제의 구원 요청.

③ 경과

ⓖ 교황 우르반 2세가 크레르몽 종교회의(1095)에서 성지회복을
위한 성전聖戰 촉구.

ⓛ 제 1차 십자군 : 1096, 성지 예루살렘탈환. 예루살렘 왕국건
설. 이후 약 200년간 7차 원정.

ⓒ 1291년 기독교도의 마지막 기지인 아크레가 함락됨으로써
전쟁 종결 — 성지회복이라는 본래의 목적 달성에 실패.

④ 영향

ⓖ 중세사회의 붕괴 촉진.

ⓛ 전쟁 주도한 교황의 권위 손상.

ⓒ 기독교에 대한 열정 위축.

ⓔ 기사계층의 몰락.

ⓜ 도시의 발전.

ⓗ 교역(원거리 무역) 활성화.

ⓢ 상공업 발전.

19. 중세 도시의 등장 : 10세기 후반 이후 성장한 상인·수공업자들이
성곽주변에 모여 살며 성을 쌓고 자치권을 부여받으면서 나타남.

20. 도시의 자치권 확립 : 도시민들은 영주의 속박을 벗어나 자유로운
경제활동을 하기 위해 영주로부터 특허장(영업상·인신상의 자유, 재
산권 보호, 자치권 보장 약속)을 사서 자치권 획득.

21. 길드(guild)

① 동업조합 — 상인길드, 수공업 길드

② 경제적 공동이익을 위한 배타적 단체 - 외부인의 상업활동 금
지. 구성원들 간의 경쟁규제. 인간적 유대 유지.

③ 수공업 길드의 위계질서 - 주인主人, 직인職人, 도제(徒弟, 견습공)

④ 길드체제의 제약 - 중세도시의 기술혁신·생산력 증대 저해.

22. 중세 문화의 특징

① 강한 기독교적 성향(기독교 중심 문화).

② 세속적 문화 미약.

23. 토마스 아퀴나스 : 『신학대전』 - 스콜라 철학을 종합적으로 정리
(집대성). 스콜라 철학 - 중세의 대표적 철학, 신앙과 이성의 조화에
관심.

24. 중세의 건축약식

① 로마네스크 양식 : 11~12세기, 둥근천장, 두터운 벽, 적은 창
문, 어두운 내부.

② 고딕 양식 : 12세기, 뾰족한 천장, 얇은 벽, 큰 창문, 밝은 내부,
색 유리창(스테인드 글라스)

25. 교회세력 쇠퇴(13세기말 이후)의 원인

① 교황의 세속적인 정치 세력화.

② 십자군 전쟁 실패.

③ 교회의 형식화.

26. 아비뇽 유수幽囚 : 1309~1376, 프랑스 왕 필립 4세가
교황 보니파키우스 8세를 폐위시키고 새 교황(꼭두각시 교황)을 로
마에서 프랑스 남부의 아비뇽으로 옮겨 프랑스 왕의 통제를 받도
록 함. 교황권 쇠퇴의 상징적 사건.

27. 교회 개혁운동(14세기 이후)

① 위클리프 : 교황의 부富와 사치 비판. 성서 속에 구원의 길이 있
다고 주장.

② 후스 : 고위 성직자들의 부패와 세속성 비판. 신앙생활의 핵심
   은 성서에 있다고 주장.

28. 장원제 쇠퇴(봉건제의 위기)의 원인 : 14세기부터 쇠퇴.
   ① 농업 생산력 저하.
   ② 인구감소(흑사병) : 노동력 감소, 상품생산 위축.
   ③ 물가 앙등.

29. 지대地代의 금납화金納化 : 영주에게 내는 지대를 화폐·현물로 납
   부하는 것 - 농민부담 경감. 부역노동 소멸. 장원제 붕괴.

30. 초기 자본주의적 요소
   ① 선대제先貸制 : 상인이 수공업자들에게 미리 원료·생산도구를
      제공하여 상품생산을 주문, 나중에 그것을 인수해 판매.
   ② 신용제도(어음제도 등)
   ③ 합리적 기업운영 방식 채택(복식부기 등).
   ④ 중세 말기에 대두.

제11장 서양 근대

1. 해상탐험(지리상의 발견)의 동기

　① 동양에 대한 관심(호기심) 고조(동방견문록).

　② 동방 산물(産物, 향료, 비단, 귀금속)에 대한 욕구.

　③ 국민국가의 등장 : 인적・물적자원 제공.

　④ 그리스 과학기술의 유입(지구 구형설).

　⑤ 나침반 발명, 선박 건조기술, 항해술, 해도 작성법 발전.

2. 디아즈 : 희망봉 도달.

　바스코 다가마 : 인도항로 발견.

　콜럼버스 : 신대륙 발견.

　마젤란 : 최초의 세계일주 － 지구 구형설 입증.

3. 지리상 발견의 결과

　①새로운 산물(면・차・커피・담배)의 유입 － 일상생활의 큰 변화.

　② 가격혁명(신대륙의 금・는 유입으로 화폐가치 폭락. 인플레이션 발생)

　③ 상업혁명 : 상공업 발전, 선대제, 매뉴펙처(공장생산형태), 주식회사
　　발전.

　④ 경제활동 무대가 대서양 연안(서유럽국가)으로 이동.

4. 중상주의重商主義

    ① 절대주의시대에 유럽각국이 채택한 경제정책(상업을 중시하는 절대주의의 경제적 이데올로기)

    ② 목표 : 국가 부의 증대. 군주권과 국가세력 강화.

    ③ 성격 : 경제에 대한 국가의 통제. 국민경제 보호(수입억제, 수출장려). 식민지 정책(국가주의)

    ④ 내용

        ㉠ 중금주의重金主義 : 금, 은의 국내 축적정책.

        ㉡ 무역차액정책 : 수출증대와 수입억제 정책 – 보호관세 설정.

        ㉢ 중공주의重工主義 : 국내산업의 보호・육성. 원료확보와 판로획득 – 식민지 획득 경쟁심화.

        ㉣ 자본주의를 발전시킴.

5. 절대주의

    ① 개념 : 강력한 군주에 의해 통치되는 정치제제 – 절대왕권, 절대군주제, 16~18세기에 발달.

    ② 성립과정: 봉건사회의 해체(귀족의 몰락) → 부르주아 시민의 성장 → 국왕과 시민의 결합 → 왕권의 절대화.

    ③ 구성요소(제도) : 상비군 제도, 관료 제도(매관매직), 징세제도(평민만 과세), 성문법 확립, 사법권 통합.

    ④ 동유럽의 절대주의 : 귀족계급, 무력한 시민 농노(再版농노제)를 바탕으로 성립. 봉건적 성격이 강함. 자본주의 발전 저해.

6. 청교도 혁명(1642~1660) : 영국 스튜어트 왕조의 전제정치에 대항하여 청교도를 중심으로 한 시민계급과 젠트리(鄕紳)가 일으킨 혁명 → 크롬웰의 호국경 정치(금욕정치, 청교도 정치, 독재정치)

7. 명예혁명(1688) : 의회 지도자들이 전제정치를 강화한 국왕 제임스 2세를 추방, 새로운 국왕을 세우고 권리장전을 제정. 이어서 의회 중

심적인 입헌 군주제를 확립.

8. 프리드리히 대왕(1740~1786) : 국가제일의 공복 자처. 가부장적인 프로이센의 절대군주. 강대국의 지위를 굳힘.

9. 표트르 대제(1682~1725) : 대표적인 러시아의 절대군주. 유럽적 근대 국가 지향. 강력한 차르체제(황제 독재체제) 수립. 서구화 정책추진.

10. 루이 14세(1643~1715) : 프랑스 절대주의의 전성기, 중상주의 정책과 군대강화, 문화예술 발전(베르사이유 궁전 건립 등).

11. 바로크 예술 : 절대주의 시대의 문화. 특징 - 궁정적, 귀족적.

제12장 르네상스

1. 르네상스의 특징 : 세속주의 정신의 대두. 개인과 경험 강조. 민족국가와 군주에 대한 충성.

2. 이탈리아 르네상스의 배경 : 도시의 발달. 전제군주(메디치家)의 후원. 고전문화 전통 유지(로마제국의 故土). 경제적 번영(지중해 무역의 중심지). 시민계급의 성장. 비잔틴 문화와 이슬람 문화와의 접촉.

3. 페트라르카 : 이탈리아 르네상스 문학가(서정시인), 최초의 근대인이라 불림.

4. 르네상스의 3대 미술가 : 레오나르도 다빈치(최후의 만찬, 모나리자)

   미켈란젤로(피에타상, 다비드상, 천지창조, 최후의 심판)

   라파엘로(성모, 아테네학당)

5. 북서유럽의 르네상스

   ① 특징 – 기독교 인문주의, 사회비판적 태도.

   ② 에라스무스 – 『우신예찬』

   ③ 토마스 모어 – 『유토피아』

6. 베이컨 : 귀납법

   데카르트 : 연역법

7. 뉴턴 : 『프린키피아』 – 기계론적 우주관 확립(1687). 과학혁명의 완성.

8. 계몽사상 : 18세기, 인간의 이성에 의한 진보를 확신하고 합리적 사
   회를 지향.
   루소 – 『사회계약론』

제13장 종교개혁

1. 루터 종교개혁(1517)의 배경

    ① 교회의 세속적 분위기(교회의 타락, 교황권 실추)에 대한 저항.

    ② 민중의 신비주의 운동 확산.

    ③ 교황의 면죄부(인덜전스)판매. 루터의 95개조 반박문 − 도화선

2. 종교개혁의 영향

    ① 다양한 분파의 개신교 출현.

    ② 종교적 심성과 사유의 변화.

    ③ 세속 지배자의 권력 강조 − 주권국가 탄생에 기여.

    ④ 르네상스의 진전을 방해.

3. 칼뱅의 주장

    ① 예정설 − 인간의 구제는 신에 의하여 미리 정해져 있음.

    ② 신자는 자기의 구제를 확신하고 세속적 직업에 열심히 봉사할
       것 − 근대적 직업관·생활윤리 형성에 공헌.

    ③ 합리적·금욕적인 생활.

4. 막스 베버 :「자본주의와 프로테스탄트의 윤리」− 서구 자본주의는
    프로테스탄티즘의 산물.

5. 영국의 종교개혁

    ① 수장령首長令 선포 – 국왕 헨리 8세는 왕비와의 이혼을 교황이
       허락하지 않자 영국교회를 교황으로부터 분리시키고 국왕이 영
       국교회의 수장임을 선언.

    ② 수도원 해산.

    ③ 엘리자베스 1세의 통일령 – 영국 국교회의 확립.

6. 주권론 : 왕권강화에 대한 정당화

   마키아벨리 –『군주론』(군주의 존재 중시)

   보댕 –『국가론』(군주의 절대주권 옹호)

   홉스 –『리바이어던』(인간의 자연상태 – 만인에 대한 만인의 투쟁. 사회통
       합을 위한 절대주권의 통합 역설)

7. 중농주의 : 키네, 중상주의 비판, 토지의 생산력 중시.

8. 애덤 스미스 :『국부론』– 중상주의 비판. 노동이 국부國富의 원천
          자유방임주의(보이지 않는 손 – 경제적 자유주의)

제14장 프랑스혁명

1. 프랑스 혁명의 원인 : 구체제(앙시앙 레짐, 봉건적 신분제를 근간으로 하는 절대왕정하의 사회체제)의 모순.

2. 프랑스 혁명의 직접적 계기 : 왕실재정의 위기 → 특권계급에 대한 과세 시도 → 삼부회(성직자, 귀족, 평민) 소집(귀족의 반항)

3. 프랑스 혁명의 발발 : 민중에 의한 바스티유 감옥의 함락(1789.7.14)

4. 국민의회시대(1789~1791) : 봉건제 폐지 → 인간과 시민의 권리 선언(자유, 평등, 국민주권) → 입헌 군주제 수립.

5. 지롱드당 : 상층 부르주아 중심, 자유주의 경제체제, 입헌군주제, 지방분권제 주장.

   자코뱅당 : 중·하층 중심(민중과 연대), 공화정, 중앙집권제 주장.

6. 로베스 피에르(자코뱅당)의 공포정치 : 공안위원회 중심의 혁명정부 수립(1793). 강력한 독재정치 실시. 반혁명분자 처형. 반란진압. 통제경제 실시.

7. 테르미도르 반동反動 : 국민공회의 온건파가 로베스피에르 처형. 자코뱅당 축출 → 공포정치 종결 → 총재정부 수립 → 나폴레옹의 쿠테타(프랑스 혁명의 종식)

8. 나폴레옹의 업적

   ① 군사적 승리 : 프랑스 국민에게 자긍심 부여

   ② 내정개혁 : 프랑스은행 설립, 나폴레옹법전 편찬, 중앙집권적 행정제도 확립, 균등한 인재 등용, 도로와 교량 설치

9. 프랑스 혁명과 성과

   ① 근대적 국민국가 확립

   ② 국가의 기능 확산

   ③ 국민주권의 확립

10. 프랑스 혁명의 성격 : 부르주아혁명(전형적 시민혁명)

11. 프랑스 혁명의 이념 : 자유 · 평등 · 우애(형제애적 결속)

12. 프랑스 혁명의 영향 : 19세기의 「자유 · 민족 · 사회 · 낭만」주의의 이념적 기반을 제시

제15장 산업혁명

1. 산업혁명의 개념 : 1760년대에 영국에서 시작되어 각지에 파급된 기계의 발명과 기술의 변혁, 그리고 이로 인한 생산력의 발전과 산업적 변화.

2. 산업혁명의 배경 : 인간의 합리적 태도. 부富와 자본가 계급의 성장. 대중적 수요의 증진.

3. 영국 산업혁명의 원인(배경)

    ① 정치적 안정 - 국내시장 통합. 해외시장 확보.

    ② 농업혁명 - 자본의 축적, 산업 예비군(도시빈민) 형성.

    ③ 풍부한 자원 - 석탄, 철강 등.

    ④ 근대적 금융제도 - 영국은행 설립(1694)

4. 산업혁명의 성과(결과)

    ① 도시화의 진행과 농촌인구의 감소.

    ② 물질적 복지(물질생활) 증진.

    ③ 산업자본주의(산업사회) 확립.

5. 산업자본주의의 문제점(한계)

    ① 부르주아(자본가 계급)와 플로레타리아(노동자 계급)의 갈등.

② 노동자의 비인간화.

③ 노동문제, 분배문제, 환경문제 등 발생.

6. 각국의 산업화

① 프랑스 : 점진적인 산업화.

② 독일 : 국가주도의 비약적인 산업화. 대규모 기업중심의 산업화.

③ 러시아 : 산업혁명이 가장 늦게 시작. 1860, 70년대 근대화 시작
(1861년 농노제 폐지).

④ 미국 : 남북전쟁(1861~1865) 후인 19세기 후반에 비약적인 산업화.

제16장 시민사회

1. 19세기 초의 이념 : 보수주의·자유주의·민족주의·사회주의·낭만주의
2. 초기 사회주의 : 공상적 사회주의(설득·계몽·형제애적 유대에 입각한 공동체 구상. 생시몽, 푸리에, 오웬)
3. 마르크스주의(과학적 사회주의) : 변증법·유물론·고전경제학 종합. 자본주의체제의 멸망강조.
4. 독일 관념철학자 : 칸트, 피히테, 헤겔
5. 콩트 : 실증주의 제창, 사회학의 시조(기초마련)
6. 벤담 : 공리주의 철학(최대 다수의 최대 행복)
7. 자유주의적 고전경제학 : 리카도, 맬서스『인구론』, 밀 — 집대성

제17장 제국주의

1. 제국주의의 개념
    ① 좁은 의미 - 원료확보, 상품수출, 잉여자본의 해외투자를 위한 해외 식민지 획득도모
    ② 넓은 의미 - 한 국가가 정치·경제·군사적 지배를 확장시키는 것.
    ③ 고전적 제국주의시대 - 1870~1914년 자본의 수출, 국가주의가 배경
2. 제국주의 출현의 배경
    ① 유럽의 세력균형 파괴 - 3국협상(영국·프랑스·러시아)과 3국동맹(독일·오스트리아·이탈리아)의 대립
    ② 식민지 경쟁의 심화
    ③ 세계 자본주의 체제의 등장 - 후진지역으로의 상품수출과 원료공급. 선진국의 경제적 결손만회 의도
3. 제국주의 시대의 국내적 상황 : 대기업의 성장과 독점 강화. 계급 갈등의 심화. 소시민(신중간층)의 역할 강화. 국가기능의 강화
   민족갈등의 심화. 급진적 행동주의 및 극단적 민족주의 등장
4. 영국의 제국주의 : 3C 정책 … 아프리카 종단정책, 케이프타운·카

이로 · 캘커타 연결 – 아프리카 경영 시도

5. 독일의 제국주의

① 비스마르크(1871~1890) : 독일의 국제적 지위 강화(3국동맹 : 독일, 오스트리아, 이탈리아 / 3제 동맹 : 독일, 오스트리아, 러시아)

② 빌헬름 2세(1888~1918) : 3B정책(베를린, 비잔티움, 바그다드), 범게르만주의, 세계정책 표방.

6. 프랑스의 제국주의 : 고리대 제국주의라 불림(제국주의 이면에 경제적 상황이 존재). 문화적 제국주의 표방. 아프리카 횡단정책 추구.

7. 러시아의 제국주의 : 남하정책 – 부동항 탐색이 목적. 발칸지역으로 팽창. 범슬라브주의 표방.

8. 제국주의에 대한 시각

① 홉슨 –『제국주의론』, 제국주의는 분배구조의 왜곡에서 나타남. 과잉생산의 탈출구로서 해외 진출.

② 마르크스주의자들 – 제국주의는 자본주의의 필연적 산물(힐퍼딩, 로자 룩셈부르크). 제국주의는 자본주의의 난국을 연장하는 단계(레닌).

9. 제 1차 세계대전(1914~1918)

① 성격 : 장기전 · 전면전 · 지구전 · 총력전 · 과학전 · 선전전 · 소모전

② 결과 :

㉠ 봉건적 잔재 청산. 민주화 경향 증대. 평등요구 강화.

㉡ 미국이 세계 주도국가로 부상.

㉢ 베르사이유체제 등장 – 국제연맹 창설.

㉣ 대공황(1929)과 파시즘의 등장.

10. 제 2차 세계대전(1939~1945)

① 성격 : 제국주의의 산물.

② 결과(사회·경제적 변화) : 민주화와 복지증진. 실업률 감소. 소득
　　수준 향상. 여성의 사회진출 증대. 민족해방운동 강화. 식민지
　　체제 붕괴. 사회주의 확대.

11. 20세기 사상의 특징 : 비합리성과 反지성적 경향

12. 20세기의 사상 :

프로이트 … 정신분석

파블로프 … 조건반사설

사르트르 … 실존주의

듀이 … 실용주의

제18장 러시아

1. 차르(황제)체제 : 15·6세기 출현. 농노제 강화.

2. 예카테리나 2세(1762~1796) : 차르체제의 확립. 계몽전제군주. 농노제 확립.

3. 1890년대의 산업화 : 국가중심적 개발주도형, 사회주의 세력의 증대를 가져옴.

4. 피의 일요일(1905) : 페테르부르크의 민중폭동. 사회주의화와 전제적 체제와의 갈등이 원인.

5. 2월혁명(1917.2)

   ① 결과 : 차르체제의 붕괴.

   ② 계기 : 무리한 1차대전 참전.

   ③ 성격 : 자연발생적 민중봉기.

6. 10월혁명(1917.10) : 소비에트 군사혁명위원회 소속의 혁명군이 정부기구 접수. 정부각료 체포. – '모든 권력은 소비에트로'라는 구호 실현.

7. 볼세비키 : 소수정예의 정당(직업적 혁명가 중심)을 구상. 노동자·농민의 대중봉기 주장.

8. 멘셰비키 : 대중정당(광범한 노동자 참여)을 구상. 부르주아 민주주의
  주장.

9. 스탈린체제 : 농업집단화, 일국사회주의론, 권력집중, 비밀경찰.

10. 페레스트로이카(고르바초프)

  ① 배경 : 사회주의 권위의 붕괴. 경제체제(중앙집권적 지령경제)의 문
    제점.

  ② 결과 : 사회주의적 이상실현에 실패. 소련연방 해체(1991).

역사의 탐색

초판 1쇄 발행일 | 2011년 3월 3일
개정판 1쇄 발행일 | 2012년 3월 9일
2쇄 발행일 | 2012년 9월 28일

엮은이 | 정구선
펴낸이 | 정구형
출판이사 | 김성달
편집이사 | 박지연
본문편집/디자인 | 이하나 정유진 이원숙 전용완
마케팅 | 정찬용
영업관리 | 한미애 권준기 천수정 심소영
인쇄처 | 월드문화사
펴낸곳 | **국학자료원**
등록일 2006 11 02 제2007-12호
서울시 강동구 성내동 447-11 현영빌딩 2층
Tel 442-4623 Fax 442-4625
www.kookhak.co.kr
kookhak2001@hanmail.net

ISBN | 978-89-279-0162-4 *93900
가격 | 15,000원

* 저자와의 협의하에 인지는 생략합니다.
잘못된 책은 구입하신 곳에서 교환하여 드립니다.